BIBLIOTHÈQUE DES CHEMINS DE FER

SOUVENIRS DE L'EMPEREUR NAPOLÉON IER

EXTRAITS

DU MÉMORIAL DE SAINTE-HÉLÈNE

DE M. LE COMTE DE LAS CASES

TROISIÈME ÉDITION

PARIS

LIBRAIRIE DE L. HACHETTE ET Cie

BOULEVARD SAINT-GERMAIN, N° 77

1867

PRIX : 2 FRANCS

SOUVENIRS

DE L'EMPEREUR NAPOLÉON Ier

Ces souvenirs sont publiés avec l'autorisation de M. le comte de Las Cases, fils de l'auteur du *Mémorial de Sainte-Hélène*.

Paris. — Imprimerie de P.-A. BOURDIER et Cie, rue des Poitevins, 6.

SOUVENIRS

DE L'EMPEREUR

NAPOLÉON IER

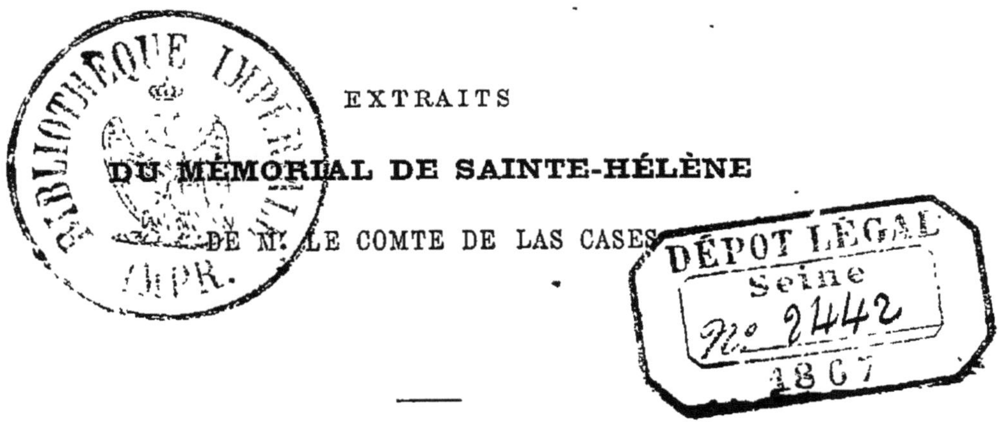

EXTRAITS

DU MÉMORIAL DE SAINTE-HÉLÈNE

DE M. LE COMTE DE LAS CASES

TROISIÈME ÉDITION

PARIS

LIBRAIRIE DE L. HACHETTE ET CIE

BOULEVARD SAINT-GERMAIN, 77

1867

NOTICE

SUR M. DE LAS CASES

Le comte de Las Cases, que ses ouvrages et son dévouement à la personne de Napoléon ont immortalisé, est né en 1766, au château de Las Cases, Haute-Garonne, d'une famille espagnole transplantée en France, et qui fut longtemps l'une des plus illustres du Languedoc. La famille de Las Cases porte maintenant le titre de comte, qui lui a été conféré par Napoléon; mais le titre de la famille, à l'époque de la Révolution, était celui de marquis de Las Cases. Le futur compagnon d'exil de l'Empereur étudia d'abord à l'école militaire de Vendôme, d'où il fut envoyé à l'École militaire centrale de Paris. Il n'y précéda que d'un an le jeune Bonaparte. Entré dans la marine à la suite d'examens brillants, il passa cinq années à la mer, et reçut le baptême du feu au siége de Gibraltar, où le comte d'Artois et le duc de Bourbon firent leurs premières armes. De retour en France, il fut examiné de nouveau par l'illustre Monge, et promu à la suite de cet examen au grade de lieutenant de vaisseau, ce qui répondait dans l'armée à celui de major. Sa carrière dans la marine fut arrêtée tout à coup par la Révolution. Dans le préambule du *Mémorial*, M. de

Las Cases rend compte en ces termes de ses sentiments et de sa conduite à cette époque :

Un des vices éminents de notre système d'admission au service était de nous priver d'une éducation forte et finie.

Sortis de nos écoles à quatorze ans, abandonnés dès cet instant à nous-mêmes, et comme lancés dans un grand vide, où aurions-nous pris la plus légère idée de l'organisation sociale, du droit public et des obligations civiles ?

Aussi, conduit par de nobles préjugés, bien plus que par des devoirs réfléchis, entraîné surtout par un penchant naturel aux résolutions généreuses, je fus des premiers à courir au dehors près de nos princes pour sauver, disait-on, le monarque des excès de la révolte, et défendre nos droits héréditaires, que nous ne pouvions, disait-on encore, abandonner sans honte. Avec la manière dont nous avions été élevés, il fallait une tête bien forte ou un esprit bien faible pour résister au torrent.

Bientôt l'émigration devint générale. L'Europe ne connaît que trop cette funeste mesure, dont la gaucherie politique et le tort national ne sauraient trouver d'excuse aujourd'hui que dans le manque de lumière et la droiture de cœur de la plupart de ceux qui l'entreprirent.

Défaits sur nos frontières, licenciés, dissous par l'étranger, repoussés, proscrits par les lois de la patrie, grand nombre de nous gagnèrent l'Angleterre, qui ne tarda pas à nous jeter sur la plage de Quiberon. Assez heureux pour n'y avoir pas débarqué, je pus réfléchir, au retour, sur l'horrible situation de combattre sa patrie sous des bannières étrangères; et dès cet instant mes idées, mes principes, mes projets furent ébranlés, altérés ou changés.

Désespérant des événements, abandonnant le monde et ma sphère naturelle, je me livrai à l'étude, et sous un nom emprunté je refis mon éducation, en essayant de travailler à celle d'autrui.

C'est alors en effet que M. de Las Cases écrivit, sous le nom de Le Sage, son *Atlas historique, chronologique et géographique*. L'atlas de Le Sage parut en 1803-1804, et obtint immédiatement le plus grand et le plus légitime succès. « Ce ne fut d'abord, dit l'auteur dans le *Mémorial*, qu'une simple esquisse, bien éloignée de l'ouvrage d'aujourd'hui, une pure nomenclature. Toutefois, c'en fut assez pour me tirer dès l'instant d'embarras, et me composer même, relativement aux misères de l'émigration, une véritable fortune. »

Ces ressources, au reste, lui étaient d'autant plus nécessaires, qu'il avait épousé, en 1799, sa parente, mademoiselle de Kergariou, qui devint la compagne de son exil, et à laquelle il dut, jusqu'à la fin, le charme et la dignité de son intérieur.

Le traité d'Amiens et l'amnistie du Premier Consul lui rouvrirent les portes de la France :

Cependant, au bout de quelques années, le traité d'Amiens et l'amnistie du Premier Consul nous rouvrirent les portes de la France. Je n'y possédais plus rien, la loi avait disposé de mon patrimoine; mais est-il rien qui puisse faire oublier le sol natal ou détruire le charme de respirer l'air de la patrie!

J'accourus; je remerciai d'un pardon qui m'était d'autant plus cher, que je pus dire avec fierté que je le recevais sans avoir à me repentir.

Bientôt après, la monarchie fut proclamée de nouveau : alors ma situation, mes sentiments furent des plus étranges; je me trouvais soldat puni d'une cause qui triomphait. Chaque jour on en revenait à nos anciennes idées : tout ce qui avait été cher à nos principes, à nos préjugés, se rétablissait; et pourtant la délicatesse et l'honneur nous faisaient une espèce de devoir d'en demeurer éloignés.

En vain le nouveau gouvernement avait-il proclamé

hautement la fusion de tous les partis; en vain son chef avait-il déclaré ne vouloir plus connaître en France que des Français; en vain d'anciens amis, d'anciens camarades m'offraient-ils les avantages d'une nouvelle carrière à mon choix : ne pouvant venir à bout de vaincre la discorde intérieure dont je me sentais tourmenté, je me condamnai obstinément à l'abnégation, je me réfugiai dans le travail, je composai, et toujours sous mon nom emprunté, un ouvrage historique qui refit ma fortune, et alors s'écoulèrent les cinq ou six années les plus heureuses de ma vie.

Cependant des événements sans exemple se succédèrent autour de nous avec une rapidité inouïe; ils étaient d'une telle nature et portaient un tel caractère, qu'il devenait impossible à quiconque avait dans le cœur l'amour du grand, du noble et du beau, d'y demeurer insensible.

Le lustre de la patrie s'élevait à une hauteur inconnue dans l'histoire d'aucun peuple : c'était une administration sans exemple par son énergie et par ses heureux résultats; un élan simultané qui, imprimé tout à coup à tous les genres d'industrie, excitait toutes les émulations à la fois; c'était une armée sans égale et sans modèle, frappant de terreur au dehors et créant un juste orgueil au dedans.

A chaque instant notre pays se remplissait de trophées : de nombreux monuments proclamaient nos exploits; les victoires d'Austerlitz, d'Iéna, de Friedland, les traités de Presbourg, de Tilsitt, constituaient la France la première des nations et l'arbitre des destinées universelles : c'était vraiment un honneur insigne que de se trouver Français! Et pourtant tous ces actes, tous ces travaux, tous ces prodiges étaient l'ouvrage d'un seul homme!

Pour mon compte, quels qu'eussent été mes préjugés, mes préventions antérieures, j'étais plein d'admiration; et il n'est, comme on sait, qu'un pas de l'admiration à l'amour.

Or, précisément dans ce temps, l'Empereur appela quelques-unes des premières familles autour de son trône, et fit circuler parmi le reste qu'il regarderait comme mauvais Français ceux qui s'obstineraient à demeurer à l'écart. Je n'hésitai pas un instant; j'avais, me disais-je, épuisé mon serment naturel, celui de ma naissance et de mon éducation; j'y avais été fidèle jusqu'à extinction; il n'était plus question de nos princes, nous en étions même à douter de leur existence. Les solennités de la religion, l'alliance des rois, l'Europe entière, la splendeur de la France, m'apprenaient désormais que j'avais un nouveau souverain. Ceux qui nous avaient précédés avaient-ils résisté aussi longtemps à d'aussi puissants efforts avant de se rallier au premier des Capets? Je répondis donc, pour mon compte, qu'heureux par cet appel de sortir avec honneur de la position délicate où je me trouvais, je transportais désormais librement, entièrement et de bon cœur, au nouveau souverain, tout le zèle, le dévouement, l'amour que j'avais constamment nourris pour mes anciens maîtres, et le résultat de ma démarche fut mon admission immédiate à la cour.

Cependant je désirais ardemment à mes paroles joindre quelques actions. Les Anglais envahirent Flessingue et menacèrent Anvers; je courus comme volontaire à la défense de cette place; Flessingue fut évacuée, et ma nomination de chambellan me rappela auprès du prince. A ce poste honorifique, j'avais besoin dans mes idées de joindre quelque occupation utile; je demandai et j'obtins d'être membre du Conseil d'État. Alors se succédèrent des missions de confiance : je fus envoyé en Hollande, au moment de sa réunion, pour y recevoir les objets relatifs à la marine; en Illyrie, pour y liquider la dette publique; et dans la moitié de l'Empire, pour inspecter les établissements publics de bienfaisance. Dans nos derniers malheurs, j'ai reçu de douces preuves qu'après moi j'avais laissé quelque estime dans les pays où j'avais été envoyé.

Cependant la Providence avait posé un terme à nos prospérités : on connaît la catastrophe de Moscou, les malheurs de Leipsick, le siége de Paris. Je commandais dans cette cité une de ses légions, qui s'honora le 31 mars de la perte d'un assez grand nombre de citoyens. Au moment de la capitulation, je remis mon commandement entre les mains de celui qui venait après moi ; je me croyais, à d'autres titres, d'autres devoirs encore auprès de la personne du prince ; mais je ne pus gagner Fontainebleau à temps : l'Empereur abdiqua, et le roi vint régner.

Alors ma situation devint bien plus étrange encore qu'elle ne l'avait été douze ans auparavant. Elle triomphait enfin, cette cause à laquelle j'avais sacrifié ma fortune, pour laquelle j'étais demeuré douze ans en exil au dehors et six ans dans l'abnégation au dedans ; elle triomphait enfin, et pourtant le point d'honneur et d'autres doctrines allaient m'empêcher d'en recueillir aucun bien !

Quelle marche aurait été plus bizarre que la mienne ? Deux révolutions s'étaient accomplies en opposition l'une de l'autre : la première m'avait coûté mon patrimoine, la seconde aurait pu me coûter la vie ; aucune des deux ne me procurait d'avantageux résultats. Le vulgaire ne verra là dedans qu'une tergiversation fâcheuse d'opinions ; les intrigants diront que j'ai été deux fois dupe ; le petit nombre seulement comprendra que j'ai deux fois rempli de grands et d'honorables devoirs.

Quoi qu'il en soit, mes anciens amis, dont la marche que j'avais suivie n'avait pu m'enlever ni l'affection ni l'estime, devenus aujourd'hui tout-puissants, m'appelaient à eux. Il me fut impossible d'écouter leur bienveillance ; j'étais dégoûté, abattu ; je résolus que ma vie publique avait fini. Devais-je m'exposer au faux jugement de ceux qui m'observaient ? Chacun pouvait-il lire dans mon cœur ?

Devenu Français jusqu'au fanatisme, ne pouvant supporter la dégradation nationale dont, au milieu des baïonnettes ennemies, j'étais chaque jour le témoin, j'essayai d'aller me distraire au loin des malheurs de ma patrie, j'allai passer quelques mois en Angleterre. Comme tout m'y parut changé ! C'est que je l'étais beaucoup moi-même.

J'étais à peine de retour, que Napoléon reparut sur nos côtes. En un clin d'œil il se trouva transporté dans la capitale, sans combats, sans excès, sans effusion de sang. Je tressaillis, je crus voir la souillure étrangère effacée et toute notre gloire revenue. Les destins en avaient ordonné autrement.

A peine sus-je l'Empereur arrivé de Waterloo, que j'allai spontanément me placer de service auprès de sa personne. Je m'y trouvai au moment de son abdication ; et quand il fut question de son éloignement, je lui demandai à partager ses destinées.

Tels avaient été jusque-là le désintéressement, la simplicité, quelques-uns diront la niaiserie de ma conduite, que, malgré mes relations journalières comme officier de sa maison et membre de son conseil, il me connaissait à peine. « Mais savez-vous jusqu'où votre offre peut vous conduire ? » me dit-il dans son étonnement. — « Je ne l'ai point calculé, » répondis-je. Il m'accepta, et je suis à Sainte-Hélène.

Ce qu'il y fit pendant dix-huit mois, quelles consolations il prodigua à l'illustre captif par les charmes de son esprit, par ses connaissances variées, par la douceur de son caractère, par son dévouement sans bornes, et comment ce dernier venu des amis de Napoléon en devint, en peu de temps, le plus utile et le plus cher, l'histoire le dira ; et dans ce pays où l'on sait encore honorer la fidélité au malheur, il n'est personne qui n'ait appris à bénir les noms de Bertrand et de Las Cases. La tyrannie inquiète de sir Hudson Lowe priva Napoléon d'un ami que ses talents littéraires lui rendaient doublement précieux. Le comte de Las Cases fut déporté au Cap avec son fils Emmanuel, emprisonné, jeté à bord d'un brick, ramené en Angleterre où on ne voulut pas le laisser débarquer, traîné de prison en prison sur le continent. Enfin, à Francfort, on le rendit à la liberté.

Il n'en profita que pour écrire à tous les souverains, au ministre et au Parlement d'Angleterre, et pour leur peindre l'horreur de l'agonie de Napoléon. Rien ne put lasser sa persévérance. Il se donna aussi la tâche de se faire, en Europe, l'agent des captifs, et de servir d'intermédiaire entre eux et leurs familles. Rentré en France, après le 5 mai 1821, il se retira à Passy, aux portes de Paris, et il y vécut dans la retraite, sans même franchir les barrières pour rentrer une fois dans la capitale. La publication du *Mémorial* qui fut à la fois un acte de fidélité et un acte de courage, illustra cette retraite. Il ne fallut rien moins que la résurrection du drapeau tricolore pour rendre M. de Las Cases à la vie publique. Il fut nommé en 1830 chef d'une légion de la garde nationale et député de la Seine. Il savait trop bien où s'adressaient ces honneurs pour les refuser; mais il repoussa constamment toutes les propositions qui lui furent faites par le gouvernement, ne voulant servir personne après le maître et ami qu'il avait perdu. Il eut le bonheur d'assister à l'apothéose de Napoléon, et, comme s'il n'avait attendu que ce moment, il s'éteignit en 1842.

Son fils, M. *Emmanuel de Las Cases*, aujourd'hui sénateur, a partagé avec l'auteur du *Mémorial* la gloire de suivre Napoléon à Sainte-Hélène. Il n'avait alors que quinze ans, et était entré dans les Pages à la fin des Cent-Jours. M. de Las Cases le père, dont la vue était fort affaiblie par le séjour de Sainte-Hélène, proposa de se faire remplacer par son fils, comme secrétaire de l'Empereur, pour écrire sous sa dictée. Napoléon y consentit, et bientôt il éprouva pour ce jeune homme une affection toute paternelle, et une telle confiance qu'il l'admit dans son intimité. Il ne l'appelait que *my son* (mon fils). M. Emmanuel de Las Cases, de son côté, éprouvait pour l'Empereur une de ces admirations passionnées qui s'emparent d'une âme sans partage et font le caractère de toute une vie. Aussi a-t-il répété souvent que toute sa vie était dans les années qu'il avait passées à Sainte-Hélène. Ramené en Europe avec son père, il n'eut plus qu'une pensée, et ce fut de tirer vengeance de sir Hudson Lowe. Il savait que son père s'épuiserait en efforts pour adoucir la captivité de l'Empereur ; sa tâche à lui était d'imprimer une flétrissure au front du bourreau. Déjà, avant de quitter le rocher de Sainte-Hélène, et encore au pouvoir de sir Hudson Lowe, il l'avait averti que l'heure de la vengeance sonnerait un jour. Il fallut souffrir bien longtemps. Enfin, Napoléon n'est plus ; sir Hudson Lowe quitte le rocher de Sainte-Hélène, arrive à Londres, et M. Emmanuel de Las Cases y arrive bientôt après lui.

Il épia pendant plus de trois semaines une occasion favorable ; enfin elle se présente. Un jour on l'avertit que sir Hudson Lowe vient d'arriver à sa maison de Paddington-Green et y passera la nuit. Il court s'installer dans un hôtel garni situé en face ; dès le point du jour, il attend avec anxiété que son adversaire sorte de son domicile. Plusieurs heures s'écoulent. Enfin il voit que sir Hudson Lowe a envoyé chercher

1.

un fiacre ; descendant à la hâte, il se promène sur le trottoir de la maison et ne perd pas un instant de vue la porte par laquelle sir Hudson Lowe va sortir. Soit hasard, soit pressentiment secret, quelques personnes s'arrêtent, regardent et semblent attendre un événement imprévu. D'autres curieux accourent, des groupes se forment; tout à coup la porte s'ouvre, et sir Hudson Lowe paraît sur le seuil; mais à peine a-t-il descendu la première marche qu'il rentre précipitamment. Un moment M. de Las Cases a craint d'avoir été aperçu et de perdre une occasion si longtemps cherchée... Ce n'est qu'une fausse alarme ; sir Hudson Lowe rouvre de nouveau la porte, et se dirigeant vers le fiacre, vient se heurter violemment contre M. de Las Cases, qui l'a croisé à pas précipités.

« Vous m'avez insulté, monsieur, s'écrie le bouillant jeune homme, et vous m'en rendrez raison ! » En disant ces mots, il le touche légèrement à l'épaule avec sa cravache.

A cette rencontre, à ces mots, sir Hudson Lowe a relevé la tête et reconnu son adversaire ; il pâlit, se trouble, et semble d'abord hésiter ; puis, sans mot dire, il s'élance à son tour, son parapluie en avant, sur M. de Las Cases, qui, parant habilement ce coup, le touche cette fois à la figure.

Cependant, les curieux, témoins de cette lutte, commencent à murmurer et à s'agiter. Sans réfléchir, ils vont prendre parti pour leur compatriote contre un étranger. Les haines politiques étaient alors bien violentes. M. de Las Cases comprend qu'il est perdu peut-être, s'il ne parvient pas à se rendre cette foule favorable ; sa vie dépend de sa présence d'esprit. « Cet homme, s'écrie-t-il, est sir Hudson Lowe, il a insulté mon père et je viens lui en demander satisfaction. » Ces paroles et l'accent entraînant avec lequel elles ont été prononcées, produisent une vive impression. La foule s'arrête ; toutefois, elle hésitait encore, quand un gros gentleman saisit M. de Las Cases, et le pressant entre ses bras, s'écrie : « Vous avez bien fait, jeune homme ! un fils doit venger son père. » Des *cheers* étourdissants accueillent cette action et ces paroles d'un homme de cœur.... M. de Las Cases a gagné sa cause devant le peuple anglais.

Pendant cette scène, sir Hudson Lowe, voyant qu'il était reconnu, et effrayé de cette manifestation populaire, s'était sauvé dans le fiacre, et criait au cocher de partir. Emmanuel jeta dans la voiture sa carte, et alla poliment en remettre une autre au domicile de sir Hudson. Mais ce dernier se rendit droit chez le magistrat pour demander une réparation judiciaire du fait qui venait de s'accomplir.

Trois ans plus tard, sir Hudson Lowe vint à Paris. M. Emmanuel de Las Cases s'empressa de se mettre à sa disposition ; mais sir Hudson Lowe ne savait agir que dans l'ombre ; la voie de l'honneur lui était inconnue.

M. de Las Cases entra dans la vie publique en 1830. Aide de camp du maréchal Gérard, puis député du Finistère, comme il avait défendu la liberté à l'époque de la Révolution, il défendit l'autorité quand l'aveuglement des partis menaça de perdre le gouvernement de Juillet. Une mission délicate pour le règlement de l'indemnité des anciens colons de Saint-Domingue, accomplie avec talent en 1837, lui ouvrait avec éclat la carrière diplomatique ; mais il préféra le poste où l'élection l'avait placé. Il avait été nommé successivement préfet, secrétaire général du ministère du commerce, conseiller d'État en service ordinaire, pair de France : il refusa tout pour rester député indépendant. Il fut plusieurs fois chargé de rapports importants, entre autres de celui concernant le traité de commerce entre la France et la Hollande. La Chambre récompensa ses divers travaux en l'élisant sept fois secrétaire. A la révolution de Février, il rentra dans la vie privée, d'où l'avénement de l'Empereur actuel a pu seul le faire sortir.

M. Emmanuel de Las Cases fit partie de la mission qui fut envoyée à Sainte-Hélène en 1840 sur la frégate du prince de Joinville, pour recevoir les cendres de Napoléon. Il a publié de ce voyage un récit plein de cœur et d'intérêt dont nous reproduirons plusieurs passages, à la suite des extraits du *Mémorial* qu'on va lire.

M. de Las Cases a écrit à Sainte-Hélène, sous la dictée de Napoléon, les campagnes d'Italie de 1796 et 1797. L'Empereur allait lui dicter l'histoire civile du consulat lorsque le geôlier sir Hudson Lowe le priva violemment de son jeune secrétaire.

L'empereur Napoléon a fait à M. Emmanuel de Las Cases l'honneur de le nommer dans son testament à côté de l'auteur du *Mémorial*. Ce souvenir est le seul titre de gloire dont la famille de Las Cases consente à être fière.

LETTRE

ÉCRITE DE SAINTE-HÉLÈNE A M. DE LAS CASES PAR L'EMPEREUR NAPOLÉON

« Mon cher comte de Las Cases, mon cœur sent vivement ce que vous éprouvez. Arraché, il y a quinze jours, d'auprès de moi, vous êtes enfermé, depuis cette époque, au secret, sans que j'aie pu recevoir ni vous donner aucunes nouvelles, sans que vous ayez communiqué avec qui que ce soit, Français ou Anglais, privé même d'un domestique de votre choix.

« Votre conduite à Sainte-Hélène a été comme votre vie, honorable et sans reproche : j'aime à vous le dire.

« Votre lettre à une de vos amies de Londres n'a rien de répréhensible, vous y épanchez votre cœur dans le sein de l'amitié. Cette lettre est pareille à huit ou dix autres que vous avez écrites à la même personne et que vous avez envoyées décachetées. Le commandant de ce pays ayant eu l'indélicatesse d'épier les expressions que vous confiez à l'amitié, vous en a fait des reproches; dernièrement il vous a menacé de vous renvoyer de l'île, si vos lettres contenaient davantage des plaintes contre lui. Il a par là violé le premier devoir de sa place, le premier article de ses instructions et le premier sentiment de l'honneur ; il vous a ainsi autorisé à chercher les moyens de faire arriver vos épanchements dans le sein de vos amis, et de leur faire connaître la conduite coupable de ce commandant. Mais vous avez été bien simple, votre confiance a été bien facile à surprendre !!!

« On attendait un prétexte de se saisir de vos papiers ; mais votre lettre à votre amie de Londres n'a pu autoriser une descente de police chez vous, puisqu'elle ne contient aucune trame ni aucun mystère, qu'elle n'est que l'expression d'un cœur noble et franc. La conduite illégale, précipitée, qu'on a tenue à cette occasion, porte le cachet d'une haine personnelle bien basse.

« Dans les pays les moins civilisés, les exilés, les prisonniers, même les criminels, sont sous la protection des lois et des magistrats ; ceux qui sont préposés à leur garde ont des chefs dans l'ordre administratif et judiciaire qui les surveillent. Sur ce rocher, l'homme qui fait les règlements les plus absurdes les exécute avec violence, il transgresse toutes les lois : personne ne contient les écarts de ses passions.

« Le prince régent ne pourra jamais être instruit de la conduite que l'on tient en son nom : on s'est refusé à lui faire passer mes lettres, on a renvoyé avec emportement les plaintes qu'adressait le comte Montholon, et depuis on a fait connaître au comte Bertrand qu'on ne recevrait aucunes lettres si elles étaient libellées comme elles l'avaient été jusqu'à cette heure.

« On environne Longwood d'un mystère qu'on voudrait rendre impénétrable, pour cacher une conduite criminelle, et qui laisse soupçonner de plus criminelles intentions !!!

« Par des bruits répandus avec astuce, on voudrait donner le change aux officiers, aux voyageurs, aux habitants, et même aux agents que l'on dit que l'Autriche et la Russie entretiennent en ce pays. Sans doute que l'on trompe de même le gouvernement anglais par des récits adroits et mensongers.

« On a saisi vos papiers, parmi lesquels on savait qu'il y en avait qui m'appartenaient, sans aucune formalité, à côté de ma chambre avec un éclat et une joie féroce. J'en fus prévenu peu de moments après ; je mis la tête à la fenêtre, et je vis qu'on vous enlevait. Un nombreux état-major caracolait autour de la maison ; il me parut voir des habitants de la mer du Sud danser autour du prisonnier qu'ils allaient dévorer.

« Votre société m'était nécessaire. Seul, vous lisez, vous parlez et entendez l'anglais. Combien vous avez passé de nuits pendant mes maladies ! Cependant je vous engage et au besoin vous ordonne de requérir le commandant de ce pays de vous renvoyer sur le continent : il ne peut point s'y refuser, puisqu'il n'a action sur vous que par l'acte volontaire que vous avez signé. Ce sera pour moi une grande consolation que de vous savoir en chemin pour de plus fortunés pays.

« Arrivé en Europe, soit que vous alliez en Angleterre ou que vous retourniez dans la patrie, oubliez le souvenir des maux qu'on vous a fait souffrir ; vantez-vous de la fidélité que vous m'avez montrée et de toute l'affection que je vous porte.

« Si vous voyez un jour ma femme et mon fils, embrassez-les ; depuis deux ans je n'en ai aucune nouvelle ni directe ni indirecte. Il y a dans ce pays depuis six mois un botaniste allemand qui les a vus dans le jardin de Schœnbrun, quelque mois avant son départ; les barbares ont empêché soigneusement qu'il ne vînt me donner de leurs nouvelles.

« Toutefois consolez-vous et consolez mes amis. Mon corps se trouve, il est vrai, au pouvoir de la haine de mes ennemis, ils n'oublient rien de ce qui peut assouvir leur vengeance, ils me tuent à coups d'épingles; mais la Providence est trop juste pour qu'elle permette que cela se prolonge longtemps encore. L'insalubrité de ce climat dévorant, le manque de tout ce qui entretient la vie, mettront, je le sens, un terme prompt à cette existence, dont les derniers moments seront une tache d'opprobre pour le caractère anglais; et l'Europe signalera un jour avec horreur cet homme astucieux et méchant, les vrais Anglais le désavoueront pour Breton.

« Comme tout porte à penser qu'on ne vous permettra pas de venir me voir avant votre départ, recevez mes embrassements, l'assurance de mon estime, et mon amitié. Soyez heureux.

« Votre dévoué, NAPOLÉON.

« Longwood, 11 décembre. »

SOUVENIRS

DE L'EMPEREUR

NAPOLÉON PREMIER

PREMIÈRE PARTIE

LE DÉPART

I

Retour de l'Empereur à l'Élysée après Waterloo.

Mardi 20 *juin* 1815. — J'apprends le retour de l'Empereur à l'Élysée, et je vais m'y placer spontanément de service. Je m'y trouve avec MM. de Montalembert et de Montholon, amenés par le même sentiment.

L'Empereur venait de perdre une grande bataille; le salut de la France était désormais dans la Chambre des représentants, dans leur confiance et leur zèle. L'Empereur accourait avec l'idée de se rendre, encore tout couvert de la poussière de la bataille, au milieu d'eux; là, d'exposer nos dangers, nos ressources; de protester que ses intérêts personnels ne seraient jamais un obstacle au bonheur de la France, et de repartir aussitôt. On assure que plusieurs personnes l'en ont dissuadé, en lui faisant craindre une fermentation naissante parmi les députés.

Du reste, on ne saurait comprendre encore tout ce qui se répand sur cette malheureuse bataille : les uns disent qu'il y a eu trahison manifeste ; d'autres, fatalité sans exemple. Trente mille hommes, commandés par Grouchy, ont manqué l'heure et le chemin ; ils ne se sont pas trouvés à la bataille ; l'armée, victorieuse jusqu'au soir, a été, dit-on, prise subitement, vers les huit heures, d'une terreur panique ; elle s'est fondue en un instant. C'est *Crécy*, *Azincourt*, etc....... Chacun tremble, on croit tout perdu !

II

Abdication.

Mercredi 21. — Tout hier soir et durant la nuit, la représentation nationale, ses membres les mieux intentionnés, les plus influents, sont travaillés par certaines personnes, qui produisent, à les en croire, des documents authentiques, des pièces à peu près officielles, garantissant le salut de la France par la *seule abdication de l'Empereur*, disent-ils.

Ce matin, cette opinion était devenue tellement forte qu'elle semblait irrésistible. Le président de l'Assemblée, les premiers de l'État, les meilleurs amis de l'Empereur, viennent le supplier de sauver la France en abdiquant. L'Empereur, peu convaincu, répond néanmoins avec magnanimité ; il abdique.

Cette circonstance occasionne le plus grand mouvement autour de l'Élysée ; la multitude s'y presse et témoigne le plus vif intérêt ; nombre d'individus y pénètrent, quelques-uns même de la classe du peuple en escaladent les murs ; les uns en pleurs, d'autres avec les accents de la démence, viennent faire à l'Empereur, qui se promène tranquillement dans le jardin, des offres de toute espèce. L'Empereur seul reste calme, et répond toujours qu'il faut porter désormais ce zèle et cette tendresse au salut de la patrie.

Dans ce jour je lui ai présenté la députation des représentants : elle venait le remercier de son dévouement à la chose nationale.

Le soir on avait déjà nommé une portion du gouvernement provisoire ; MM. de Caulaincourt et Fouché, qui étaient du nombre, se trouvaient au milieu de nous, au salon de service. Nous en faisions compliment au premier, ce qui n'était au vrai que nous féliciter pour la chose publique ; il ne nous a répondu que par de l'effroi. Nous applaudissions, disions-nous, aux choix déjà connus. « Il est sûr, a dit Fouché d'un ton léger, que moi je ne suis pas suspect. — Si vous l'aviez été, repartit assez brutalement le représentant Boulay de la Meurthe, qui se trouvait là, croyez que nous ne vous aurions pas nommé. »

Cependant une nombreuse population s'agglomérait tous les soirs autour de l'Élysée ; elle allait toujours croissant. Ses acclamations, son intérêt pour l'Empereur, donnaient des inquiétudes aux factions opposées. La fermentation de la capitale était extrême ; l'Empereur résolut de s'éloigner le lendemain, et de se rendre le 25 à la Malmaison.

III.

Le gouvernement provisoire met l'Empereur sous la garde du général Becker. — Napoléon quitte la Malmaison. — Il part pour Rochefort.

Jeudi 29, *vendredi* 30. — Toute la matinée le grand chemin de Saint-Germain n'a cessé de retentir des cris de *vive l'Empereur !* C'étaient des troupes qui passaient sous les murailles de la Malmaison.

Vers le milieu du jour, le général Becker, envoyé par le gouvernement provisoire, est arrivé ; il nous a dit, avec une espèce d'indignation, avoir reçu la commission de garder Napoléon et de le surveiller.

Le sentiment le plus bas avait dicté ce choix. Fouché savait que le général Becker avait personnellement à se plaindre de l'Empereur, et il ne doutait pas de trouver en lui un cœur aigri et disposé à la vengeance. On ne pouvait se tromper plus grossièrement : ce général ne cessa de montrer un respect et un dévouement qui honorent son caractère.

Cependant les moments devenaient pressants ; l'Empereur, sur le point de partir, envoie offrir, par le général Becker lui-même, au gouvernement provisoire, de marcher comme simple citoyen à la tête des troupes. Il promit de repousser Blücher et de continuer aussitôt sa route. Sur le refus du gouvernement provisoire, nous quittons la Malmaison. L'Empereur et une partie de sa suite prennent la route de Rochefort par Tours ; moi, mon fils, MM. de Montholon, Planat, Résigny, nous prenons par Orléans, ainsi que deux ou trois autres voitures de suite.

IV

Calme de l'Empereur.

Du mercredi 5 *au vendredi* 7. — A Rochefort, l'Empereur ne portait plus l'habit militaire. Il était logé à la préfecture. Beaucoup de monde demeurait constamment groupé autour de la maison; de temps à autre des acclamations se faisaient entendre. L'Empereur se montra deux ou trois fois au balcon de la préfecture. Beaucoup de propositions lui sont faites par des généraux qui viennent en personne ou envoient des émissaires particuliers.

Du reste, pendant tout le séjour à Rochefort, l'Empereur y est constamment comme aux Tuileries. Nous ne l'approchons pas davantage; il ne reçoit guère que Bertrand et Savary, et nous en sommes réduits aux bruits et aux conjectures sur ce qui le concerne. Toutefois il paraît que l'Empereur, au milieu de l'agitation des hommes et des choses, demeure calme, impassible, se montre très-indifférent et surtout très-peu pressé.

Un lieutenant de vaisseau de notre marine, commandant un bâtiment de commerce danois, vient s'offrir généreusement pour le sauver.

Il propose de le prendre seul de sa personne, garantit de le cacher si bien qu'il échappera à toute recherche, et offre de faire voile immédiatement pour les États-Unis. Il ne demande qu'une légère somme pour indemniser ses propriétaires des torts possibles de son entreprise. Bertrand l'accorde, sous certaines conditions qu'il rédige en mon nom, et je signe ce marché fictif en présence et sous les yeux du préfet maritime.

Napoléon hésita longtemps. Puis il se résolut à ne point s'échapper en fugitif, et à venir se remettre librement entre les mains du gouvernement britannique. Il monta avec nous sur *la Saal* , et débarqua à l'île d'Aix le 12 juillet, au milieu des cris et de l'exaltation de tous. Le 14, je me rendis, par son ordre, à bord du vaisseau anglais *le Bellérophon*, pour m'aboucher avec le capitaine Maitland, qui le commandait. Le capitaine anglais nous dit que, d'après son opinion privée, et plusieurs autres capitaines présents se joignirent à lui, il n'y avait nul doute que Napoléon ne trouvât en Angleterre tous les égards et les traitements auxquels il pouvait prétendre; que, dans ce pays, le prince et les ministres n'exerçaient pas l'autorité arbitraire du continent; que le peuple anglais avait une générosité de sentiments et une libéralité d'opinions supérieures à la souveraineté même. Je répondis que j'allais faire part à l'Empereur de l'offre du capitaine anglais et de toute sa conversation; j'ajoutai que je croyais assez connaître l'empereur Napoléon pour penser qu'il ne serait pas éloigné de se rendre de confiance en Angleterre, même dans la vue d'y trouver les facilités de continuer sa route vers les États-Unis. Je peignis la France, au midi de la Loire, toute en feu; les espérances des peuples se tournant toujours vers Napoléon, tant qu'il serait présent; les propositions qui lui étaient faites de tous côtés, à chaque instant; sa détermination absolue de ne servir ni de cause ni de prétexte à la guerre civile; la générosité qu'il avait eue d'abdiquer pour rendre la paix plus facile; la ferme résolution où il était de se bannir pour la rendre plus prompte et plus entière.

Le général Lallemand qui, condamné à mort, était intéressé pour son propre compte dans la résolution que l'on pouvait prendre, demanda au capitaine Maitland, avec qui il avait été jadis de connaissance en Égypte, dont il avait même été, je crois, le prisonnier, si quelqu'un tel que lui, compromis dans les troubles civils de son pays, pouvait avoir jamais à craindre d'être livré à la France, venant ainsi volontairement en Angleterre. Le capitaine Maitland affirma que non, et repoussa le doute comme une injure. Avant de nous quitter, nous nous résumâmes. Je répétai qu'il serait possible que, vu les circonstances et les intentions arrêtées de l'Empereur, il se rendît en Angleterre, d'après l'offre du capitaine Maitland, pour y prendre ses sauf-conduits pour l'Amérique. Le capitaine Maitland désira qu'il fût bien compris qu'il ne garantissait pas qu'on les accorderait, et nous nous séparâmes. Au fond du cœur, je ne pensais pas non plus qu'on les accordât. Mais l'Empereur ne voulait plus que vivre tranquille; il était résolu de demeurer désormais personnellement étranger aux événements politiques. Nous voyions donc sans beaucoup d'inquiétude la probabilité qu'on nous empêchât de sortir de l'Angleterre; mais là se bornaient toutes nos craintes et nos suppositions, là se fixait aussi sans doute la croyance de Maitland. Je lui rends justice de croire qu'il était sincère et de bonne foi, ainsi que les autres officiers, dans la peinture qu'ils nous avaient faite des sentiments de l'Angleterre.

Nous étions de retour à onze heures. L'Empereur nous réunit en une espèce de conseil. On débattit toutes les chances. Il n'était plus question de chasse-marée; la croisière anglaise était inforçable. Il ne restait plus que de revenir à terre entreprendre la guerre civile, ou d'accepter les offres présentées par le capitaine Maitland. On s'arrêta à ce dernier parti. En abordant *le Bellérophon*, disait-on, on serait déjà sur le sol britannique; les Anglais se trouveraient liés dès cet instant par les droits de l'hospitalité, estimés sacrés chez les peuples les plus barbares; on se trouverait, dès ce moment, sous les droits civils du pays : les Anglais ne seraient pas assez insensibles à leur gloire pour ne pas saisir cette circonstance avec avidité. Alors Napoléon écrivit cette lettre au prince régent :

« Altesse Royale, en butte aux factions qui divisent mon pays et à l'inimitié des plus grandes puissances de l'Europe, j'ai consommé ma carrière politique. Je viens, comme Thémistocle, m'asseoir au foyer du peuple britannique; je me mets sous la protection de ses lois, que je réclame de Votre Altesse Royale, comme celle du plus puissant, du plus constant, du plus généreux de mes ennemis. »

Je repartis vers les quatre heures avec mon fils et le général Gourgaud, pour retourner à bord du *Belléro-phon*, où je devais demeurer. Ma mission était d'annoncer la venue de Sa Majesté le lendemain matin, et de remettre au capitaine Maitland la copie de la lettre de l'Empereur au prince régent.

La mission du général Gourgaud était de porter immédiatement la lettre autographe de l'Empereur au prince régent d'Angleterre, et de la remettre à sa personne. Le capitaine Maitland lut cette lettre de Napoléon, qu'il admira beaucoup, en laissa prendre copie à deux autres capitaines, sous secret, jusqu'à ce qu'elle devînt publique, et s'occupa d'expédier sans délai le général Gourgaud sur la corvette *le Slany*.

Il n'y avait encore que peu d'instants que ce dernier bâtiment venait de quitter *le Bellérophon*, je me trouvais seul avec mon fils dans la chambre du capitaine, M. Maitland avait été donner des ordres, lorsqu'il rentra précipitamment le visage et la voix altérés : « Comte de Las Cases, je suis trompé ! Quand je traite avec vous, je me démunis d'un bâtiment, on m'annonce que Napoléon vient de m'échapper; cela me mettrait dans une position affreuse vis-à-vis de mon gouvernement! » Ces paroles me firent tressaillir; j'aurais voulu pour tout au monde la nouvelle vraie. L'Empereur n'avait pris aucun engagement, j'avais été de la meilleure foi du monde, je me fusse volontiers rendu victime d'une circonstance dans laquelle j'étais parfaitement innocent. Je demandai avec le plus grand calme au capitaine Maitland à quelle heure on avait dit que Napoléon était parti; Maitland avait été si frappé, qu'il ne s'était pas donné le temps de le demander; il recourut sur le pont, et vint me dire: « A midi. — S'il en était ainsi, lui dis-je, le départ du *Slany*, que vous ne faites que d'expédier, ne vous ferait aucun tort. Mais rassurez-vous, j'ai quitté l'Empereur à l'île d'Aix, à quatre heures. — Me l'affirmez-vous, me dit-il? » Je lui en donnai ma parole; et il se retourna vers quelques officiers qu'il avait avec lui, et leur dit en anglais que la nouvelle devait être fausse, que j'étais trop calme, que j'avais l'air trop de bonne foi, et que d'ailleurs je venais de lui en donner ma parole.

La croisière anglaise avait de nombreuses intelligences sur nos côtes; j'ai pu vérifier depuis qu'elle était instruite à point nommé de toutes nos démarches.

On ne s'occupa plus que du lendemain. Le capitaine Maitland me demanda si je voulais que ses embarcations allassent chercher l'Empereur; je lui répondis que la séparation était trop douloureuse pour les marins français, qu'il fallait leur laisser la satisfaction de garder l'Empereur jusqu'au dernier instant.

V

L'Empereur à bord du *Bellérophon*.

Samedi 15. — Au jour on aperçut en effet notre brick *l'Épervier*, qui, sous pavillon parlementaire, manœuvrait sur *le Bellérophon*, Le vent et la marée étant contraires, le capitaine Maitland envoya son canot au-devant. Le voyant revenir, c'était un grand sujet d'anxiété pour le capitaine Maitland de découvrir avec sa lunette si l'Empereur y était descendu; il me priait à chaque instant d'examiner moi-même, et je ne pouvais lui répondre. Enfin il n'y eut plus de doute : l'Empereur, entouré de ses officiers, aborda *le Bellérophon;* je me trouvai à l'échelle du vaisseau pour lui nommer le capitaine Maitland, auquel il dit : « Je viens à votre bord me mettre sous la protection des lois d'Angleterre. » Le capitaine Maitland le conduisit dans sa chambre et l'en mit en possession. Bientôt après, le capitaine présenta tous ses officiers à l'Empereur, qui vint ensuite sur le pont et visita dans la matinée toutes les parties du vaisseau. Je lui racontai la frayeur qu'avait eue la veille le capitaine Maitland, touchant son évasion supposée; l'Empereur ne jugea pas comme je l'avais fait : « Qu'avait-il donc à craindre? me dit-il avec force et dignité; ne vous avait-il pas avec lui? »

Vers les trois heures, nous vîmes arriver au mouillage, *le Superbe*, de soixante-quatorze canons, amiral sir H. Hotham, commandant la station. Cet amiral vint rendre visite à l'Empereur, demeura à dîner, et, sur les questions que lui fit l'Empereur sur son vaisseau, il demanda s'il daignerait y venir le lendemain; l'Empereur s'y invita à déjeuner avec nous tous.

Le matin l'Empereur, en sortant pour aller à bord de l'amiral Hotham, s'était arrêté court sur le pont du *Bellérophon*, devant les soldats rangés pour lui faire honneur; il leur vit faire plusieurs temps d'exercice, croiser la baïonnette; et comme ce dernier mouvement ne s'exécutait pas tout à fait à la française, il s'avança au milieu des soldats, écartant les baïonnettes de ses deux mains, et alla avec un des fusils manœuvrer lui-même à notre façon. Alors il se fit un mouvement subit sur le visage des soldats, des officiers, de tous les spectateurs; ils peignaient l'étonnement de voir l'Empereur se mettre ainsi au milieu des baïonnettes anglaises, dont certaines lui touchaient la poitrine. Cette circonstance frappa vivement; à notre retour du *Superbe*, on nous questionnait à cet égard; on nous demandait s'il en agissait souvent ainsi avec ses soldats, et l'on n'hésita pas à frémir de sa confiance. Aucun d'eux n'était fait à l'idée de souverains qui ordonnassent de la sorte, expliquassent et exécutassent eux-mêmes. Il nous fut aisé de reconnaître alors qu'aucun d'eux n'avait une idée juste sur celui qu'ils voyaient en ce moment, bien que depuis vingt années il eût été l'objet constant de toute leur attention, de tous leurs efforts, de toutes leurs paroles.

L'Empereur ne fut pas longtemps au milieu de ses plus cruels ennemis, de ceux que l'on avait constamment nourris des bruits les plus absurdes et les plus irritants, sans exercer sur eux toute l'influence de la gloire. Le capitaine, les officiers, l'équipage eurent bientôt adopté les mœurs de sa suite; ce furent les mêmes égards, le même langage, le même respect. Le capitaine ne l'appelait que Sire et Votre Majesté; s'il paraissait sur le pont, chacun avait le chapeau bas, et demeurait ainsi tant qu'il était présent, ce qui n'avait pas eu lieu dans les premiers instants; on ne pénétrait dans sa chambre qu'à travers ses officiers; il ne paraissait à sa table que ceux du vaisseau qu'il y avait invités; enfin Napoléon, à bord du *Bellérophon*, y était empereur. Il paraissait souvent sur le pont, et conversait avec quelques-uns de nous ou avec des personnes du vaisseau.

VI

Mouillage à Torbay.

Lundi 24. — Vers les huit heures du matin, nous jetâmes l'ancre dans la rade de Torbay.

Le capitaine Maitland expédia aussitôt un courrier à lord Keith, son amiral général, qui était à Plymouth. Le général Gourgaud, qui était parti sur *le Slany*, vint nous rejoindre; il avait dû se dessaisir de la lettre au prince régent; on ne lui avait pas permis le débarquement, on lui avait interdit toute communication quelconque. Ce nous fut d'un mauvais augure, et le premier indice des nombreuses tribulations qui vont suivre.

Dès qu'il transpira que l'Empereur était à bord du *Bellérophon*, la rade fut couverte d'embarcations et de curieux. Le propriétaire d'une belle maison de campagne qui était en vue lui envoya un présent de fruits.

VII

Mouillage à Plymouth. — Séjour, etc.

Mercredi 26. — Des ordres étaient venus dans la nuit de nous rendre immédiatement à Plymouth ; nous avons appareillé de bon matin ; nous sommes arrivés à notre nouvelle destination vers quatre heures de l'après-midi, dix jours après notre appareillage de Rochefort, vingt-sept après notre départ de Paris, et trente-cinq après l'abdication de l'Empereur. Notre horizon s'est rembruni dès lors singulièrement; des canots armés ont entouré le vaisseau : ils ramaient au loin, écartant les curieux, même à coups de fusils. L'amiral Keith, qui était en rade, ne vint point à notre bord. Deux frégates firent le signal d'un départ immédiat; on nous dit qu'un courrier extraordinaire leur avait apporté, le matin, une mission lointaine. On distribua quelques-uns de nous sur d'autres bâtiments. Toutes les figures semblaient nous considérer avec un morne intérêt; les bruits les plus sinistres avaient gagné le vaisseau; il circulait pour nous le chuchotage de plusieurs destinations, toutes plus affreuses les unes que les autres.

L'emprisonnement à la Tour paraissait la plus douce, et quelques-uns parlaient de Sainte-Hélène. Sur ces entrefaites, les deux frégates, sur lesquelles on m'avait fort éveillé, appareillèrent, bien que le vent leur fût contraire pour sortir, et, arrivées par notre travers, elles laissèrent retomber l'ancre à droite et à gauche de nous, presque à nous toucher; alors quelqu'un me dit à l'oreille qu'elles devaient nous enlever la nuit, et faire voile pour Sainte-Hélène.

Non, jamais je ne rendrai l'effet de ces terribles paroles! Une sueur froide parcourut tout mon corps : c'était un arrêt de mort inattendu!

L'Empereur parut sur le pont à son ordinaire, je le vis quelque temps dans sa chambre, sans lui communiquer ce que j'avais appris; je voulais être son consolateur, et non contribuer à le tourmenter. Cependant tous ces bruits étaient arrivés jusqu'à lui; mais il était venu si librement et de si bonne foi à bord du *Bellérophon*, et s'y était trouvé si fort attiré par les Anglais eux-mêmes ; il regardait tellement sa lettre au prince régent, communiquée d'avance au capitaine Maitland, comme des conditions tacites ; enfin il avait mis tant de magnanimité dans sa démarche, qu'il repoussait avec indignation toutes les craintes qu'on voulait lui donner, et ne permettait pas que nous pussions avoir des doutes.

On peindrait difficilement notre anxiété et nos tourments : la plupart d'entre nous ne vivaient plus ; la moindre circonstance venue de terre, l'opinion la plus vulgaire de qui que ce fût à bord, l'article de journal le moins authentique, étaient le sujet de nos arguments les plus graves, et la cause de nos perpétuelles oscillations d'espérance et de crainte. Nous allions à la recherche des plus petits bruits ; nous provoquions, du premier venu, des versions favorables, des espérances trompeuses : tant l'expansion et la mobilité de notre caractère national nous rendent peu propres à cette résignation stoïque, à cette concentration impassible, qui ne dérivent que d'idées arrêtées et de doctrines positives puisées dès l'enfance.

Les papiers publics, les ministériels surtout, étaient déchaînés contre nous ; c'était le cri des ministres préparant au coup qu'ils allaient frapper. On se figurerait difficilement les horreurs, les mensonges, les imprécations qu'ils accumulaient contre nous ; et l'on sait qu'il en reste toujours quelque chose sur la multitude, quelque bien disposée qu'elle soit. Aussi les manières autour de nous étaient devenues moins aisées, les politesses embarrassées, les figures incertaines.

L'amiral Keith, après s'être fait annoncer maintes fois, ne fit qu'apparaître : il nous était visible qu'on redoutait notre situation, qu'on évitait nos paroles. Les papiers contenaient les mesures qu'on allait prendre ; mais comme il n'y avait rien d'officiel encore, et qu'ils se contredisaient dans quelques petits détails, nous aimions à nous flatter, et demeurions encore dans ce vague, cette incertitude pire néanmoins que tous les résultats.

Cependant, d'un autre côté, notre apparition en Angleterre y avait produit un étrange mouvement : l'arrivée de l'Empereur y avait créé une curiosité qui tenait de la fureur ; c'étaient les papiers publics eux-mêmes qui nous apprenaient cette circonstance, en la condamnant. Toute l'Angleterre se précipitait vers Plymouth. Une personne partie de Londres aussitôt mon arrivée, pour venir me voir, fut contrainte de s'arrêter bientôt par le manque absolu de chevaux et de logement dans la route. La mer se couvrait d'une multitude de bateaux autour de nous ; on nous a dit depuis qu'il y en avait eu de payés jusqu'à soixante napoléons.

L'Empereur, à qui je lisais tous les papiers, n'en avait pas moins, en public, le même calme, le même langage, les mêmes habitudes. On savait qu'il paraissait toujours vers les cinq heures sur le pont ; quelque temps avant, tous les bateaux se groupaient à côté les uns des autres : il y en avait des milliers ; leur réunion serrée ne laissait plus soupçonner la mer ; on eût cru bien plutôt cette foule de spectateurs rassemblés sur une place publique. A l'apparition de l'Empereur, le bruit, le mouvement, les gestes de tant de monde, présentaient un singulier spectacle ; en même temps il était aisé de juger qu'il n'y avait rien d'hostile dans tout cela, et que, si la curiosité les avait amenés, ils y puisaient de l'intérêt. On pouvait s'apercevoir même que ce sentiment allait visiblement en croissant : on s'était contenté de regarder d'abord, on avait salué ensuite, quelques-uns demeuraient découverts, et l'on fut parfois jusqu'à pousser des acclamations. Nos symboles mêmes commençaient à se montrer parmi eux ; des femmes, des jeunes gens arrivaient parés d'œillets rouges. Mais toutes ces circonstances mêmes tournaient à notre détriment aux yeux des ministres et de leurs partisans, et ne faisaient que rendre plus poignante notre perpétuelle agonie.

Ce fut dans ce moment que l'Empereur, frappé de tout ce qu'il entendait, me dicta une pièce propre à servir de base aux légistes pour discuter et défendre sa véritable situation politique. Nous trouvâmes le moyen de la faire passer à terre. Je n'en ai point conservé de copie.

VIII

Décision des ministres. — Déportation.

Samedi 29, *dimanche* 30. — Depuis vingt-quatre heures, ou deux jours, le bruit était qu'un sous-secrétaire d'État venait de Londres pour notifier officiellement à l'Empereur les résolutions des ministres à son égard. Il parut en effet : c'était le chevalier Banbury, qui vint avec lord Keith, et remit une pièce ministérielle qui contenait la déportation de l'Empereur et limitait à trois le nombre des personnes qui devaient l'accompagner, en excluant toutefois le duc de Rovigo et le général Lallemand, compris dans une liste de proscription en France.

Je ne fus point appelé auprès de l'Empereur : les deux Anglais parlaient et entendaient le français ; l'Empereur les admit seuls. J'ai su qu'il avait combattu et repoussé avec beaucoup d'énergie et de vigueur la violence qu'on exerçait sur sa personne. « Il était l'hôte de l'Angleterre, avait-il dit, il n'était point son prisonnier; il était venu librement se placer sous la protection de ses lois ; on violait sur lui les droits sacrés de l'hospitalité; il n'accéderait jamais volontairement à l'outrage qu'on lui ménageait, la violence seule pourrait l'y contraindre, etc., etc. »

L'Empereur me donna la pièce ministérielle pour sa traduction, la voici :

Communication faite par lord Keith au nom des ministres.

« Comme il peut être convenable au général Bonaparte d'apprendre, sans un plus long délai, les intentions du gouvernement britannique à son égard, Votre Seigneurie lui communiquera l'information suivante :

« Il serait peu consistant avec nos devoirs envers notre pays et les alliés de Sa Majesté, si le général Bonaparte conservait les moyens ou l'occasion de troubler de nouveau la paix de l'Europe ; c'est pourquoi, il devient absolument nécessaire qu'il soit restreint dans sa liberté personnelle, autant que peut l'exiger ce premier et important objet.

« L'île de Sainte-Hélène a été choisie pour sa future résidence ; son climat est sain, et sa situation locale permettra qu'on l'y traite avec plus d'indulgence qu'on ne le pourrait faire ailleurs, vu les précautions indispensables qu'on serait obligé d'employer pour s'assurer de sa personne.

« On permet au général Bonaparte de choisir parmi les personnes qui l'ont accompagné en Angleterre, à l'exception des généraux Savary et Lallemand, trois officiers, lesquels, avec son chirurgien, auront la permission de l'accompagner à Sainte-Hélène, et ne pourront point quitter l'île sans la sanction du gouvernement britannique.

« Le contre-amiral sir Georges Cockburn, qui est nommé commandant en chef du cap de Bonne-Espérance et des mers adjacentes, conduira le général Bonaparte et sa suite à Sainte-Hélène, et recevra des instructions détaillées touchant l'exécution de ce service.

« Sir G. Cockburn sera probablement prêt à partir dans peu de jours ; c'est pourquoi il est désirable que le général Bonaparte fasse sans délai le choix des personnes qui doivent l'accompagner. »

Bien que nous nous fussions attendus à notre déportation à Sainte-Hélène, nous en demeurâmes affectés ; elle nous consterna tous. Toutefois l'Empereur n'en vint pas moins sur le pont, comme de coutume, avec le même visage et de la même manière, considérer la foule affamée de le voir.

IX

Paroles remarquables de l'Empereur.

Mercredi 2, *jeudi* 3. — Au matin, le duc de Rovigo m'apprend que je suis décidément du voyage de Sainte-Hélène ; l'Empereur, en causant, lui avait dit que, si nous devions n'être que deux à le suivre, il comptait encore que je serais du nombre ; qu'il attendait de moi de l'utilité et de la consolation. Je dois à la bienveillance du duc de Rovigo la douceur de connaître ces paroles de l'Empereur : j'en suis reconnaissant ; sans lui, elles me seraient toujours demeurées inconnues. A moi, l'Empereur n'avait rien répondu quand nous avions traité ce sujet : c'est sa manière ; j'aurai plus d'une fois l'occasion de le montrer.

Je ne me trouvais de véritable connaissance avec aucun de ceux qui avaient suivi l'Empereur, si j'en excepte toutefois le général Bertrand et sa femme, dont j'avais été comblé d'égards dans ma mission en Illyrie, où il commandait en qualité de gouverneur général.

Jusqu'alors je n'avais jamais parlé au duc de Rovigo ; certaines préventions m'en avaient toujours tenu au loin ; à peine nous fûmes-nous vus qu'elles furent détruites.

Savary aimait sincèrement l'Empereur ; je lui ai connu de l'âme, du cœur, de la droiture, de la reconnaissance ; il m'a semblé susceptible d'une véritable amitié ; nous nous serions sans doute intimement liés. Puisse-t-il lire jamais les sentiments et les regrets qu'il m'a laissés !

L'Empereur m'ayant fait venir un soir, comme de coutume, pour causer, à la suite de beaucoup d'objets divers s'est arrêté sur Sainte-Hélène, me demandant ce que ce pouvait être, s'il serait possible d'y supporter la vie, etc., etc... « Mais après tout, m'a-t-il dit, est-il bien sûr que j'y aille ? Un homme est-il donc dépendant de son semblable, quand il veut cesser de l'être ? »

Nous nous promenions dans sa chambre ; il était calme, mais affecté, et en quelque façon distrait.

« Mon cher, a-t-il continué, j'ai parfois l'envie de vous quitter, et cela n'est pas bien difficile ; il ne s'agit que de se monter un tant soit peu la tête, et je vous aurai bientôt échappé, tout sera fini, et vous irez rejoindre tranquillement vos familles... »

Je me récriai sur de pareilles pensées. Le poëte, le philosophe avaient dit que c'étaient un spectacle digne des dieux que de voir l'homme aux prises avec l'infortune; les revers et la constance avaient aussi leur gloire; un aussi noble et un aussi grand caractère ne pouvait pas s'abaisser au niveau des âmes les plus vulgaires; celui qui nous avait gouvernés avec tant de gloire, qui avait fait et l'admiration et les destinées du monde ne pouvait finir comme un joueur au désespoir ou un amant trompé. Que deviendraient donc tous ceux qui croyaient, qui espéraient en lui? Abandonnerait-il donc sans retour un champ libre à ses ennemis? L'extrême désir que ceux-ci en faisaient éclater ne suffisait-il pas pour le décider à la résistance? D'ailleurs, qui connaissait les secrets du temps? Qui oserait affirmer l'avenir? Que ne pourrait pas amener le simple changement d'un ministère, la mort d'un prince, celle d'un de ses confidents, la plus légère passion, la plus petite querelle?... etc., etc.

« Quelques-unes de ces paroles ont leur intérêt, disait l'Empereur; mais que pourrons-nous faire dans ce lieu perdu? — Sire, nous vivrons du passé; il a de quoi nous satisfaire. Ne jouissons-nous pas de la vie de César, de celle d'Alexandre? Nous posséderons mieux; vous vous relirez, sire! — Eh bien! dit-il, nous écrirons nos *Mémoires*. Oui, il faudra travailler; le travail aussi est la faux du temps. Après tout, on doit remplir ses destinées; c'est aussi ma grande doctrine [1]. Eh bien! que

1. Voici un ancien document que la circonstance ci-dessus contribue à rendre précieux : c'est un ordre du jour du premier consul à sa garde contre le suicide.

Ordre du 22 floréal an X.

« Le grenadier Gobain s'est suicidé par amour : c'était d'ailleurs un très-bon sujet. C'est le second événement de cette nature qui arrive au corps depuis un mois.

« Le premier consul ordonne qu'il soit mis à l'ordre de la garde :

« Qu'un soldat doit vaincre la douleur et la mélancolie des passions; qu'il les miennes s'accomplissent. » Et reprenant dès cet instant un air aisé et même gai, il passa à des objets tout à fait étrangers à notre situation.

X

Départ. — Protestation.

Vendredi 4. — L'ordre était venu dans la nuit d'appareiller de bon matin. Nous mîmes sous voiles; cela nous intrigua fort. Tous les papiers, les communications officielles, les conversations particulières, nous avaient appris que nous devions être menés à Sainte-Hélène par *le Northumberland ;* nous savions que ce vaisseau était encore à Chatham ou à Portsmouth, en armement; nous devions donc compter encore sur huit ou dix jours au moins de relâche. *Le Bellérophon* était trop vieux pour ce voyage, il n'avait point les vivres nécessaires; de plus, les vents étaient contraires en ce moment pour cingler vers Sainte-Hélène. Aussi, quand nous vîmes remonter la Manche vers l'est, nos incertitudes, nos conjectures recommencèrent, et quelles qu'elles fussent, elles devenaient un adoucissement à la déportation à Sainte-Hélène.

Cependant nous pensions que l'Empereur, en ce moment décisif, devait montrer une opposition officielle à cette violence. Pour lui, il y attachait peu de prix, et ne s'en occupait pas. Toutefois c'était préparer, disions-

y a autant de vrai courage à souffrir avec constance les peines de l'âme qu'à rester fixe sous la mitraille d'une batterie.

« S'abandonner au chagrin sans résister, se tuer pour s'y soustraire, c'est abandonner le champ de bataille avant d'avoir vaincu. »

nous, des armes à ceux qui s'intéressaient à nous, et laisser dans le public des causes de souvenir et des motifs de défense. Je hasardai de lui lire une rédaction que j'avais essayée ; le sens lui plut, il en supprima quelques phrases, corrigea quelques mots, la signa, et l'envoya à lord Keith. La voici :

PROTESTATION. « Je proteste solennellement ici, à la face du ciel et des hommes, contre la violence qui m'est faite, contre la violation de mes droits les plus sacrés, en disposant, par la force, de ma personne et de ma liberté. Je suis venu librement à bord du *Bellérophon ;* je ne suis pas le prisonnier, je suis l'hôte de l'Angleterre. Je suis venu à l'instigation même du capitaine, qui a dit avoir des ordres du gouvernement de me recevoir et de me conduire en Angleterre avec ma suite si cela m'était agréable. Je me suis présenté de bonne foi, pour venir me mettre sous la protection des lois d'Angleterre. Aussitôt assis à bord du *Bellérophon*, je fus sur le foyer du peuple britannique. Si le gouvernement, en donnant des ordres au capitaine du *Bellérophon* de me recevoir ainsi que ma suite, n'a voulu que tendre une embûche, il a forfait à l'honneur et flétri son pavillon.

« Si cet acte se consommait, ce serait en vain que les Anglais voudraient parler désormais de leur loyauté, de leurs lois et de leur liberté ; la foi britannique se trouvera perdue dans l'hospitalité du *Bellérophon.*

« J'en appelle à l'histoire : elle dira qu'un ennemi, qui fit vingt ans la guerre au peuple anglais, vint librement, dans son infortune, chercher un asile sous ses lois ; quelle plus éclatante preuve pouvait-il lui donner de son estime et de sa confiance ? Mais comment répondit-on en Angleterre à une telle magnanimité ? On feignit de tendre une main hospitalière à cet ennemi, et, quand il se fut livré de bonne foi, on l'immola.

« *Signé :* NAPOLÉON.

« A bord du *Bellérophon*, à la mer. »

Le duc de Rovigo m'apprend que l'Empereur a demandé à m'envoyer à Londres vers le prince régent, mais qu'on s'y est obstinément refusé.

La mer était grosse, le vent violent, nous étions en grande partie malades de la mer. Et que ne peut pas la préoccupation du moral sur les infirmités physiques ! C'est la seule fois de ma vie peut-être que je n'ai pas été atteint du mal de mer par un temps pareil.

En sortant de Plymouth, nous avions d'abord gouverné à l'est, vent arrière ; mais bientôt nous vînmes au plus près, nous courions des bordées, nous croisions, et nous ne pouvions rien comprendre à cette nouvelle espèce de supplice.

XI

Mouillage à Start-Point. — Personnes qui accompagnent l'Empereur.

Dimanche 6. — Nous mouillâmes, vers le milieu du jour, à Start-point, où un vaisseau n'est pas en sûreté, et nous n'avions pourtant que deux pas à faire pour être fort bien dans Torbay ; cette circonstance nous étonnait. Toutefois nous avions appris que notre but était d'aller au-devant du *Northumberland*, dont on avait pressé la sortie de Portsmouth en toute hâte. Ce vaisseau parut, en effet, avec deux frégates chargées de troupes qui devaient composer la garnison de Sainte-Hélène. Tout cela vint mouiller près de nous et les communications entre eux devinrent fort actives ; les précautions pour qu'on ne nous abordât pas continuèrent toujours. Cependant le mystère de notre appareillage précipité de Plymouth et de toutes les manœuvres qui avaient suivi perça tant bien que mal. L'amiral Keith avait été averti, nous dit-on, par le télégraphe, qu'un officier public venait de partir de Londres, avec un ordre d'*habeas corpus*, pour réclamer la personne de l'Empereur, au nom des lois ou d'un tribunal. Nous n'avons pu vérifier ni les motifs ni les détails. Lord Keith, ajoutait-on, avait à peine eu le temps d'échapper à cet embarras ; il avait dû se transporter précipitamment de son vaisseau sur un brick, et disparaître au jour de la rade de Plymouth : c'était le même motif qui nous tenait hors de Torbay.

Les amiraux Keith et Cockburn sont venus à bord du *Bellérophon ;* le dernier commande *le Northumberland :* ils ont conféré avec l'Empereur, et lui ont remis un extrait des instructions relatives à notre déportation et à notre séjour à Sainte-Hélène. Elles portaient qu'on devait le lendemain visiter tous nos effets, pour nous prendre en garde, disait-on, l'argent, les billets, les diamants appartenant à l'Empereur ainsi qu'à nous. Nous apprîmes aussi que le lendemain on nous ôterait nos armes, et qu'on nous transporterait à bord du *Northumberland*. Voici ces pièces :

Ordre de l'amiral Keith au capitaine Maitland du Bellérophon.

« Toutes les armes quelconques seront prises des Français de tous rangs qui sont à bord du vaisseau que vous commandez, seront soigneusement ramassées, et demeureront à votre charge tant qu'ils resteront à bord du *Bellérophon;* elles seront ensuite à la charge du capitaine du vaisseau à bord duquel ils seront transportés. — Startbay, 6 août 1815. »

Instruction des ministres à l'amiral Cockburn.

« Lorsque le général Bonaparte sera conduit du *Bellérophon* à bord du *Northumberland,* ce sera un moment convenable pour l'amiral sir G. Cockburn de diriger la visite des effets que le général portera avec lui.

« L'amiral sir G. Cockburn laissera passer les articles de meubles, les livres, les *vins,* que le général pourrait avoir avec lui.

« Sous l'article des meubles, on comprendra l'argenterie, pourvu qu'elle ne soit pas en si grande quantité qu'on pût la regarder moins comme un usage domestique que comme une propriété convertible en espèces.

« Il devra abandonner son argent, ses diamants et tous ses billets négociables, de quelque nature qu'ils soient.

« Le gouverneur lui expliquera que le gouvernement britannique n'a nullement l'intention de confisquer sa propriété, mais seulement d'en saisir l'administration, afin de l'empêcher d'en faire un instrument d'évasion.

« L'examen doit être fait en présence de quelques personnes nommées par le général Bonaparte, et un inventaire de ces effets devra demeurer signé de ces personnes, aussi bien que par le contre-amiral, ou tout autre individu désigné par lui pour assister à cet inventaire. L'intérêt ou le principal, suivant le montant de la somme, sera applicable à ses besoins, et la disposition en demeurera principalement à son choix. A ce sujet, il communiquera de temps en temps ses désirs, d'abord à l'amiral, et ensuite au gouverneur, quand celui-ci sera arrivé ; et à moins qu'il n'y ait lieu à s'y opposer, ils donneront des ordres nécessaires, et payeront les dépenses par des billets tirés sur le trésor de Sa Majesté.

« En cas de mort (*quelle prévoyance!!!*), la disposition des biens du général sera déterminée par son testament, les contenus duquel, il peut en être assuré, seront strictement observés. Comme il pourrait se faire qu'une partie de sa propriété vînt à être dite celle des personnes de sa suite, celles-ci seront soumises aux mêmes règles.

« L'amiral ne prendra à bord personne de la suite du général Bonaparte, pour Sainte-Hélène, que ce ne soit du propre consentement de cette personne, et après qu'il lui aura été expliqué qu'elle devra être soumise à toutes les règles qu'on jugera convenable d'établir pour s'assurer de la personne du général. On laissera savoir au général que, s'il essayait de s'échapper, il s'exposerait à être mis en prison (*en prison!!!*), ainsi que quiconque de sa suite qui serait découvert cherchant à favoriser son évasion. (*Plus tard le bill du parlement soumet ces derniers à la peine de mort.*)

« Toutes les lettres qui lui seront adressées, ainsi qu'à ceux de sa suite, seront données d'abord à l'amiral ou au gouverneur, qui les lira avant de les rendre ; il en sera de même des lettres écrites par le général ou ceux de sa suite.

« Le général doit savoir que le gouverneur ou l'amiral ont reçu l'ordre positif d'adresser au gouvernement de Sa Majesté tout désir ou représentation qu'il jugera faire : rien là-dessus n'est laissé à leur discrétion; mais le papier sur lequel les représentations seraient faites doit demeurer ouvert, pour qu'ils puissent y joindre les observations qu'ils jugeront convenables. »

On se peindrait difficilement la masse et la nature de nos sentiments, dans ce moment décisif où s'accumuraient en foule tant de violences, d'injustices et d'outrages !

L'Empereur, contraint de réduire sa suite à trois personnes, arrêta son choix sur le grand maréchal, moi, MM. de Montholon et Gourgaud. Les instructions ne permettant à l'Empereur d'emmener que trois officiers, il fut convenu de me considérer comme purement civil, et d'admettre un quatrième à l'aide de cette interprétation.

XII

Visite des effets de l'Empereur. — L'Empereur quitte le *Bellérophon*. — Séparation. — Appareillage pour Sainte-Hélène.

Un officier des douanes et l'amiral Cockburn firent la visite des effets de l'Empereur; ils saisirent quatre mille napoléons, et en laissèrent quinze cents pour payer les gens : c'était là tout le trésor de l'Empereur.

L'amiral parut singulièrement mortifié du refus de chacun de nous de l'assister contradictoirement dans son opération, bien que nous en fussions requis; ce qui lui démontrait suffisamment combien cette mesure nous paraissait outrageante pour l'Empereur, et peu honorable pour celui qui l'exécutait.

Cependant le moment de quitter *le Bellérophon* était arrivé. L'Empereur était enfermé depuis longtemps avec le grand maréchal; nous étions dans la pièce qui précédait; la porte s'ouvre; le duc de Rovigo, fondant en larmes, sanglotant, se précipite aux pieds de l'Empereur; il lui baisait les mains. L'Empereur, calme, impassible, l'embrassa, et se mit en route pour gagner le canot. Chemin faisant, il saluait gracieusement de la tête ceux qui étaient sur son passage. Tous ceux des nôtres que nous laissions en arrière étaient en pleurs;

je ne pus m'empêcher de dire à lord Keith, avec qui je causais en ce moment : « Vous observerez, milord, qu'ici ceux qui pleurent sont ceux qui restent. »

Nous gagnâmes *le Northumberland;* il était une ou deux heures. L'Empereur resta sur le pont, et causa volontiers et familièrement avec les Anglais qui s'en approchèrent.

Lord Lowther et un M. Litleton eurent avec lui une conversation longue et suivie sur la politique et la haute administration. Je n'en ai rien entendu, l'Empereur semblant avoir désiré que nous le laissassions à lui-même; mais il s'est plaint plus tard, à la lecture des journaux anglais qui rendaient compte de cette conversation, que ses paroles avaient été étrangement défigurées.

Au moment d'appareiller, un cutter, qui rôdait autour du vaisseau pour en éloigner les curieux, coula, très-près de nous, un bateau rempli de spectateurs. La fatalité les avait amenés de fort loin pour être victimes; deux femmes, m'a-t-on dit, y ont péri. Enfin nous mettons sous voiles pour Sainte-Hélène, treize jours après notre arrivée à Plymouth et quarante après notre départ de Paris.

Ceux des nôtres que l'Empereur n'avait pu emmener sont les derniers à quitter le vaisseau, emportant des témoignages de sa satisfaction et de ses regrets. Ce furent encore bien des pleurs et une dernière scène fort touchante. L'Empereur s'est retiré, vers sept heures, dans la chambre qui lui avait été destinée.

Les ministres anglais avaient fort blâmé le respect qu'on avait témoigné à l'Empereur à bord du *Bellérophon :* ils avaient donné des ordres en conséquence; aussi affectait-on, à bord du *Northumberland*, des expressions et des manières toutes différentes : on s'empressait ridiculement surtout de se recouvrir devant lui; il avait été sévèrement enjoint de ne lui donner d'autre qualification que celle de *général*, et de ne le traiter qu'à l'avenant. Tel fut l'ingénieux biais, l'heureuse conception qu'enfanta la diplomatie des ministres d'Angleterre; tel fut le titre qu'ils imaginèrent de donner à celui qu'ils avaient reconnu comme premier consul, qu'ils avaient si souvent qualifié de chef du gouvernement français, avec lequel ils avaient traité comme empereur à Paris, et peut-être même signé des articles à Châtillon. Aussi, dans un moment d'humeur, échappa-t-il à l'Empereur de dire en expressions fort énergiques: « Qu'ils m'appellent comme ils voudront, ils ne m'empêcheront pas d'être *moi*. » Il était, en effet, bizarre, et surtout ridicule, de voir les ministres anglais mettre une haute importance à ne donner que le titre de général à celui qui avait gouverné l'Europe, y avait fait sept à huit rois, dont plusieurs retenaient encore ce titre de sa création; qui avait été plus de dix ans empereur des Français, avait été oint et sacré en cette qualité par le chef suprême de l'Église; qui comptait deux ou trois élections du peuple français à la souveraineté; qui avait été reconnu empereur par tout le continent de l'Europe, avait traité comme tel avec tous les souverains, et conclu avec eux tous des alliances de sang et d'intérêts : il réunissait donc sur sa personne la totalité des titres religieux, civils et politiques qui existent parmi les hommes, et que, par une singularité bizarre, mais vraie, aucun des princes régnant en Europe n'eût pu montrer accumulés de la sorte sur le premier, le chef, le fondateur de sa dynastie. Toutefois, l'Empereur, qui avait eu l'intention de prendre un nom d'incognito en débarquant en Angleterre, celui du colonel *Duroc* ou *Muiron*, n'y songea plus dès qu'on s'obstina à lui disputer ses vrais titres.

XIII

Habitudes de l'Empereur à bord.

Du vendredi 11 au lundi 14. — Nous faisions route pour traverser le golfe de Gascogne et doubler le cap Finistère. Le vent était favorable, mais faible, la saison fort chaude, nos journées des plus monotones. L'Empereur déjeunait dans sa chambre à des heures irrégulières. Nous, les Français, déjeunions à dix heures, à notre manière; les Anglais avaient déjeuné à huit heures, à la leur.

L'Empereur, dans la matinée, appelait quelqu'un de nous, tour à tour, pour connaître le journal du vaisseau, les lieues parcourues, l'état du vent, les nouvelles, etc., etc. Il lisait beaucoup, s'habillait vers quatre heures, et passait alors dans la salle commune, où il jouait aux échecs avec un de nous; à cinq heures, l'amiral, venu de sa chambre quelques instants auparavant, lui disait qu'on était servi.

Tout le monde sait que l'Empereur n'était guère plus d'un quart d'heure à dîner : ici, les deux services seulement tenaient d'une heure à une heure et demie; c'était pour lui une des contrariétés les plus pénibles, bien qu'il n'en témoignât jamais rien; sa figure, ses gestes, toute sa personne, étaient constamment impassibles. Cette cuisine nouvelle, la différence des mets, leur qualité, n'ont jamais obtenu de lui ni approbation ni rebut; jamais il n'a exprimé ni désir ni contrariété; il était servi par ses deux valets de chambre, placés derrière lui. Dans le principe, l'amiral voulait lui offrir de toutes choses; mais il suffit du simple remercîment de l'Empereur et de la manière dont il fut exprimé pour qu'il n'y revînt pas. Néanmoins l'amiral continua toujours à être très-attentif; seulement, ce n'était plus qu'aux valets de chambre qu'il indiquait ce qu'il pouvait y avoir de préférable; ceux-ci s'en occupaient seuls; l'Empereur y demeurait tout à fait étranger, ne voyant, ne cherchant, n'apercevant rien; généralement gardant le silence, et demeurant au milieu de la conversation (bien que toujours en français, mais très-réservée) comme s'il ne l'eût pas entendue. S'il lui arrivait de rompre le silence, c'était pour faire quelques questions scientifiques ou techniques, ou pour adresser quelques paroles à ceux que l'amiral invitait occasionnellement à dîner. J'étais alors la plupart du temps celui à qui l'Empereur adressait les questions pour que je les traduisisse.

On sait que les Anglais ont l'habitude de rester fort longtemps à table, après le dessert, pour boire et causer : l'Empereur, déjà très-fatigué par la longueur des services, n'eût pu supporter cet usage; aussi, et dès le premier jour, immédiatement après le café, il se leva et alla sur le pont; le grand maréchal et moi nous le suivîmes. L'amiral en fut déconcerté; il se permit de s'en exprimer légèrement avec les siens; mais la comtesse Bertrand, dont l'anglais est la langue maternelle, reprit avec chaleur : « N'oubliez pas, monsieur l'amiral, que vous avez affaire à celui qui a été le maître du monde, et que les rois briguaient l'honneur d'être admis à sa table. — Cela est vrai, » répondit l'amiral. Et cet officier, qui du reste a de la justesse dans l'esprit, une certaine convenance de manières, et parfois beaucoup de grâce, s'empressa de faciliter, dès ce moment, cet usage de l'Empereur : il hâta les services, et demandait, avant le temps, le café pour l'Empereur et ceux qui devaient sortir avec lui. Dès que l'Empereur avait achevé, il partait : tout le monde se levait jusqu'à ce qu'il fût hors de la chambre; le reste demeurait à boire plus d'une heure encore.

L'Empereur se promenait alors sur le pont jusqu'à la nuit avec le grand maréchal et moi; ce qui devint une chose de tous les jours et consacrée.

L'Empereur rentrait ensuite dans le salon, et nous nous mettions à jouer au vingt et un. Il se retirait d'ordinaire au bout d'une demi-heure.

XIV

Faveur bizarre de la fortune.

Mardi 15 *août*. — Dans la matinée, nous avons demandé à être admis près de l'Empereur; nous sommes entrés tous à la fois chez lui; il n'en devinait pas la cause: c'était sa fête; il n'y avait pas pensé. Nous avions l'habitude de le voir ce jour-là dans des lieux plus vastes et tout remplis de sa puissance; mais nous n'avions jamais apporté de vœux plus sincères et des cœurs plus pleins de lui.

Nos journées se ressemblaient toutes: le soir nous jouions constamment au vingt et un; l'amiral et quelques Anglais étaient parfois de la partie. L'Empereur se retirait après avoir perdu d'habitude ses dix ou douze napoléons: cela lui était arrivé tous les jours, parce qu'il s'obstinait à laisser son napoléon jusqu'à ce qu'il en eût produit un grand nombre. Aujourd'hui il en avait produit jusqu'à quatre-vingts ou cent; l'amiral tenait la main, l'Empereur voulait laisser encore pour connaître jusqu'à quel point il pourrait atteindre; mais il crut voir qu'il serait tout aussi agréable à l'amiral qu'il n'en fît rien: il eût gagné seize fois et eût pu atteindre au delà de soixante mille napoléons. Comme on s'extasiait sur cette faveur singulière de la fortune en faveur de l'Empereur, un des Anglais fit la remarque qu'aujourd'hui était le 15 d'août, jour de sa naissance et de sa fête.

XV

Navigation. — Uniformité. — Occupations.

Du mercredi 16 *au lundi* 21. — Nous doublâmes le cap Finistère le 16, le cap Saint-Vincent le 18; nous étions par le travers du détroit de Gibraltar le 19, et nous continuâmes les jours suivants à faire voile le long de l'Afrique, vers Madère. Notre navigation n'offrait rien de remarquable, et toutes nos journées se ressemblaient dans nos habitudes et l'emploi de nos heures; le sujet de la conversation seul pouvait offrir quelque différence.

L'Empereur restait toute la matinée dans sa chambre : la chaleur était grande; il ne s'habillait pas, et il demeurait à peine vêtu. Il n'avait point de sommeil, et se levait plusieurs fois dans la nuit. La lecture était son grand passe-temps. Il me faisait venir presque tous les matins; je lui traduisais ce que l'Encyclopédie britannique ou tous les livres que nous avions pu trouver à bord contenaient sur Sainte-Hélène ou sur les pays dans le voisinage desquels nous naviguions.

L'Empereur avait entrepris d'écrire ou plutôt de me dicter ses souvenirs; il continuait chaque matin ses dictées, auxquelles il s'attachait chaque jour davantage; aussi les heures lui semblaient-elles désormais moins lourdes.

Le vaisseau avait été poussé tellement vite hors du port, que tout y était resté à faire en pleine mer. Il n'y avait pas longtemps qu'on venait de le peindre. L'Empereur a l'odorat extrêmement délicat; cette odeur de peinture l'affecta spécialement, il en fut très-incommodé et garda la chambre deux jours.

Chaque soir c'était un plaisir pour lui, en se promenant sur le pont, de revenir sur le travail du matin. Il ne s'était trouvé d'abord d'autre document qu'un mauvais ouvrage sous le titre de *Guerre des Français en Italie*, sans motif, sans but, sans chronologie suivie : l'Empereur le parcourait, sa mémoire faisait le reste; je la trouvais d'autant plus admirable qu'elle semblait arriver au besoin et comme de commande.

L'Empereur se plaignait chaque jour, en commençant, que ces objets lui étaient devenus étrangers; il semblait se défier de lui, disant qu'il ne pourrait jamais arriver au résultat; il rêvait alors pendant quelques minutes, puis se levait, se mettait à marcher, et commençait à dicter. Dès cet instant, c'était un tout autre homme; tout coulait de source, il parlait comme par inspiration; les expressions, les lieux, les dates, rien ne l'arrêtait plus.

Le lendemain, je lui rapportais au net ce qu'il avait dicté. A la première correction qu'il indiquait, il continuait à dicter le même sujet, comme s'il n'eût rien dit la veille; la différence de cette seconde version à la première était fort grande : celle-ci était plus positive, plus abondante, mieux ordonnée; elle présentait même parfois des différences matérielles avec la première.

Le surlendemain, à la première correction, encore même opération et troisième dictée, qui tenait des deux premières, et les mettait d'accord. Mais à partir de là, eût-il dicté une quatrième, une septième, une dixième fois, ce qui n'a pas été sans exemple, c'était désormais toujours précisément les mêmes idées, la même contexture, presque les mêmes expressions; aussi n'avait-on plus besoin de prendre la peine d'écrire ; bien que sous ses yeux, il n'y faisait pas d'attention et continuait jusqu'au bout. Si l'on n'avait pas entendu, c'eût été vainement qu'on eût essayé de le faire répéter ; il allait toujours, et, comme c'était extrêmement vite, on ne s'y hasardait pas, dans la crainte de perdre encore davantage et de ne plus s'y retrouver.

XVI

Vue de Sainte-Hélène.

Samedi 14. — On s'attendait à voir Sainte-Hélène ce jour-là même ; l'amiral nous l'avait annoncé. A peine étions-nous sortis de table qu'on cria : *Terre !* C'était à un quart d'heure près de l'instant qu'on avait fixé. Rien ne peut montrer davantage les progrès de la navigation que cette espèce de merveille par laquelle on vient de si loin attaquer et rencontrer à heure fixe un seul point dans l'espace, phénomène qui résulte de l'observation rigoureuse de points fixes ou de mouvements constants dans l'univers.

L'Empereur gagna l'avant du vaisseau pour voir la terre, et crut l'apercevoir. Nous restâmes en panne toute la nuit.

XVII

Arrivée à Sainte-Hélène.

Dimanche 15. — Au jour, j'ai vu l'île à mon aise et de fort près : sa forme m'a paru d'abord assez considérable ; mais elle rapetissait beaucoup à mesure que nous approchions. Enfin, soixante-dix jours après avoir quitté l'Angleterre, et cent dix après avoir quitté Paris, nous jetons l'ancre vers midi; elle touche le fond, et c'est là le premier anneau de la chaîne qui va clouer le moderne Prométhée sur son roc.

Nous trouvâmes au mouillage une grande partie des bâtiments de notre escadre qui s'étaient séparés de nous, ou que nous avions laissés en arrière comme trop mauvais marcheurs; ils étaient pourtant arrivés il y avait déjà quelques jours: preuve de plus de l'extrême incertitude dans tous les calculs de la mer, dès qu'ils reposent sur le caprice des calmes, la force et les variations du vent.

L'Empereur, contre son habitude, s'est habillé de bonne heure et a paru sur le pont; il s'est avancé sur le passavant pour considérer le rivage plus à son aise. On voyait une espèce de village encaissé parmi d'énormes rochers arides et pelés qui s'élevaient jusqu'aux nues. Chaque plate-forme, chaque ouverture, toutes les crêtes, se trouvaient hérissées de canons. L'Empereur parcourait le tout avec sa lunette; j'étais à côté de lui, mes yeux fixaient constamment son visage; je n'ai pu surprendre la plus légère impression, et pourtant c'est là désormais peut-être sa prison perpétuelle! peut-être son tombeau!... Que me restait-il donc, à moi, à sentir ou à témoigner?

L'Empereur est rentré bientôt après; il m'a fait appeler, et nous avons travaillé comme de coutume.

L'amiral, qui était descendu de bonne heure à terre, est revenu sur les six heures extrêmement fatigué; il avait parcouru toutes les localités, et croyait avoir trouvé quelque chose de convenable; mais il fallait des réparations, elles pouvaient tenir deux mois; il y en avait déjà près de trois que nous occupions notre cachot de bois, et les instructions précises des ministres étaient de nous y retenir jusqu'à ce que notre prison de terre fût prête. L'amiral, il faut lui rendre justice, ne se trouva pas capable d'une telle barbarie ; il nous annonça, en laissant percer une espèce de jouissance intérieure, qu'il prenait sur lui de nous débarquer dès le lendemain.

XVIII

Débarquement de l'Empereur à Sainte-Hélène.

Lundi 16 *octobre* 1815. — L'Empereur, après son dîner, s'est embarqué dans un canot, avec l'amiral et le grand maréchal, pour se rendre à terre. Un mouvement très-remarquable avait réuni tous les officiers sur la dunette, et une grande partie de l'équipage sur les passavants : ce mouvement n'était plus celui de la curiosité, on se connaissait depuis trois mois ; l'intérêt le plus vif avait succédé.

Avant de descendre dans le canot, l'Empereur fit appeler le capitaine commandant le vaisseau, prit congé de lui, et le chargea de transmettre ses remercîments aux officiers et à l'équipage. Ces paroles ne furent pas sans produire une grande émotion sur ceux qui les entendirent ou se les firent expliquer.

Le reste de la suite de l'Empereur débarqua sur les huit heures. Nous fûmes accompagnés par plusieurs des officiers. Tout le monde, au demeurant, lorsque nous quittâmes le vaisseau, a semblé nous témoigner une véritable sympathie.

Nous trouvâmes l'Empereur dans le salon qu'on lui avait destiné : il monta peu d'instants après dans sa chambre, où nous fûmes appelés. Il n'était guère mieux qu'à bord du vaisseau; nous nous trouvions placés dans une espèce d'auberge ou d'hôtel garni.

La ville de Sainte-Hélène n'est autre chose qu'une très-courte rue ou prolongement de maisons, le long d'une vallée très-étroite, resserrée entre deux montagnes à pic d'un roc tout à fait nu et stérile.

Les souvenirs qui vont suivre sont le résultat des conversations de Napoléon à Sainte-Hélène. Nous avons pieusement recueilli cette histoire d'un héros, racontée par lui-même sur le roc sauvage où l'avait jeté la fortune.

DEUXIÈME PARTIE

SOUVENIRS DE L'ENFANCE ET DE LA JEUNESSE

I

Détails historiques sur la famille Bonaparte.

Le nom de Bonaparte s'écrit indistinctement *Bonaparte* ou *Buonaparte*, ainsi que le savent tous les Italiens. Le père de Napoléon écrivait Buonaparte; un oncle de celui-ci, l'archidiacre Lucien, qui lui a survécu et a servi de père à Napoléon et à tous ses frères, écrivait sous le même toit et dans le même temps, Bonaparte. Napoléon, durant toute sa jeunesse, a signé Buonaparte, comme son père. Arrivé au commandement de l'armée d'Italie, il se donna bien de garde d'altérer cette orthographe, qui était plus spécialement la nuance italienne; mais plus tard, et au milieu des Français, il voulut la franciser et ne signa plus que Bonaparte.

Cette famille a joué longtemps un rôle distingué en Italie; elle a été puissante à Trévise; on la trouve inscrite sur le livre d'or de Bologne et parmi les patrices florentins.

Lorsque Napoléon, alors général de l'armée d'Italie,

entra vainqueur dans Trévise, les chefs de la ville vinrent joyeusement au-devant de lui, et lui présentèrent les titres et les actes qui prouvaient que sa famille y avait joué un grand rôle.

A l'entrevue de Dresde, avant la campagne de Russie, l'empereur François apprit un jour à l'empereur Napoléon, son gendre, que sa famille avait été souveraine à Trévise; qu'il en était bien sûr, parce qu'il s'en était fait représenter tous les documents. Napoléon lui répondit en riant qu'il n'en voulait rien savoir, qu'il préférait bien plutôt être le *Rodolphe de Habsbourg* de sa famille. François y attachait plus d'importance ; il lui disait qu'il était bien indifférent d'avoir été riche et de devenir pauvre; mais qu'il était sans prix d'avoir été souverain, et qu'il fallait le dire à Marie-Louise, à qui cela ferait grand plaisir.

Lorsque Napoléon, dans la campagne d'Italie, entra dans Bologne, Marescalchi, Caprara et Aldini, depuis si connus en France, députés du sénat de leur ville, vinrent lui présenter avec complaisance leur livre d'or, où se trouvaient inscrits le nom et les armoiries de sa famille.

Plusieurs maisons ou édifices attestent encore dans Florence l'influence dont y avait jadis joui la famille de Bonaparte; plusieurs demeurent encore chargés de ses écussons.

Un Corse ou un Bolonais, Cesari, je crois, choqué à Londres de la manière dont le gouvernement avait reçu la lettre pacifique du général Bonaparte entrant au consulat, publia alors des renseignements généalogiques qui établissaient ses alliances avec l'antique maison d'Est, ou Welf ou Guelf, la tige des présents rois d'Angleterre.

Le duc de Feltre, ministre de France en Toscane, a

rapporté à Paris, de la galerie de Médicis, le portrait d'une Buonaparte, mariée à un des princes de cette famille. La mère du pape Nicolas V (de Sarzane) était une Bonaparte.

C'est un Bonaparte qui a été chargé du traité par lequel s'est fait l'échange de Livourne contre Sarzane. C'est un Bonaparte à qui, à la renaissance des lettres, on est redevable d'une des plus anciennes comédies, celle de *la Veuve*, qui est à la Bibliothèque publique à Paris.

Lorsque Napoléon, à la tête de l'armée d'Italie, marchait sur Rome et recevait à Tolentino les propositions du pape, un des négociateurs ennemis observa qu'il était le seul Français qui, depuis le Connétable de Bourbon, eût marché sur Rome; mais que ce qui ajoutait, disait-il, à cette circonstance quelque chose de bien bizarre, c'est que l'histoire de la première expédition se trouvait écrite précisément par un des parents de celui qui exécutait la seconde, par monsignor Nicolas Buonaparte, qui a laissé en effet le *Sac de Rome par le connétable de Bourbon*[1]. De là peut-être, ou du pape men-

1. Vérifié à la Bibliothèque, où se trouve en effet cette relation du sac de Rome; mais par *Jacques Buonaparte*, et non par *Nicolas*. Jacques était contemporain du sac de Rome, et témoin oculaire; son manuscrit a été imprimé pour la première fois à Cologne, en 1756, et le volume renferme une généalogie des Bonaparte, que l'on fait remonter très-haut, et que l'on qualifie d'une des plus illustres maisons de la Toscane.

Elle présente quelque chose de bien bizarre sans doute, c'est que le premier Bonaparte mentionné dans cette généalogie est dit avoir été exilé de sa patrie comme *gibelin*. Était-il donc du destin de cette famille, dans tous les temps, à toutes les époques, de devoir succomber sous la maligne influence des *guelfes* !

L'éditeur de Cologne écrit tantôt *Buonaparte* et tantôt *Bonaparte*.

Ce monsignor Nicolas Buonaparte, donné ci-dessus au texte comme l'historien, n'en est que l'oncle; il est mentionné du reste dans sa généalogie comme un savant très-distingué, et comme ayant fondé la classe de jurisprudence à l'Université de Pise.

tionné plus haut, le nom de *Nicolas*, qu'on a voulu, dans certains pamphlets, être celui de l'empereur, au lieu de Napoléon. Cet ouvrage se trouve dans toutes les bibliothèques ; il est précédé d'une histoire de la maison Buonaparte, imprimée il y a quarante ou cinquante ans, et rédigée par un professeur de l'université de Pise, le docteur Vaccha.

M. de Cetto, ambassadeur de Bavière, m'a répété souvent que les archives de Munich renfermaient un grand nombre de pièces italiennes qui témoignent l'illustration de cette maison.

Napoléon, au temps de sa puissance, s'est constamment refusé à toute espèce de travail ou même de conversation sur cet objet. Sous son consulat, il découragea trop bien la première tentative de ce genre pour que personne essayât d'y revenir. Quelqu'un publia une généalogie dans laquelle on rattachait sa famille à d'anciens rois du Nord ; Napoléon fit persifler cet essai de la flatterie dans un papier public, où l'on finissait par conclure que la noblesse du Premier Consul ne datait que de *Montenotte* ou du *dix-huit brumaire*.

Cette famille fut, comme tant d'autres, victime des nombreuses révolutions qui désolèrent les villes d'Italie ; les troubles de Florence mirent les Bonaparte au nombre des *fuorusciti* (émigrés). Un d'eux se retira d'abord à Sarzane, et de là passa en Corse, d'où ses descendants ont toujours continué d'envoyer leurs enfants en Toscane, à la branche qui y était demeurée à San-Miniato.

Depuis plusieurs générations, le second des enfants de cette famille a constamment porté le nom de *Napoléon*, qu'elle tenait, dans l'origine, d'un Napoléon des Ursins, célèbre dans les fastes militaires d'Italie.

Napoléon, après son expédition de Livourne, se rendant à Florence, coucha à San-Miniato chez un vieil abbé Buonaparte, qui traita magnifiquement tout son état-major. Après avoir épuisé tous les souvenirs de famille, il dit au jeune général qu'il allait lui chercher la pièce la plus précieuse. Napoléon crut qu'il allait lui montrer quelque bel arbre généalogique, fort propre à gratifier sa vanité, disait-il en riant ; mais c'était un mémoire fort en règle, en faveur d'un P. Bonaventure Buonaparte, capucin de Bologne, béatifié depuis longtemps, et qu'on n'avait pu faire canoniser à cause des frais énormes que cela eût nécessité. « Le pape ne vous le refusera pas, disait le bon abbé, si vous le demandez ; et s'il faut payer, aujourd'hui ce doit être peu de chose pour vous. »

Arrivé à Florence, Napoléon crut être fort agréable au vieux chanoine en lui procurant le cordon de l'ordre de Saint-Étienne, dont il n'était que simple chevalier ; mais le pieux abbé était moins touché des faveurs de ce monde que de l'attribution céleste qu'il réclamait ; et elle n'était pas, au demeurant, sans des fondements réels : le pape, venu à Paris pour couronner l'empereur Napoléon, mit à son tour sur le tapis les titres du P. Bonaventure ; c'était lui sans doute, disait-il, qui, du séjour des bienheureux, avait conduit son parent, comme par la main, dans la belle carrière terrestre qu'il venait de parcourir ; c'était ce saint personnage, sans doute, qui l'avait préservé de tout danger dans ses nombreuses batailles, etc., etc. L'Empereur fit constamment la sourde oreille, et laissa à la bienveillance personnelle du pape à faire lui-même quelque chose pour le bienheureux Bonaventure.

Le vieil abbé, dans la suite, laissa son héritage à Napoléon, qui, étant empereur, en a fait présent à un établissement public de Toscane.

Du reste, il serait difficile de lier ici aucun ensemble généalogique sur de simples conversations, l'Empereur n'ayant jamais regardé, disait-il en riant, un seul de ses parchemins. Ils sont toujours demeurés dans les mains de son frère Joseph, qu'il appelait gaiement le *généalogiste de la famille.* Et, dans la crainte de l'oublier, je consignerai ici, à ce sujet, que l'Empereur lui a remis, à l'île d'Aix, au moment de son départ, un volume contenant les lettres autographes que lui ont adressées tous les souverains de l'Europe. J'ai montré plus d'une fois mon chagrin à l'Empereur de s'être dessaisi d'un manuscrit historique si précieux.

II

Naissance de Bonaparte.

Napoléon est né le 15 août 1769 [1], jour de l'Assomption, vers midi. Sa mère, femme forte au moral et au physique, qui avait fait la guerre grosse de lui, voulut

1. Extrait du registre des baptêmes de la paroisse et cathédrale de Notre-Dame d'Ajaccio, coté et parafé le 27 avril 1771 par François Cuneo, conseiller du roi, juge royal de la province d'Ajaccio (5e feuillet verso).

Traduction de l'acte.

« L'an mil sept cent soixante et onze, le vingt et un août, ont été faites les saintes cérémonies et les prières sur Napoléon, fils né du légitime mariage de M. Charles (fils de Joseph Bonaparte) et de la dame Marie Lœtitia, son épouse, lequel avait été ondoyé à la maison, avec la permission du très-révérend Lucien Bonaparte, étant né le quinze août mil sept cent soixante-neuf. Ont assisté aux saintes cérémonies, pour parrain, l'illustrissime Laurent Giubica de Calvi, procureur du roi, et pour marraine, la dame Gertrude, épouse du sieur Nicolas Paravicini ; présent le père : lesquels ont signé avec moi.

« *Nota.* Baptisé le même jour que sa sœur Marie-Anne, née le 14 juillet

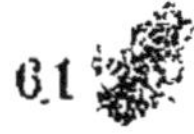

aller à la messe à cause de la solennité du jour ; elle fut obligée de revenir en toute hâte, ne put atteindre sa chambre à coucher, et déposa son enfant sur un de ces vieux tapis antiques à grandes figures, de ces héros de la fable ou de l'Iliade peut-être : c'était Napoléon.

Charles Bonaparte, père de Napoléon, était fort grand de taille, beau, bien fait. Son éducation avait été soignée à Rome et à Pise, où il avait étudié la loi. Il avait de la chaleur et de l'énergie. C'est lui qui, à la consulte extraordinaire de Corse, où l'on proposait de se soumettre à la France, prononça un discours qui enflamma tous les esprits ; il n'avait alors que vingt ans. « Si, pour être libre, il ne s'agissait que de le vouloir, disait-il, tous les peuples le seraient. L'histoire nous apprend cependant que peu sont arrivés au bienfait de la liberté, parce que peu ont eu l'énergie, le courage et les vertus nécessaires. »

Lorsque l'île se trouva conquise, il voulut accompagner Paoli dans son émigration. Un vieux oncle, l'archidiacre Lucien, qui exerçait l'autorité d'un père sur le reste de sa famille, le força de revenir.

Charles Bonaparte, en 1779, fut député, pour la noblesse des États de Corse, à Paris, et mena avec lui le jeune Napoléon, alors âgé de dix ans. Il avait passé par Florence, et y avait obtenu une lettre de recommandation du grand-duc Léopold pour la reine de France Marie-Antoinette, sa sœur. Il dut cette lettre au rang et à la considération que la notoriété publique, à Florence, assignait à son nom et à son origine toscane.

mil sept cent soixante et onze, laquelle est morte enfant, et dont l'acte de baptême est à la suite du sien. »

Cet extrait a été pris à Ajaccio, en 1822, par Édouard Favand d'Alais, et offert à M. le comte de Las Cases, le 6 septembre 1824, par son oncle, le colonel Boyer Peyreleau.

Charles Bonaparte mourut, à trente-huit ans, d'un squirre à l'estomac. Il avait éprouvé une espèce de guérison dans un voyage à Paris ; mais il succomba, dans une seconde attaque, à Montpellier, où il fut enterré dans un des couvents de cette ville.

Sous le consulat, les notables de Montpellier, par l'organe de leur compatriote Chaptal, ministre de l'intérieur, firent prier le Premier Consul de permettre qu'ils élevassent un monument à la mémoire de son père. Napoléon les remercia de leurs bonnes intentions, et les refusa. « Ne troublons point le repos des morts, dit-il ; laissons leurs cendres tranquilles. J'ai perdu aussi mon grand-père, mon arrière-grand-père ; pourquoi ne ferait-on rien pour eux ? Cela mène loin. Si c'était hier que j'eusse perdu mon père, il serait convenable et naturel que j'accompagnasse mes regrets de quelque haute marque de respect ; mais il y a vingt ans ; cet événement est étranger au public ; n'en parlons plus. »

Charles Bonaparte avait épousé Mlle Lœtitia Ramolino, dont la mère, devenue veuve, s'était mariée à M. Fesch, capitaine dans un des régiments suisses que Gênes entretenait d'habitude dans l'île. De ce second mariage vint le cardinal Fesch, qui se trouvait ainsi demi-frère de Madame et oncle de l'Empereur.

Madame était une des plus belles femmes de son temps ; sa beauté était connue dans l'île. Paoli, au temps de sa puissance, ayant reçu une ambassade d'Alger ou de Tunis, voulut donner aux barbaresques une idée des attraits de ses compatriotes ; il rassembla toutes les beautés de l'île : Madame y tenait le premier rang. Plus tard, dans un voyage pour voir son fils à Brienne, elle fut remarquée, même à Paris.

Madame, lors de la guerre de la liberté en Corse,

partagea souvent les périls de son mari, qui s'y montra fort chaud. Elle le suivit parfois à cheval dans ses expéditions, spécialement durant sa grossesse de Napoléon. Madame avait un grand caractère, de la force d'âme, beaucoup d'élévation et de fierté.

Napoléon, dans sa toute petite enfance, était turbulent, adroit, vif, preste à l'extrême ; il avait, dit-il, sur Joseph son aîné, un ascendant des plus complets. Celui-ci était battu, mordu, des plaintes étaient déjà portées à la mère, la mère grondait, que le pauvre Joseph n'avait pas encore eu le temps d'ouvrir la bouche.

III

Napoléon à l'école de Brienne.

Napoléon arriva à l'école militaire de Brienne à l'âge d'environ dix ans. Son nom, que son accent corse lui faisait prononcer à peu près *Napoillonè*, lui valut de ses camarades le sobriquet de *la paille au nez*. Cette époque fut pour Napoléon celle d'un changement dans son caractère. Au rebours de toutes les histoires apocryphes qui ont donné les anecdotes de sa vie, Napoléon fut à Brienne doux, tranquille appliqué et d'une grande sensibilité. Un jour, le maître de quartier, brutal de sa nature, sans consulter, disait Napoléon, les nuances physiques et morales de l'enfant, le condamna à porter l'habit de bure et à dîner à genoux à la porte du réfectoire : c'était une espèce de déshonneur. Napoléon avait beaucoup d'amour-propre, une grande fierté intérieure ; le moment de l'exécution fut celui d'un vomissement subit et d'une violente attaque de nerfs. Le supérieur, qui passait par hasard, l'arracha au supplice en grondant le maître de son peu de discernement, et le P. Patrault, son professeur de mathématiques, accourut, se plaignant que, sans nul égard, on dégradât ainsi son premier mathématicien.

A l'âge de puberté, Napoléon devint morose, sombre; la lecture fut pour lui une espèce de passion poussée jusqu'à la rage, il dévorait tous les livres. Pichegru fut son maître de quartier et son répétiteur.

Pichegru était de la Franche-Comté et d'une famille de cultivateurs. Les minimes de Champagne avaient été chargés de l'école militaire de Brienne; leur pauvreté et leur peu de ressources, attirant peu de sujets parmi eux, faisaient qu'ils n'y pouvaient suffire; ils eurent recours aux minimes de Franche-Comté; le P. Patrault fut un de ceux-ci. Une tante de Pichegru, sœur de la charité, le suivit pour avoir soin de l'infirmerie, amenant avec elle son neveu, jeune enfant auquel on donna gratuitement l'éducation des élèves. Pichegru, doué d'une grande intelligence, devint, aussitôt que son âge le permit, maître de quartier et répétiteur du P. Patrault, qui lui avait enseigné les mathématiques. Il songeait à se faire minime : c'étaient là toute son ambition et les idées de sa tante; mais le P. Patrault l'en dissuada en lui disant que leur profession n'était plus du siècle, et que Pichegru devait songer à quelque chose de mieux; il le porta à s'enrôler dans l'artillerie, où la Révolution le prit sous-officier. On connaît sa fortune militaire : c'est le conquérant de la Hollande. Ainsi le P. Patrault a la gloire de compter parmi ses élèves les deux plus grands généraux de la France moderne.

Plus tard, ce P. Patrault fut sécularisé par M. de Brienne, archevêque de Sens et cardinal de Loménie, qui en fit un de ses grands vicaires, et lui confia la gestion de ses nombreux bénéfices.

Lors de la Révolution, le P. Patrault, d'une opinion

politique bien opposée à son archevêque, n'en fit pas moins les plus grands efforts pour le sauver, et s'entremit à ce sujet avec Danton, qui était du voisinage ; mais ce fut inutilement, et l'on croit qu'il rendit au cardinal le service, à la manière des anciens, de lui procurer le poison dont il se donna la mort pour éviter l'échafaud.

Napoléon ne conservait qu'une idée confuse de Pichegru ; il lui restait qu'il était grand et avait quelque chose de rouge dans la figure. Il n'en était pas ainsi, à ce qu'il paraît, de Pichegru, qui semblait avoir conservé des souvenirs frappants du jeune Napoléon. Quand Pichegru se fut livré au parti royaliste, consulté si l'on ne pourrait pas aller jusqu'au général en chef de l'armée d'Italie : « N'y perdez pas votre temps, dit-il ; je l'ai connu dans son enfance, ce doit être un caractère inflexible : il a pris un parti, et il n'en changera pas. »

L'Empereur rit beaucoup de tous les contes et de toutes les anecdotes dont on charge sa jeunesse, dans la foule des petits ouvrages qu'il a fait éclore ; il n'en avoue presque aucune. En voici pourtant une qu'il reconnaît au sujet de sa confirmation, à l'école militaire de Paris. Au nom de *Napoléon*, l'archevêque qui le confirmait, ayant témoigné son étonnement, disait qu'il ne connaissait pas ce saint, qu'il n'était pas dans le calendrier ; l'enfant répondit que ce ne saurait être une raison, puisqu'il y avait une foule de saints, et seulement trois cent soixante-cinq jours.

Napoléon n'avait jamais connu de jour de fête avant le concordat : son patron était en effet étranger au calendrier français, sa date même parut incertaine ; ce fut une galanterie du pape qui la fixa au 15 d'août, tout à la fois jour de la naissance de l'Empereur et de la signature du concordat.

[1] « En 1783, Napoléon fut un de ceux que le concours d'usage désigna à Brienne pour aller achever son éducation à l'école militaire de Paris. Le choix était fait annuellement par un inspecteur qui parcourait les douze écoles militaires; cet emploi était rempli par le chevalier de Keralio, officier général, auteur d'une tactique, et qui avait été le précepteur du présent roi de Bavière, dans son enfance duc des Deux-Ponts : c'était un vieillard aimable, des plus propres à cette fonction ; il aimait les enfants, jouait avec eux après les avoir examinés, et retenait avec lui, à la table des Minimes, ceux qui lui avaient plu davantage. Il avait pris une affection toute particulière pour le jeune Napoléon, qu'il se plaisait à exciter de toutes manières; il le nomma pour se rendre à Paris, bien qu'il n'eût pas l'âge requis. L'enfant n'était fort que sur les mathématiques, et les moines représentèrent qu'il serait mieux d'attendre à l'année suivante, qu'il aurait ainsi le temps de se fortifier sur tout le reste, ce que ne voulut pas écouter le chevalier de Keralio, disant : « Je sais ce que je fais ; si je passe par-« dessus la règle, ce n'est point ici une faveur de fa-« mille, je ne connais pas celle de cet enfant; c'est tout « à cause de lui-même : j'aperçois ici une étincelle « qu'on ne saurait trop cultiver. » Le bon chevalier mourut presque aussitôt; mais celui qui vint après, M. de Regnaud, qui n'aurait peut-être pas eu sa perspicacité, exécuta néanmoins les notes qu'il trouva, et le jeune Napoléon fut envoyé à l'école militaire à Paris. »

Tout annonçait en lui, dès lors, des qualités supérieures, un caractère prononcé, des méditations profondes, des conceptions fortes. Il paraît que, dès sa plus

1. Dictée de Napoléon.

tendre jeunesse, ses parents avaient fondé sur lui toutes leurs espérances : son père, expirant à Montpellier, bien que Joseph fût auprès de lui, ne rêvait dans son délire que de Napoléon, qui était au loin à son école; il l'appelait pour qu'il vînt à son secours avec *sa grande épée*. Plus tard le vieil oncle Lucien, au lit de mort, entouré d'eux tous, disait à Joseph : « Tu es l'aîné de la famille, mais en voilà le chef, montrant Napoléon; ne l'oublie jamais. » — « C'était, disait gaiement l'Empereur, un vrai déshéritage; la scène de Jacob et d'Ésaü. »

Élevé moi-même à l'école militaire de Paris, mais un an plus tôt que Napoléon, j'ai pu causer de lui dans la suite, à mon retour de l'émigration, avec les maîtres qui nous avaient été communs.

M. de l'Éguille, notre maître d'histoire, se vantait que si l'on voulait aller rechercher dans les archives de l'école militaire, on y trouverait qu'il avait prédit une grande carrière à son élève, en exaltant dans ses notes la profondeur de ses réflexions et la sagacité de son jugement. Il me disait que le Premier Consul le faisait venir souvent déjeuner à la Malmaison, et lui parlait toujours de ses anciennes leçons : « Celle qui m'a laissé le plus d'impressions, lui disait-il une fois, était la révolte du connétable de Bourbon, bien que vous ne nous la présentassiez pas avec toute la justesse possible; à vous entendre, son grand crime était d'avoir combattu son roi; ce qui en était assurément un bien léger dans ces temps de seigneuries et de souverainetés partagées, vu surtout la scandaleuse injustice dont il avait été victime. Son unique, son grand, son véritable crime, sur lequel vous n'insistiez pas assez, c'était d'être venu avec les étrangers attaquer son sol natal. »

M. Domairon, notre professeur de belles-lettres, me disait qu'il avait toujours été frappé de la bizarrerie des amplifications de Napoléon ; il les avait appelées dès lors du *granit chauffé au volcan*.

Un seul s'y trompa, ce fut le gros et lourd maître d'allemand. Le jeune Napoléon ne faisait rien dans cette langue, ce qui avait inspiré au professeur, qui ne supposait rien au-dessus, le plus profond mépris. Un jour que l'écolier ne se trouvait pas à sa place, il s'informa où il pouvait être; on répondit qu'il subissait en ce moment son examen pour l'artillerie. « Mais est-ce qu'il sait quelque chose? disait-il ironiquement. — Comment, monsieur! mais c'est le plus fort mathématicien de l'école, lui répondit-on. — Eh bien ! je l'ai toujours entendu dire, et je l'avais toujours pensé, que les mathématiques n'allaient qu'aux bêtes. » — « Il serait curieux, disait l'Empereur, de savoir si le professeur a vécu assez longtemps pour jouir de son discernement. »

Napoléon avait à peine dix-huit ans, que l'abbé Raynal, frappé de l'étendue de ses connaissances, l'appréciait assez pour en faire un des ornements de ses déjeuners scientifiques. Enfin, le célèbre Paoli, qui, après lui avoir inspiré longtemps une espèce de culte, le trouva tout à coup à la tête d'un parti contre lui, dès qu'il voulut favoriser les Anglais au détriment de la France, avait coutume de dire que ce jeune homme *était taillé à l'antique*, que c'était *un homme de Plutarque*.

IV

Napoléon lieutenant d'artillerie.

En 1787, Napoléon, reçu à la fois élève et officier d'artillerie, sortit de l'école militaire pour entrer dans le régiment de La Fère en qualité de lieutenant en second, d'où il passa, dans la suite, lieutenant en premier dans le régiment de Grenoble.

Napoléon, en sortant de l'école militaire, alla joindre son régiment à Valence. Le premier hiver qu'il y passa, il avait pour compagnon de table Lariboisière, qu'il créa depuis, étant empereur, inspecteur général de l'artillerie; Sorbier, qui a succédé dans ce titre à Lariboisière; de Hédouville cadet, ministre plénipotentiaire à Francfort; Mallet, le frère de celui qui conduisit l'échauffourée de Paris en 1812; un nommé Mabille, qu'au retour de son émigration l'Empereur plaça, avec le temps, dans l'administration des postes; Rolland de Villarceaux, depuis préfet de Nîmes; Desmazzis cadet, son camarade d'école militaire et le compagnon de ses premières années, auquel il a confié, devenu empereur, le garde-meuble de la couronne.

Il y avait, dans le corps, des officiers plus ou moins aisés; Napoléon était au nombre des premiers : il recevait douze cents francs de sa famille; c'était alors la grosse pension des officiers. Deux seulement, dans le régiment, avaient cabriolet ou voiture, et c'étaient de grands seigneurs.

Napoléon, à Valence, fut admis de bonne heure chez Mme du Colombier : c'était une femme de cinquante ans, du plus rare mérite; elle gouvernait la ville, et s'engoua fort, dès l'instant, du jeune officier d'artillerie. Elle le faisait inviter à toutes les parties de la ville et de la campagne; elle l'introduisit dans l'intimité d'un abbé de Saint-Rufe, riche et d'un certain âge, qui réunissait souvent ce qu'il y avait de plus distingué dans le pays. Napoléon devait sa faveur à la prédilection de Mme du Colombier, à son extrême instruction, à la facilité, à la force, à la clarté avec laquelle il en faisait usage; cette dame lui prédisait souvent un grand avenir. A sa mort, la Révolution était commencée ; elle y avait pris beaucoup d'intérêt, et, dans un de ses derniers moments, on lui a entendu dire que, s'il n'arrivait pas malheur au jeune Napoléon, il y jouerait infailliblement un grand rôle. L'Empereur n'en parle qu'avec une tendre reconnaissance, n'hésitant pas à croire que les relations distinguées, la situation supérieure dans laquelle cette dame le plaça si jeune dans la société peuvent avoir grandement influé sur les destinées de sa vie.

L'existence privilégiée de Napoléon lui attira une extrême jalousie de la part de ses camarades : ils le voyaient avec peine s'absenter si souvent d'au milieu d'eux, bien que ce ne fût nullement à leur détriment sous aucun rapport. Heureusement, le commandant, M. d'Urtubie, vieillard respectable, l'avait parfaitement jugé ; il ne cessa de lui être favorable et de lui faciliter tous les moyens d'allier les devoirs du service avec les agréments de la société.

Napoléon prit du goût pour Mlle du Colombier, qui n'y fut pas insensible : c'était leur première inclination à tous deux, et telle qu'elle pouvait être à leur âge et avec leur éducation.

Il est faux du reste, ainsi que je l'avais entendu dire dans le monde, que la mère ait voulu ce mariage et que le père s'y soit opposé, alléguant qu'ils se nuiraient l'un à l'autre en s'unissant, tandis qu'ils étaient faits pour faire fortune chacun de leur côté. L'anecdote qu'on raconte au sujet d'un pareil mariage avec Mlle Clary, depuis Mme Bernadotte, aujourd'hui reine de Suède, n'est pas plus exacte.

L'Empereur, en 1805, allant se faire couronner roi d'Italie, retrouva sur son passage à Lyon la fille de M. du Colombier, et fit pour elle tout ce qu'elle demanda.

Mlles de Laurencin et Saint-Germain faisaient dans ce temps-là les beaux jours de Valence, et s'y partageaient tous les cœurs : la dernière est devenue Mme de Montalivet, dont le mari fut alors aussi fort connu de l'Empereur, qui l'a fait depuis son ministre de l'intérieur. « Honnête homme, qui m'est demeuré, je crois, disait Napoléon, toujours tendrement attaché. »

L'Empereur, à dix-huit ou vingt ans, était un des plus instruits, pensant fortement, et de la logique la plus serrée. Il avait immensément lu, profondément médité, et a peut-être perdu depuis, dit-il. Son esprit était vif, prompt; sa parole énergique. Partout il était aussitôt remarqué, et obtenait beaucoup de succès auprès des deux sexes, surtout auprès de celui qu'on préfère à cet âge; et il devait lui plaire par des idées neuves et fines, par des raisonnements audacieux. Les hommes devaient redouter sa logique et sa discussion, auxquelles la connaissance de sa propre force l'entraînait naturellement.

Beaucoup de ceux qui l'ont connu dans ses premières années lui ont prédit une carrière extraordinaire; aucun d'eux n'a été surpris de celle qu'il a remplie. Vers ce temps, il remporta, sous l'anonyme, un prix à l'Académie de Lyon sur la question posée par Raynal : *Quels sont les principes et les institutions à inculquer aux hommes pour les rendre le plus heureux possible?* Le mémoire anonyme fut fort remarqué; il était, du reste, tout à fait dans les idées du temps. Il commençait par demander ce qu'était le bonheur et répondait : De jouir complétement de la vie, de la manière la plus conforme à notre organisation morale et physique. Devenu empereur, il causait un jour de cette circonstance avec M. de Talleyrand. Celui-ci, en courtisan délicat, lui rapporta, au bout de huit jours, ce fameux mémoire, qu'il avait fait déterrer des archives de l'Académie de Lyon. C'était en hiver. L'Empereur le prit, en lut quelques pages, et jeta au feu cette première production de sa jeunesse. « Comme on ne s'avise jamais de tout, disait Napoléon, M. de Talleyrand ne s'était pas donné le temps d'en faire prendre copie. »

Le prince de Condé s'annonça un jour à l'école d'artillerie d'Auxonne : c'était un grand honneur et une grande affaire que de se trouver inspecté par ce prince militaire. Le commandant, en dépit de la hiérarchie, mit le jeune Napoléon à la tête du polygone, de préférence à d'autres d'un rang supérieur. Or, il arriva que, la veille de l'inspection, tous les canons du polygone furent encloués; mais Napoléon était trop alerte, avait l'œil trop vif, pour se laisser prendre à ce mauvais tour de ses camarades, ou peut-être même au piége de l'illustre voyageur.

On croit généralement dans le monde que les premières années de Napoléon ont été taciturnes, sombres, moroses; mais, au contraire, en débutant au service, il était fort gai. Il n'a pas de plus grand plaisir ici que de nous raconter les espiègleries de son école d'artillerie; il semble oublier alors momentanément les malheurs qui nous enchaînent, quand il s'abandonne aux détails de ces temps heureux de sa première jeunesse.

Tantôt c'était un vieux commandant de plus de quatre-vingts ans, qu'ils vénéraient fort du reste, lequel venant un jour leur faire faire l'exercice du canon, suivait chaque coup avec sa lorgnette, assurait qu'on devait avoir été bien loin du but, s'inquiétait, s'informait à ses voisins si quelqu'un avait vu porter le coup : personne n'avait garde, les jeunes gens escamotant le boulet toutes les fois qu'ils chargeaient. Le vieux général avait de l'esprit. Au bout de cinq à six coups, il lui prit fantaisie de faire compter les boulets; il n'y eut pas moyen de s'en dédire; il trouva le tour fort gai, et n'en ordonna pas moins les arrêts à tous.

Une autre fois c'étaient quelques-uns de leurs capitaines qu'ils prenaient en grippe, ou bien desquels ils avaient quelque vengeance à tirer; ils arrêtaient alors de les bannir de la société, de les réduire à s'imposer eux-mêmes des espèces d'arrêts. Quatre à cinq jeunes gens se partageaient les rôles, et s'attachaient au pas du malheureux proscrit; ils se trouvaient partout où celui-ci paraissait en société, et il n'ouvrait pas la bouche qu'il ne fût aussitôt méthodiquement contredit dans les formes les plus polies, avec esprit et logique. Le malheureux n'avait plus qu'à déguerpir.

« Une autre fois encore, c'était un camarade, disait Napoléon, logeant au-dessus de moi, qui avait pris le goût funeste de donner du cor; il assourdissait de manière à distraire de toute espèce de travail. On se rencontre sur l'escalier. « Mon cher, vous devez bien vous « fatiguer avec votre cor? — Mais non, pas du tout. — « Eh bien! vous fatiguez beaucoup les autres. — J'en « suis fâché. — Mais vous feriez mieux d'aller donner de « votre cor plus loin. — Je suis maître dans ma chambre. « — On pourrait vous donner quelque doute là-dessus. « — Je ne pense pas que personne fût assez osé... » Duel arrêté. Le conseil des camarades examine avant de le permettre, et il prononce qu'à l'avenir l'un ira donner du cor plus loin, et que l'autre sera plus endurant. »

L'Empereur, dans la campagne de 1814, retrouva son donneur de cor dans le voisinage de Soissons, ou de Laon : il vivait sur sa terre, et venait donner des renseignements importants sur la position de l'ennemi. L'Empereur le retint et le fit son aide de camp : c'était le colonel Bussy.

Napoléon, dans son régiment d'artillerie, suivait beaucoup la société partout où il se trouvait. Les femmes, dans ce temps, accordaient beaucoup à l'esprit : c'était alors auprès d'elles le grand moyen de séduction. Il fit, à cette époque, ce qu'il appelle son voyage sentimental de Valence au Mont-Cenis, en Bourgogne, et fut au moment de l'écrire à la façon de Sterne. Le fidèle Desmazzis était de la partie; il ne le quittait jamais, et ses récits sur la vie privée de Napoléon, venant à se rattacher à sa vie publique, pourraient donner la vie entière de l'Empereur. On verrait que, bien qu'elle soit si extraordinaire dans les événements, il n'en est pas de plus simple ni de plus naturelle dans sa course.

Les circonstances et la réflexion ont beaucoup modifié son caractère. Il n'est pas jusqu'à son style, aujourd'hui si simple, si laconique, qui ne fût alors emphatique et abondant. Dès l'Assemblée législative, Napoléon devint grave, sévère dans sa tenue et peu communicatif. L'armée d'Italie fut encore une époque pour son caractère. Son extrême jeunesse, quand il en vint prendre le commandement, demandait une grande réserve et la dernière sévérité de mœurs : « C'était nécessaire, indispensable, disait-il, pour pouvoir commander à des hommes tellement au-dessus de moi par leur âge : aussi ma conduite y fut-elle irréprochable, exemplaire. Je me montrai une espèce de Caton; je le dus paraître à tous les yeux, et j'étais en effet un philosophe, un sage. » C'est avec ce caractère qu'il s'est présenté sur la scène du monde.

Napoléon se trouvait en garnison à Valence au moment où commença la Révolution, et bientôt on attacha une importance spéciale à faire émigrer les officiers d'artillerie : ceux-ci, de leur côté, étaient fort divisés d'opinions. Napoléon, tout aux idées du jour, avec l'instinct des grandes choses et la passion de la gloire nationale, prit le parti de la Révolution, et son exemple influa sur la grande majorité du régiment. Il fut très-chaud patriote sous l'Assemblée constituante; mais la législative devint une époque nouvelle pour ses idées et ses opinions.

Il se trouvait à Paris le 21 juin 1792, et fut témoin, sur la terrasse du bord de l'eau, des rassemblements tumultueux des faubourgs, qui, traversant le jardin des Tuileries, forcèrent le palais. Il n'y avait que six mille hommes : c'était une foule sans ordre, dénotant par les propos et les vêtements tout ce que la populace a de plus commun et de plus abject.

Il fut aussi témoin du 10 août, où les assaillants n'étaient ni plus relevés ni plus redoutables.

V

Napoléon commandant les milices de la Corse.

En 1793, Napoléon était en Corse et y avait un commandement de gardes nationales. Il était alors fort enthousiaste des idées républicaines; mais le spectacle de la Terreur ne tarda pas à le ramener à d'autres idées. Il se rappelait souvent, sur son rocher de Sainte-Hélène, cet épisode de sa vie, où il avait défendu son île natale contre Paoli, l'ami de sa famille, alors l'allié des Anglais. Aucun sentiment n'était plus profondément gravé dans l'âme de Napoléon que l'amour de la patrie. « La patrie est toujours chère, nous disait-il; Sainte-Hélène même pourrait l'être à ce prix. » La Corse avait donc mille charmes; il en détaillait les grands traits, la coupe hardie de sa structure physique [1]. Il disait que les insulaires ont toujours quelque chose d'original, par leur isolement, qui les préserve des irruptions et du mélange perpétuel qu'éprouve le continent; que les habitants des montagnes ont une énergie de caractère et une trempe d'âme qui leur sont toutes particulières. Il s'arrêtait sur les charmes de la terre natale: tout y était meilleur, disait-il; il n'était pas jusqu'à l'odeur du sol même; elle lui eût suffi pour le deviner les yeux fermés; il ne l'avait retrouvée nulle part. Il s'y voyait dans ses premières années à ses premières amours; il s'y trouvait dans sa jeunesse au milieu des précipices, franchissant les sommets élevés, les vallées profondes, les gorges étroites; recevant les honneurs et les plaisirs de l'hospitalité; parcourant la ligne des parents dont les querelles et les vengeances s'étendaient jusqu'au septième degré. Une fille, disait-il, voyait entrer dans la valeur de sa dot le nombre de ses cousins. Il se rappelait avec orgueil que n'ayant que vingt ans, il avait fait partie d'une grande excursion de Paoli à Porte di Nuovo. Son cortége était nombreux; plus de cinq cents des siens l'accompagnaient à cheval; Napoléon marchait à ses côtés; Paoli lui expliquait, chemin faisant, les positions, les lieux de résistance ou de triomphe de la guerre de la liberté. Il lui détaillait cette lutte glorieuse; et, sur les observations de son jeune compagnon, le caractère qu'il lui avait laissé apercevoir, l'opinion qu'il lui avait inspirée, il lui dit: « O Napoléon! tu n'as rien de moderne! tu appartiens tout à fait à Plutarque. »

Ces souvenirs n'arrêtèrent pas un moment Bonaparte,

1. Napoléon, dans sa jeunesse, avait écrit une histoire de la Corse, qu'il adressa à l'abbé Raynal, ce qui lui valut quelques lettres et des distinctions flatteuses de la part de cet écrivain, alors l'homme à la mode. Cette histoire s'est perdue.

devenu officier d'artillerie et commandant des gardes nationales, quand Paoli voulut livrer son île aux Anglais. La famille Bonaparte demeura chaude à la tête du parti français, et eut le fatal honneur de voir *intimer* contre elle *une marche* des habitants de l'île, c'est-à-dire d'être attaquée par la levée en masse.

« Douze ou quinze mille paysans, disait l'Empereur, fondirent des montagnes sur Ajaccio; notre maison fut pillée et brûlée, les vignes perdues, les troupeaux détruits. Madame, entourée d'un petit nombre de fidèles, fut réduite à errer quelque temps sur la côte, et dut gagner la France. Toutefois Paoli, à qui notre famille avait été si attachée, et qui lui-même avait toujours professé une considération particulière pour Madame, Paoli avait essayé près d'elle la persuasion avant d'employer la force. « Renoncez à votre opposition, » lui avait-il fait dire, « elle perdra vous, les vôtres, votre fortune; les maux seront incalculables, rien ne pourra les réparer. » En effet, l'Empereur faisait observer que, sans les chances que lui a procurées la Révolution, sa famille ne s'en serait jamais relevée. « Madame répondit en héroïne, et comme eût fait Cornélie, disait Napoléon, qu'elle ne connaissait pas deux lois; qu'elle, ses enfants, sa famille ne connaissaient que celle du devoir et de l'honneur. Si le vieil archidiacre Lucien eût vécu, ajoutait-il, son cœur eût saigné à l'idée du péril de ses moutons, de ses chèvres et de ses bœufs, et sa prudence n'eût pas manqué de conjurer l'orage. »

Paoli mourut fort vieux à Londres; il vit Napoléon premier consul et empereur, et le regret de celui-ci est de ne pas l'avoir rappelé près de lui. « C'eût été une grande jouissance pour moi, un vrai trophée, disait-il; mais, entraîné par les grandes affaires, j'avais rarement le temps de me livrer à mes sentiments personnels. »

Quand Napoléon quitta la Corse, en 1793, pour revenir prendre du service dans l'artillerie, il s'ignorait encore lui-même. Il était loin de prévoir ses destinées. Quoiqu'il n'eût encore que vingt-quatre ans, là finit sa première jeunesse. Sa carrière commence avec le siége de Toulon.

TROISIÈME PARTIE

SOUVENIRS DES CHAMPS DE BATAILLE

I

Siége de Toulon.

En septembre 1793, Napoléon Bonaparte, âgé de vingt-quatre ans, était encore inconnu au monde qu'il devait remplir de son nom; il était lieutenant-colonel d'artillerie, et se trouvait depuis peu de semaines à Paris, venant de Corse, où les circonstances politiques l'avaient fait succomber sous la faction de Paoli. Les Anglais venaient de se saisir de Toulon, on avait besoin d'un officier d'artillerie distingué pour diriger les opérations du siége; Napoléon y fut envoyé. Là le prendra l'histoire pour ne plus le quitter; là commence son immortalité.

Napoléon arrive au quartier général; il aborde le général Cartaux, homme superbe, doré, dit-il, depuis les pieds jusqu'à la tête, qui lui demande ce qu'il y a pour son service. Le jeune officier présente modestement sa lettre, qui le chargeait de venir sous ses ordres, diriger les opérations de l'artillerie. « C'était bien inutile, dit le bel homme en caressant sa moustache; nous n'avons plus besoin de rien pour reprendre Toulon. Cependant, soyez le bienvenu, vous partagerez la gloire de le brûler demain, sans en avoir pris la fatigue. » Et il le fit rester à souper.

On s'assied trente à table, le général seul est servi en prince, tout le reste meurt de faim; ce qui, dans ces temps d'égalité, choqua étrangement le nouveau venu. Au point du jour, le général le prend dans son cabriolet, pour aller admirer, disait-il, les dispositions offensives. A peine a-t-on dépassé la hauteur et découvert la rade, qu'on descend de voiture, et qu'on se jette sur les côtés dans des vignes. Le commandant d'artillerie aperçoit alors quelques pièces de canon, quelque remuement de terre, auxquels, à la lettre, il lui est impossible de rien conjecturer. « Sont-ce là nos batteries? dit fièrement le général, parlant à son aide de camp, son homme de confiance. — Oui, général. — Et notre parc! — Là, à quatre pas. — Et nos boulets rouges? — Dans les bastides voisines, où deux compagnies les chauffent depuis ce matin. — Mais comment porterons-nous ces boulets tout rouges?» Et ici les deux hommes de s'embarrasser, et de demander à l'officier d'artillerie si, par ses principes, il ne saurait pas quelque remède à cela. Celui-ci, qui eût été tenté de prendre le tout pour une mystification, si les deux interlocuteurs y eussent mis moins de naturel (car on était au moins à une lieue et demie de l'objet à attaquer), employa toute la réserve, le ménagement, la gravité possibles, pour leur persuader, avant de s'embarrasser de boulets rouges, d'essayer à froid pour bien s'assurer de la portée. Il eut bien de la peine à y réussir; et encore ne fut-ce que pour avoir très-heureusement employé l'expression technique de *coup d'épreuve*, qui les frappa beaucoup, et les ramena à son avis. On tira donc ce coup d'épreuve; mais il n'atteignit pas au tiers de la distance, et le général et son aide de camp de vociférer contre les Marseillais et les aristocrates, qui auront malicieusement, sans doute, gâté les poudres. Cependant arrive à cheval le représentant du peuple : c'était Gasparin, homme de sens, qui avait servi. Napoléon, jugeant dès cet instant toutes les circonstances environnantes, et prenant audacieusement son parti, se rehausse tout à coup de six pieds, interpelle le représentant, le somme de lui faire donner la direction absolue de sa besogne, démontre sans ménagement l'ignorance inouïe de tout ce qui l'entoure, et saisit, dès cet instant, la direction du siége, où dès lors il commande en maître.

Pour prévenir des difficultés toujours renaissantes, le représentant décida que Cartaux ferait connaître en grand son plan d'attaque au commandant de l'artillerie, qui en exécuterait les détails d'après les règles de son arme. Voici quel fut le plan mémorable de Cartaux.

« Le général d'artillerie foudroiera Toulon pendant trois jours, au bout desquels je l'attaquerai sur trois colonnes, et l'enlèverai. »

Mais, à Paris, le comité du génie trouva cette mesure expéditive beaucoup plus gaie que savante, et c'est ce qui contribua à faire rappeler Cartaux.

Dans tous les différends que Cartaux avait avec le commandant d'artillerie, lesquels se passaient la plupart du temps devant sa femme, celle-ci prenait toujours le parti de l'officier d'artillerie, disant naïvement à son mari : « Mais laisse donc faire ce jeune homme, il en sait plus que toi ; il ne te demande rien ; ne rends-tu pas compte ? la gloire te reste. »

Cette femme n'était pas sans beaucoup de bon sens. Retournant à Paris, après le rappel de son mari, les Jacobins de Marseille donnèrent au ménage disgracié une fête superbe; pendant le repas, comme il y était question du commandant d'artillerie qu'on élevait aux nues : « Ne vous y fiez pas, dit-elle, ce jeune homme a trop d'esprit pour être longtemps un *sans-culotte.* » Sur quoi le général de s'écrier gravement, et d'une voix de stentor : « Femme Cartaux, nous sommes donc des bêtes, nous! — Non, je ne dis pas cela, mon ami; mais... tiens, il n'est pas de ton espèce, il faut que je te le dise. »

Un jour, au quartier général, on vit déboucher par le chemin de Paris une superbe voiture; elle était suivie d'une deuxième, troisième, d'une dixième, quinzième, etc. Qu'on juge, dans ces temps de simplicité républicaine, de l'étonnement et de la curiosité de chacun; le grand roi n'eût pas voyagé avec plus de pompe. Tout cela avait été requis dans la capitale; plusieurs étaient des voitures de la cour; il en sort une centaine de militaires, d'une belle tenue, qui demandent le général en chef; ils marchent à lui avec l'importance d'ambassadeurs : « Citoyen général, dit l'orateur de la bande, nous arrivons de Paris, les patriotes sont indignés de ton inaction et de ta lenteur. Depuis longtemps le sol de la république est violé; elle frémit de n'être pas encore vengée; elle se demande pourquoi Toulon n'est pas encore repris, pourquoi la flotte anglaise n'est pas encore brûlée. Dans son indignation elle a fait un appel aux braves; nous nous sommes présentés, et nous voilà brûlants d'impatience de remplir son attente. Nous sommes canonniers volontaires de Paris; fais-nous donner des canons, demain nous marchons à l'ennemi. » Le général, déconcerté de cette incartade, se retourne vers le commandant d'artillerie, qui lui promet tout bas de le délivrer le lendemain de ces fiers-à-bras. On les comble d'éloges, et, au point du jour, le commandant d'artillerie les conduit sur la plage, et met quelques pièces à leur disposition. Étonnés de se trouver à découvert depuis les pieds jusqu'à la tête, ils demandent s'ils n'y aura pas quelque abri, quelque bout d'épaulement. On leur répond que c'était bon autrefois, que ce n'est plus la mode, que le patriotisme a rayé tout cela. Mais, pendant le colloque une frégate anglaise vient à lâcher une bordée, et tous les bravaches de s'enfuir. Alors ce ne fut plus qu'un cri contre eux dans le camp; les uns disparurent, le reste se fondit modestement dans les derniers rangs.

Ce fut réellement Bonaparte qui prit Toulon, et pourtant il est à peine nommé dans les relations. Il tenait déjà cette ville que, dans l'armée, on ne s'en doutait point encore : après avoir enlevé le Petit-Gibraltar, qui pour lui avait toujours été la clef et le terme de toute l'entreprise, il dit au vieux général Dugommier, commandant nominal, qui était accablé de fatigue : « Allez vous reposer; nous venons de prendre Toulon, vous pourrez y coucher après-demain. » Quand Dugommier vit la chose en effet accomplie, quand il récapitula que le jeune commandant d'artillerie lui avait toujours dit d'avance, à point nommé, ce qui arriverait, ce fut alors tout à fait de sa part de l'admiration et de l'enthousiasme ; il ne pouvait tarir sur son compte. Il est très-vrai, ainsi qu'on le trouve dans quelques pièces du temps, qu'il instruisit les comités de Paris qu'il avait avec lui un jeune homme auquel on devait une véritable attention, parce que, quelque côté qu'il adoptât, il était sûrement destiné à mettre un grand poids dans la balance. Dugommier, envoyé à l'armée des Pyrénées-Orientales, voulut avoir avec lui le jeune commandant d'artillerie ; mais il ne put l'obtenir. Toutefois, il en parlait sans cesse, et depuis, quand cette même armée, après la paix avec l'Espagne fut envoyée pour renfort à celle d'Italie, qui reçut bientôt après Napoléon pour général en chef, celui-ci se trouva arriver au milieu d'officiers qui, d'après tout ce qu'ils avaient entendu dire à Dugommier, n'avaient plus assez d'yeux pour le considérer.

Quant à Napoléon, son succès de Toulon ne l'étonna pas trop ; il en jouit, disait-il, avec une vive satisfaction sans s'émerveiller. Il en fut de même l'année suivante à Saorgio, où ses opérations furent admirables : il y accomplit en peu de jours ce qu'on tentait vainement depuis deux ans. « Vendémiaire et même Montenotte, disait l'Empereur, ne me portèrent pas encore à me croire un homme supérieur ; ce n'est qu'après Lodi qu'il me vint dans l'idée que je pourrais bien devenir après tout un acteur décisif sur notre scène politique. Alors naquit, continuait-il, la première étincelle de la haute ambition. » Toutefois il se rappelait qu'après vendémiaire, commandant l'armée de l'intérieur, il donna dès ce temps-là un plan de campagne qui se terminait par la pacification sur la crête du Simmering, ce qu'il exécuta peu de temps après lui-même à Léoben. Cette pièce pourrait se trouver peut-être encore dans les archives des bureaux.

On sait quelle était la férocité du temps ; elle s'était encore accrue sous les murs de Toulon, par l'agglomération de plus de deux cents députés des associations populaires voisines, qui y étaient accourus et poussaient aux mesures les plus atroces. Ce sont eux qu'il faut accuser des excès sanguinaires dont tous les militaires gémirent alors. Quand Napoléon fut devenu un grand personnage, la calomnie essaya d'en diriger l'odieux sur sa personne : « Ce serait se dégrader que de chercher à y répondre, » disait l'Empereur. Eh bien, au contraire, l'ascendant que ses services lui avaient acquis dans l'armée, ainsi que dans le port et dans l'arsenal de Toulon, lui servirent, à quelque temps de là, à sauver des infortunés émigrés du nombre desquels était la famille de Chabrillant, émigrés que la tempête ou les chances de la guerre avaient jetés sur la plage française; on voulait les mettre à mort sur ce que la loi était positive contre tout émigré qui reparaissait en France. Vainement disaient-ils pour leur défense qu'ils y étaient venus par accident, contre leur gré ; qu'ils demandaient pour toute grâce qu'on les laissât s'en retourner. Ils eussent péri si, à ses risques et périls, le général de l'artillerie n'eût osé les sauver, en leur procurant des caissons ou un bateau couvert qu'il expédia au dehors, sous prétexte d'objets relatifs à son département. Plus tard, sous son règne, ces personnes ont eu la douceur de lui parler de leur reconnaissance et de lui dire qu'elles conservaient précieusement l'ordre qui leur avait sauvé la vie. Ce fait, vérifié auprès des personnes mêmes qui en avaient été l'objet, s'est trouvé non-seulement de la dernière exactitude, mais a fourni encore des détails infiniment touchants que Napoléon semblait avoir oubliés, les ayant négligés dans ses conversations.

Dès que Napoléon se trouva à la tête de l'artillerie, à Toulon, il profita de la nécessité des circonstances pour faire rentrer au service un grand nombre de ses camarades que leur naissance ou leurs opinions politiques avaient d'abord éloignés. Il fit placer le colonel Gassendi à la tête de l'arsenal de Marseille : on connaît l'entêtement et la sévérité de celui-ci ; ils le mirent souvent en péril, et il fallut plus d'une fois toute la célérité et les soins de Napoléon pour l'arracher à la rage des séditieux.

Napoléon, plus d'une fois, courut aussi lui-même des

dangers de la part des bourreaux révolutionnaires : à chaque nouvelle batterie qu'il établissait, les nombreuses députations de patriotes qui se trouvaient au camp sollicitaient l'honneur de lui donner leur nom ; Napoléon en nomma une *des Patriotes du Midi*, c'en fut assez pour être dénoncé, accusé de fédéralisme, et, s'il eût été moins nécessaire, il aurait été arrêté, c'est-à-dire perdu. Du reste, les expressions manquent pour peindre le délire et les horreurs du temps : l'Empereur nous disait, par exemple, avoir été témoin alors, pendant son armement des côtes, à Marseille, de l'horrible condamnation du négociant Hugues, âgé de quatre-vingt-quatre ans, sourd et presque aveugle ; il fut néanmoins accusé et trouvé coupable de conspiration par ses atroces bourreaux : son vrai crime était d'être riche de dix-huit millions ; il le laissa lui-même entrevoir au tribunal, et offrit de les donner, pourvu qu'on lui laissât cinq cent mille francs, dont il ne jouirait pas, disait-il, longtemps; ce fut inutile, sa tête fut abattue. « Alors vraiment, à un tel spectacle, disait l'Empereur, je me crus à la fin du monde ! » Expression qui lui est familière pour des choses révoltantes, inconcevables ; les représentants du peuple étaient les auteurs de ces atrocités.

Napoléon, au siége de Toulon, s'attacha quelques personnes dont on a beaucoup parlé depuis. Il distingua, dans les derniers rangs de l'artillerie, un jeune officier qu'il eut d'abord beaucoup de peine à former, mais dont depuis il a tiré les plus grands services : c'était Duroc, qui sous un extérieur peu brillant, possédait les qualités les plus solides et les plus utiles ; aimant l'Empereur pour lui-même, dévoué pour le bien, sachant dire la vérité à propos. Il a été depuis duc de Frioul et grand maréchal. Il avait mis le palais sur un pied admirable et dans l'ordre le plus parfait. A sa mort, l'Empereur pensa qu'il avait fait une perte irréparable, et une foule de personnes l'ont pensé comme lui. L'Empereur me disait que Duroc seul avait eu son intimité et possédé son entière confiance.

Lors de la construction d'une des premières batteries que Napoléon, à son arrivée à Toulon, ordonna contre les Anglais, il demanda sur le terrain un sergent ou caporal qui sût écrire. Quelqu'un sortit des rangs et écrivit sous sa dictée, sur l'épaulement même. La lettre à peine finie, un boulet la couvre de terre. « Bien, dit l'écrivain, je n'aurai pas besoin de sable. » Cette plaisanterie, le calme avec lequel elle fut dite, fixa l'attention de Napoléon et fit la fortune du sergent : c'était Junot, depuis duc d'Abrantès, colonel général des hussards, commandant en Portugal, gouverneur général en Illyrie, où il donna des signes d'une démence qui ne fit que s'accroître pendant son retour en France, durant lequel, s'étant mutilé lui-même d'une manière horrible, il périt bientôt victime d'excès qui avaient altéré sa santé et sa raison.

II

Bonaparte général d'artillerie.

Napoléon, devenu général d'artillerie, commandant cette arme à l'armée d'Italie, y porta la supériorité et l'influence qu'il avait acquises si rapidement devant Toulon ; toutefois, ce ne fut pas sans quelques traverses, ni même sans quelques dangers. Il fut mis en arrestation à Nice quelques instants par le représentant Laporte, devant lequel il ne voulait pas plier. Un autre représentant, dans une autre circonstance, le mit *hors la loi*, parce qu'il ne voulait pas le laisser disposer de tous ses chevaux d'artillerie pour courir la poste. Enfin un décret, non exécuté, le manda à la barre de la Convention, pour avoir proposé quelques mesures militaires relatives aux fortifications à Marseille.

Dans cette armée de Nice ou d'Italie, il enthousiasma fort le représentant Robespierre le jeune, auquel il donne des qualités bien différentes de celles de son frère, qu'il n'a du reste jamais vu. Ce Robespierre jeune, rappelé à Paris quelque temps avant le 9 thermidor, par son frère, fit tout au monde pour décider Napoléon à le suivre. « Si je n'eusse inflexiblement refusé, observait-il, sait-on où pouvait me conduire un premier pas, et quelles autres destinées m'attendaient? »

Il y avait aussi à l'armée de Nice un autre représentant assez insignifiant. Sa femme, extrêmement jolie, fort aimable, partageait et parfois dirigeait sa mission; elle était de Versailles. Le ménage faisait le plus grand cas du général d'artillerie; il s'en était tout à fait engoué, et le traitait au mieux sous tous les rapports. « Ce qui était un avantage immense, observait Napoléon; car, dans ce temps de l'absence des lois ou de leur improvisation, disait-il, un représentant du peuple était une véritable puissance. » Celui-ci fut un de ceux qui, dans la Convention, contribuèrent le plus à faire jeter les yeux sur Napoléon lors de la crise de vendémiaire, ce qui n'était qu'une suite naturelle des hautes impressions que lui avaient laissées le caractère et la capacité du jeune général.

L'Empereur racontait que, devenu souverain, il revit un jour la belle représentante de Nice, d'ancienne et douce connaissance. Elle était bien changée, à peine reconnaissable, veuve, et tombée dans une extrême misère.

L'Empereur se plut à faire tout ce qu'elle demanda; il réalisa, dit-il, tous ses rêves, et même au delà. Bien qu'elle vécût à Versailles, elle avait été nombre d'années avant de pouvoir pénétrer jusqu'à lui. Lettres, pétitions, sollicitations de tous genres, tout avait été inutile, tant, disait l'Empereur, il est difficile d'arriver au souverain, lors même qu'il ne s'y refuse pas. Encore était-ce lui qui, un jour de chasse à Versailles, était venu à la mentionner par hasard; et Berthier, de cette ville, ami d'enfance de cette dame, lequel jusque-là n'avait jamais daigné parler d'elle, encore moins de ses sollicitations, fut le lendemain son introducteur. « Mais comment ne vous êtes-vous pas servie de nos connaissances communes de l'armée de Nice pour arriver jusqu'à moi? lui demandait l'Empereur. Il en est plusieurs qui sont des personnages, et en perpétuel rapport avec moi. — Hélas! sire, répondit-elle, nous ne nous sommes plus connus dès qu'ils ont été grands et que je suis devenue malheureuse. »

Les événements de thermidor ayant amené un changement dans les comités de la Convention, Aubry, ancien capitaine d'artillerie, se trouva diriger celui de la guerre, et fit un nouveau tableau de l'armée; il ne s'y oublia pas, il se fit général d'artillerie, et favorisa plusieurs de ses anciens camarades au détriment de la queue du corps, qu'il réforma. Napoléon, qui avait à peine vingt-cinq ans, devint alors général d'infanterie, et fut désigné pour le service de la Vendée. Cette circonstance lui fit quitter l'armée d'Italie pour aller réclamer avec chaleur contre un pareil changement, qui ne lui convenait sous aucun rapport. Trouvant Aubry inflexible, et qui s'irritait de ses justes réclamations, il donna sa démission. Il fut presque immédiatement employé, lors de l'échec de Kellermann, au comité des opérations militaires, où se préparaient le mouvement des armées et les plans de campagne; c'est là que vint le prendre le 13 vendémiaire.

Les réclamations auprès d'Aubry furent une véritable scène; il insistait avec force, parce qu'il avait des faits par devers lui; Aubry s'obstinait avec aigreur, parce qu'il avait la puissance : celui-ci disait à Napoléon qu'il était trop jeune, et qu'il fallait laisser passer les anciens; Napoléon répondit qu'on vieillissait vite sur le champ de bataille, et qu'il en arrivait : Aubry n'avait jamais vu le feu : les paroles furent très-vives.

Je disais à l'Empereur qu'au retour de mon émigration j'avais occupé longtemps, dans la rue Saint-Florentin, au nº 9, le salon même dans lequel s'était passée cette scène : je l'y avais entendu raconter plus de mille fois; et, bien qu'elle fût rendue par des bouches ennemies, chacun n'en mettait pas moins un grand intérêt à en retracer les détails, et à se figurer la partie du salon, la feuille du parquet où avait dû s'exprimer tel geste et se prononcer telle parole.

III

13 vendémiaire (5 octobre 1795.)

L'insurrection de vendémiaire différait profondément de toutes celles qui l'avaient précédée. Les autres émeutes avaient eu pour cause l'impatience des révolutionnaires, mécontents des lenteurs de la Révolution; cette fois c'étaient les réacteurs qui s'armaient pour forcer la Convention de suivre le mouvement rétrograde commencé le 9 thermidor. La section Le Pelletier, dans le quartier le plus riche de Paris, montrait le plus de détermination.

Le général Menou, chargé de la combattre le 12 vendémiaire, ne sut que parlementer, et le péril de la Convention fut porté à son comble par cette faiblesse de son défenseur. Dans la nuit du 12 au 13, Menou fut destitué. Bonaparte fut appelé et nommé pour commander les troupes de la Convention contre les sections insurgées; mais, comme il n'était que général de brigade, on nomma général en chef Barras, qui était général de division et membre de la Convention, et Bonaparte fut censé être sous ses ordres. En réalité, lui seul exerça le commandement, et Barras fut pour la forme. Ce n'est donc pas Barras, comme on l'a cru, qui prit Bonaparte pour commandant en second. Bonaparte fut nommé directement; alors surgit la difficulté hiérarchique, et Barras fut nommé général en chef pour la résoudre. Bonaparte hésita quelque temps à se charger de la défense de la Convention. Une fois décidé, il fit ses dispositions avec calme, et réussit en quelques heures à apaiser un soulèvement contre-révolutionnaire qui, par le renversement prématuré de la Convention, aurait pu livrer la capitale à l'anarchie.

La nuit qui suivit cette journée, Napoléon se présenta au comité des Quarante, qui était en permanence aux Tuileries. Il avait besoin de tirer des mortiers et des munitions de Meudon; la circonspection du président (Cambacérès) était telle, que, malgré les dangers qui avaient signalé la journée, il n'en voulut jamais signer l'ordre; mais seulement, et par accommodement, il invita à mettre ces objets à la disposition du général.

Pendant son commandement de Paris, qui suivit la journée du 13 vendémiaire, Napoléon, fait général de division, eut à lutter surtout contre une grande disette, qui donna lieu à plusieurs scènes populaires. Un jour entre autres que la distribution avait manqué, et qu'il s'était formé des attroupements nombreux à la porte des boulangers, Napoléon passait, avec une partie de son état-major, pour veiller à la tranquillité publique ; un gros de la populace, des femmes surtout, le pressent, demandant du pain à grands cris ; la foule s'augmente, les menaces s'accroissent, et la situation devient des plus critiques. Une femme monstrueusement grosse et grasse se fait particulièrement remarquer par ses gestes et par ses paroles : « Tout ce tas d'épauletiers, crie-t-elle en apostrophant ce groupe d'officiers, se moquent de nous ; pourvu qu'ils mangent et qu'ils s'engraissent, il leur est fort égal que le pauvre peuple meure de faim. » Napoléon l'interpelle : « La bonne, regarde-moi bien, quel est le plus gras de nous deux ? » Or, Napoléon était alors extrêmement maigre. « J'étais un vrai parchemin, » disait-il. Un rire universel désarme la populace, et l'état-major continue sa route.

IV

Campagne d'Italie[1].

Le dénûment du Trésor et la rareté du numéraire étaient tels dans la république, qu'au départ du général Bonaparte pour l'armée d'Italie, tous ses efforts et ceux du Directoire ne purent composer que deux mille louis, qu'il emporta dans sa voiture. C'est avec cela qu'il part pour aller conquérir l'Italie et marcher à l'empire du monde. Et voici un détail curieux : il doit exister un ordre du jour signé Berthier, où le général en chef,

1. L'Empereur a dicté, à Sainte-Hélène, la campagne d'Italie de 1796 à 1797 à M. Emmanuel de Las Cases.

à son arrivée au quartier général à Nice, fait distribuer aux généraux, pour les aider à entrer en campagne, la somme de quatre louis en espèces; et c'était une grande somme : depuis bien du temps personne ne connaissait plus le numéraire. Ce simple ordre du jour peint les circonstances du temps avec plus de force et de vérité que ne saurait le faire un gros volume.

Dès que Napoléon se montre à l'armée d'Italie, on voit tout aussitôt l'homme fait pour commander aux autres; il remplit dès cet instant la grande scène du monde; il occupe toute l'Europe : c'est un météore qui envahit le firmament. Il concentre dès lors tous les regards, toutes les pensées, compose toutes les conversations. A compter de cet instant, toutes les gazettes, tous les ouvrages, tous les monuments sont toujours pleins de lui. On rencontre son nom dans toutes les pages, à toutes les lignes, dans toutes les bouches, partout.

Son apparition fut une véritable révolution dans les mœurs, les manières, la conduite, le langage. De Crès (depuis duc et ministre de la marine sous l'Empire) m'a souvent répété que ce fut à Toulon qu'il apprit la nomination de Napoléon au commandement de l'armée d'Italie : il l'avait beaucoup connu à Paris, il se croyait en toute familiarité avec lui. « Aussi, quand nous apprîmes, disait-il, que le nouveau général allait traverser la ville, je m'offris aussitôt à tous les camarades pour les présenter, en me faisant valoir de mes liaisons. Je cours plein d'empressement, de joie; le salon s'ouvre; je vais m'élancer, quand l'attitude, le regard, le son de voix, suffisent pour m'arrêter : il n'y avait pourtant en lui rien d'injurieux; mais c'en fut assez : à partir de là je n'ai jamais été tenté de franchir la distance qui m'avait été imposée. » Et certes De Crès n'était pas timide.

Un autre signe caractéristique du généralat de Napoléon, c'est l'habileté, l'énergie, la pureté de son administration, sa haine constante pour les dilapidations, le mépris absolu de ses propres intérêts. « Je revins de la campagne d'Italie, nous disait-il un jour, n'ayant pas trois cent mille francs en propre ; j'eusse pu facilement en rapporter dix ou douze millions, ils eussent bien été ma propriété ; je n'ai jamais rendu de comptes, on ne m'en demanda jamais. Je m'attendais, au retour, à quelque grande récompense nationale : il fut question, dans le public, de me doter de Chambord ; j'eusse été très-avide de cette espèce de fortune, mais le Directoire fit écarter la chose. Cependant j'avais envoyé en France cinquante millions au moins pour le service de l'État. C'est la première fois, dans l'histoire moderne, qu'une armée fournit aux besoins de la patrie, au lieu de lui être à charge. »

Lorsque Napoléon traita avec le duc de Modène, Salicetti, commissaire du gouvernement auprès de l'armée, avec lequel il avait été assez mal jusque-là, vint le trouver dans son cabinet. « Le commandeur d'Este, lui dit-il, frère du duc, est là avec quatre millions en or dans des caisses ; il vient, au nom de son frère, vous prier de les accepter, et moi je viens vous en donner le conseil. Je suis de votre pays, je connais vos affaires de famille ; le Directoire et le Corps législatif ne reconnaîtront jamais vos services ; ceci est bien à vous, acceptez-le sans scrupule et sans publicité. La contribution du duc sera diminuée d'autant, et il sera bien aise d'avoir acquis un protecteur. — Je vous remercie, répondit froidement Napoléon ; je n'irai pas, pour cette somme, me mettre à la disposition du duc de Modène, je veux demeurer libre. »

Un administrateur en chef de cette même armée

répétait souvent qu'il avait vu Napoléon recevoir pareillement et refuser de même l'offre de sept millions en or, faite par le gouvernement de Venise pour conjurer sa destruction. L'Empereur riait de l'exaltation de ce financier, auquel le refus de son général paraissait surhumain, plus difficile, plus grand que de gagner des batailles. L'Empereur s'arrêtait avec une certaine complaisance sur ces détails de désintéressement, concluant néanmoins qu'il avait eu tort et avait manqué de prévoyance, soit qu'il eût voulu songer à se faire chef de parti et à remuer les hommes, soit qu'il eût voulu ne demeurer que simple particulier dans la foule; car au retour, disait-il, on l'avait laissé à peu près dans la misère, et il eût pu continuer une carrière de véritable pauvreté, lorsque le dernier de ses généraux ou de ses administrateurs rapportait de grosses fortunes. « Mais aussi, ajoutait-il, si mon administrateur m'eût vu accepter, que n'eût-il pas fait? mon refus l'a contenu.

« Arrivé à la tête des affaires comme consul, mon propre désintéressement et toute ma sévérité ont pu seuls changer les mœurs de l'administration, et empêcher le spectacle effroyable des dilapidations directoriales. J'ai eu beaucoup de peine à vaincre les penchants des premières personnes de l'État, que l'on a vues depuis, près de moi, strictes et sans reproche. Il m'a fallu les effrayer souvent. Combien n'ai-je pas dû répéter de fois, dans mes conseils, que si je trouvais en faute *mon propre frère*, je n'hésiterais pas à le chasser! »

Jamais personne sur la terre ne disposa de plus de richesse et ne s'en appropria moins. Napoléon a eu, dit-il, jusqu'à quatre cents millions d'espèces dans les caves des Tuileries. Son domaine de l'extraordinaire s'élevait à plus de sept cents millions. Il a dit avoir distribué plus de cinq cents millions de dotation à l'armée. Et, chose bien remarquable, celui qui répandit tant de trésors n'eut jamais de propriété particulière ! Il avait rassemblé au Musée des valeurs qu'on ne saurait estimer, et il n'eut jamais un tableau, une rareté à lui.

En prenant le commandement de l'armée d'Italie, Napoléon, malgré son extrême jeunesse, y imprima tout d'abord la subordination, la confiance et le dévouement le plus absolu. Il subjugua l'armée par son génie, bien plus qu'il ne la séduisit par sa popularité : il était en général très-sévère et peu communicatif. Il a constamment dédaigné dans le cours de sa vie les moyens secondaires qui peuvent gagner les faveurs de la multitude; peut-être même y a-t-il mis une répugnance qui peut lui avoir été nuisible.

Son extrême jeunesse, lorsqu'il prit le commandement de l'armée d'Italie, ou tout autre cause, y avait établi un singulier usage; c'est qu'après chaque bataille, les plus vieux soldats se réunissaient en conseil et donnaient un nouveau grade à leur jeune général : quand celui-ci rentrait au camp, il y était reçu par les vieilles moustaches, qui le saluaient de son nouveau titre. Il fut fait *caporal* à Lodi, *sergent* à Castiglione; et de là ce surnom de *petit caporal*, resté longtemps à Napoléon parmi les soldats. Et qui peut dire la chaîne qui unit la plus petite cause aux plus grands événements! peut-être ce sobriquet a-t-il contribué aux prodiges de son retour en 1815; lorsqu'il haranguait le premier bataillon qu'il rencontra, avec lequel il fallut parlementer, une voix s'écria : « Vive notre petit caporal! nous ne le combattrons jamais! »

L'administration du Directoire et celle du général en

chef de l'armée d'Italie semblaient deux gouvernements tout différents.

Le Directoire, en France, mettait à mort les émigrés ; jamais l'armée d'Italie n'en fit périr aucun. Le Directoire alla même jusqu'à écrire à Napoléon, lorsqu'il sut Wurmser assiégé dans Mantoue, de se rappeler qu'il était émigré : mais Napoléon, en le faisant prisonnier, s'empressa de rendre à sa vieillesse un hommage des plus touchants.

Le Directoire employait vis-à-vis du pape des formes outrageantes ; le général de l'armée d'Italie ne l'appelait que très-saint-père, et lui écrivait avec respect.

Le Directoire voulait renverser le pape ; Napoléon le conserva.

Le Directoire déportait les prêtres et les proscrivait ; Napoléon disait à son armée, quand elle les rencontrait, de se rappeler que c'étaient des Français et leurs frères.

Le Directoire eût voulu exterminer partout jusqu'aux vestiges de l'aristocratie ; Napoléon écrivait aux démocrates de Gênes pour blâmer leurs excès à cet égard, et n'hésitait pas à leur mander que, s'ils voulaient conserver son estime, ils devaient respecter la statue de Doria et les institutions qui avaient fait la gloire de leur république.

V

Campagne d'Égypte[1].

L'Empereur disait qu'aucune armée dans le monde n'était moins propre à l'expédition d'Égypte que celle

1. L'Empereur a dicté à Sainte-Hélène les campagnes d'Égypte et de Syrie au général comte Bertrand. Le général a chargé M. Emmanuel de Las Cases d'en faire la publication. Elle a eu lieu en 1847. Le manuscrit portait un grand nombre de corrections de la main même de Napoléon.

qu'il y conduisit; c'était celle d'Italie. Il serait difficile de rendre le dégoût, le mécontentement, la mélancolie, le désespoir de cette armée, lors de ses premiers moments en Égypte. L'Empereur avait vu deux dragons sortir des rangs et courir à toute course se précipiter dans le Nil. Bertrand avait vu les généraux les plus distingués, Lannes, Murat, jeter, dans des moments de rage, leurs chapeaux brodés sur le sable, et les fouler aux pieds en présence des soldats. L'Empereur expliquait ces sentiments à merveille. « Cette armée avait rempli sa carrière, disait-il ; elle avait fait la conquête de l'Italie, tous les individus en étaient gorgés de richesses, de grades, de jouissances et de considération; ils n'étaient plus propres aux déserts ni aux fatigues de l'Égypte ; aussi, continuait-il, si elle se fût trouvée dans d'autres mains que les miennes, il serait difficile de déterminer les excès dont elle se fût rendue coupable. »

On y complota plus d'une fois d'enlever les drapeaux, de les ramener à Alexandrie, et plusieurs autres choses semblables. L'influence, le caractère, la gloire de leur chef, purent seuls les retenir. Un jour Napoléon, gagné par l'humeur à son tour, se précipita dans un groupe de généraux mécontents, et s'adressant à l'un d'eux, de la plus haute stature : « Vous avez tenu des propos séditieux, lui dit-il avec véhémence ; prenez garde que je ne remplisse mon devoir ; vos cinq pieds dix pouces ne vous empêcheraient pas d'être fusillé dans deux heures. »

Cependant, quant à la conduite vis-à-vis de l'ennemi, l'Empereur disait que cette armée ne cessa jamais d'être l'armée d'Italie, qu'elle fut toujours admirable. Ceux surtout que l'Empereur appelait la faction des amoureux à grands sentiments ne pouvaient être conduits ni gouvernés ; leur esprit était malade ; ils passaient les nuits à chercher dans la lune l'image réfléchie des idoles qu'ils avaient laissées au delà de la mer. A la tête de ceux-ci se trouvait celui qu'il a solennellement décoré plus tard du beau nom de son compagnon d'armes, faible et sans esprit, qui, lorsque le général en chef fut sur le point d'appareiller de Toulon, accourut de Paris en poste, jour et nuit, pour lui dire qu'il était malade et qu'il ne pouvait pas le suivre, bien qu'il fût son chef d'état-major. Le général en chef n'y fit seulement pas attention. Il n'était plus aux pieds de celle qui l'avait dépêché pour s'excuser, aussi s'embarqua-t-il ; mais, arrivé en Égypte, l'ennui le saisit, il ne put résister à ses souvenirs ; il demanda et obtint de retourner en France. Il prit congé de Napoléon, lui fit ses adieux, mais revint bientôt après, fondant en larmes, disant qu'il ne voulait pas, après tout, se déshonorer, qu'il ne pouvait pas non plus séparer sa vie de celle de son général.

Il portait une espèce de culte à ses amours : à côté de sa tente il en avait une autre, toujours aussi magnifiquement soignée que le boudoir le plus élégant ; elle était consacrée au portrait de sa maîtresse, auquel il allait jusqu'à brûler parfois des encens. Cette tente s'est dressée même dans les déserts de Syrie. Napoléon disait en souriant qu'il est arrivé néanmoins qu'on a profané plus d'une fois son temple par un culte moins pur, en y introduisant furtivement des divinités étrangères.

L'humeur des soldats en Égypte s'exhalait heureusement en mauvaises plaisanteries : c'est ce qui sauve toujours les Français. Ils en voulaient beaucoup au général Caffarelli, qu'ils croyaient un des auteurs de l'expédition ; il avait une jambe de bois, ayant perdu la sienne sur les bords du Rhin. Quand, dans leurs murmures, ils le voyaient passer en boitant, ils disaient à ses oreilles : « Celui-là se moque bien de ce qui arrivera ; il est toujours bien sûr d'avoir un pied en France. »

Les savants étaient aussi l'objet de leurs brocards. Les ânes étaient fort communs dans le pays ; il était peu de soldats qui n'en eussent à leur disposition, et ils ne les nommèrent jamais que leurs demi-savants.

Le général en chef, en partant de France, avait fait une proclamation dans laquelle il leur disait qu'il allait les mener dans un pays où il les enrichirait tous ; qu'il voulait les y rendre possesseurs chacun de sept arpents de terre. Les soldats, quand ils se trouvèrent dans le désert, au milieu de cette mer de sable sans limites, ne manquèrent pas de mettre en question la générosité de leur général : ils le trouvaient bien retenu de n'avoir promis que sept arpents. « Il était bon là, le pèlerin, en nous promettant sept arpents de terre, disaient-ils ; il peut bien en donner à discrétion, nous n'en abuserons pas. »

Quand l'armée traversait la Syrie, il n'est pas de soldat qui n'eût à la bouche ces vers de *Zaïre :*

> Les Français sont lassés de chercher désormais
> Des climats que pour eux le destin n'a point faits :
> Ils n'abandonnent point leur fertile patrie
> Pour languir aux déserts de l'aride Arabie.

Dans un moment de loisir et d'inspection du pays, le général en chef, profitant de la marée basse, traversa la mer Rouge à pied sec, et gagna la rive opposée. Au retour, il fut surpris par la nuit, et s'égara au milieu de la mer montante ; il courut le plus grand danger et faillit périr précisément de la même manière que Pharaon : « Ce qui n'eût pas manqué, disait gaiement Napoléon, de fournir à tous les prédicateurs de la chrétienté un texte magnifique contre moi. »

Ce fut à son arrivée sur la rive arabique qu'il reçut une députation des cénobites du mont Sinaï, qui venaient implorer sa protection et le supplier de vouloir bien s'inscrire sur l'antique registre de leurs garanties. Napoléon se trouva inscrire son nom à la suite d'Ali, de Saladin, d'Ibrahim et de quelques autres noms illustres.

C'est à ce sujet, ou touchant quelque chose de cette nature, que l'Empereur disait que, dans la même année, il avait reçu des lettres de Rome et de la Mecque, le pape l'appelant son cher fils, et le shérif, le protecteur de la sainte Kaaba.

Ce rapprochement extraordinaire doit être, du reste, à peine surprenant dans celui qu'on a vu conduire des armées et sur les sables brûlants du tropique, et dans les steppes glacés du Nord; qui a failli être englouti par les vagues de la mer Rouge, et a couru des périls dans les flammes de Moscou, menaçant les Indes de ces deux points extrêmes.

Le général en chef partageait la fatigue des soldats; les besoins étaient quelquefois si grands qu'on était réduit à se disputer les plus petites choses, sans distinction de rang; ainsi il était telle circonstance, dans le désert, où les soldats auraient à peine cédé leur place à leur général, pour qu'il vînt tremper ses mains dans une source fangeuse. Passant sous les ruines de Péluse, et suffoqué par la chaleur, on lui céda une place près d'une ruine de muraille où il put, quelques instants, mettre sa tête à l'ombre. « Et on me faisait là, disait Napoléon, une immense concession. » C'est précisément là qu'en remuant quelques pierres à ses pieds un hasard bien singulier lui présenta un superbe antique connu parmi les savants.

Un jour l'Empereur, qui venait de travailler à la campagne d'Égypte, nous dit qu'elle était aussi intéressante qu'un épisode de roman. Au sujet de sa pointe sur Saint-Jean d'Acre, il disait : « C'était pourtant bien audacieux d'avoir osé se placer ainsi au milieu de la Syrie avec seulement douze mille hommes. J'étais, continuait-il, à cinq cents lieues de Desaix, qui formait l'autre extrémité de mon armée. Sir Sidney Smith a raconté que j'avais perdu dix-huit milles homme devant Saint-Jean d'Acre ; or, mon armée n'était en tout que de douze mille hommes. Un petit échappé du collége, à ce qu'il paraît, n'entendant rien à ce qu'il décrit, ne sachant que faire quelques phrases, et voulant sans doute gagner quelque argent, frère pourtant de quelqu'un que j'ai comblé, qui faisait partie de mon conseil d'État, vient de publier sur cet événement quelque chose qui m'a passé aujourd'hui sous les yeux, et qui m'irrite par sa niaiserie et la mauvaise teinte qu'il essaye de répandre sur la gloire et les travaux de cette armée, etc.

« Si j'avais été maître de la mer, j'eusse été maître de l'Orient ; et la chose était si possible, que cela n'a tenu qu'à la stupidité ou à la mauvaise conduite de quelques marins.

« Volney, voyageant en Égypte avant la Révolution, avait écrit qu'on ne pourrait occuper ce pays sans trois grandes guerres : contre l'Angleterre, le Grand Seigneur et les habitants. La dernière surtout lui paraissait difficile et terrible. Il s'est trompé tout à fait à l'égard de celle-ci, car elle n'a été rien pour nous. Nous étions même venus à bout d'avoir, en peu de temps, les habitants pour amis, et d'avoir mêlé leur cause à la nôtre.

« Une poignée de Français avait donc suffi pour conquérir ce beau pays, qu'ils n'eussent jamais dû perdre! Nous avions vraiment accompli des prodiges de guerre et de politique. Notre affaire n'avait rien de commun avec les anciennes croisades : les croisés étaient innombrables et mus par le fanatisme ; mon armée, au contraire, était fort petite, et les soldats si peu passionnés pour leur entreprise, qu'ils furent tentés souvent, dans le principe, d'enlever leurs drapeaux et de revenir. Toutefois j'étais venu à bout de les réconcilier avec le pays, où il y avait abondance de toutes choses, et à si bon marché, que je fus un moment tenté de les mettre à la demi-solde pour leur conserver l'autre moitié en réserve. Je m'étais acquis un tel empire sur eux, qu'il m'eût suffi d'un simple ordre du jour pour les rendre mahométans. Ils n'eussent fait qu'en rire ; la population eût été satisfaite, et les chrétiens de l'Orient eux-mêmes eussent cru leur cause gagnée ; ils nous eussent approuvés, pensant que nous ne pouvions pas faire mieux pour eux et pour nous.

« Les Anglais ont frémi de nous voir occuper l'Égypte. Nous montrions à l'Europe le vrai moyen de les priver de l'Inde. Ils ne sont pas encore bien rassurés, et ils ont raison. Si quarante ou cinquante mille familles européennes fixent jamais leur industrie, leurs lois et leur administration en Égypte, l'Inde sera aussitôt perdue pour les Anglais, bien plus encore par la force des choses que par celle des armes. »

Dans le cours de la soirée, le grand maréchal a rappelé à l'Empereur une de ses conversations avec le mathématicien Monge, à Cutakié, au milieu du désert. « Que vous semble de tout ceci, citoyen Monge? disait Napoléon. — Mais, citoyen général, répondait Monge, je pense que, si jamais on voit ici autant de voitures qu'à l'Opéra, il faudra qu'il se soit passé de fameuses révolutions sur le globe. » L'Empereur riait beaucoup à ce ressouvenir. Il avait pourtant alors sur les lieux, disait-il, une voiture à six chevaux. C'était assurément la première qui eût traversé le désert de la sorte; aussi étonnait-elle fort les Arabes.

L'Empereur disait que le désert avait toujours eu pour lui un attrait particulier. Il ne l'avait jamais traversé sans une certaine émotion. C'était pour lui l'image de l'immensité; il ne montrait point de bornes, c'était un océan de pied ferme. Ce spectacle plaisait à son imagination, et il se complaisait à faire observer que Napoléon veut dire *lion du désert*[1]!...

Quand les Français voulurent se rendre en Asie, ils eurent à traverser le désert qui la sépare de l'Afrique. Kléber, qui commandait l'avant-garde, manqua sa route et s'égara dans le désert. Napoléon, qui le suivait à une demi-journée, vint donner à la nuit tombante, avec une légère escorte, dans le milieu du camp des Turcs; il fut vivement poursuivi, et n'échappa que parce que, la nuit venue, les Turcs prirent cette circonstance pour une embûche. Mais qu'était devenu tout le corps de Kléber? La plus grande partie de la nuit se passa dans une anxiété cruelle. On reçut enfin des indices par quelques Arabes du désert, et le général en chef courut sur son dromadaire à la recherche de ses soldats. Il les trouva dans le plus profond désespoir, à la veille de périr de soif et de fatigue; de jeunes soldats avaient même brisé leurs fusils. La vue du général sembla les rappeler à la vie, en leur rendant l'espérance. Napoléon leur annonça en effet des vivres et de l'eau qui le suivaient. « Mais quand tout cela eût tardé encore davantage, leur

1. Napoléon veut dire *lion des forêts*.

dit-il, serait-ce une raison de murmurer et de manquer de courage? Non, soldats, apprenez à mourir avec honneur! »

Napoléon voyageait la plupart du temps, dans le désert, sur un dromadaire. La dureté physique de cet animal fait qu'on ne s'occupe nullement de ses besoins; il mange et boit à peine; mais sa délicatesse morale est extrême, il se bute et devient furieux contre les mauvais traitements. L'Empereur disait que le mouvement de son galop donnait des nausées, comme le tangage d'un vaisseau; cet animal fait vingt lieues dans la journée. L'Empereur créa un régiment qni fut appelé *régiment dromadaire*, et l'emploi militaire qu'il fit de ces animaux fut bientôt la désolation des Arabes. Le cavalier s'accroupit sur le dos de l'animal; un anneau, passé dans les narines de celui-ci, sert à le conduire : il est très-obéissant; à un certain bruit du cavalier, l'animal s'agenouille pour lui donner la facilité de descendre. Le dromadaire porte des fardeaux très-lourds; on ne le décharge jamais pendant tout le voyage; arrivé le soir à la station, on place des étais sous le fardeau, l'animal s'accroupit et sommeille; au jour il se relève, la charge est à sa place, il continue sa route. Le dromadaire n'est qu'une bête de somme, un animal purement de fardeau et nullement de trait. Toutefois, en Syrie, on était venu à bout de les atteler à des pièces d'artillerie, et de leur faire rendre des services assez essentiels.

Napoléon, que les habitants d'Égypte n'appelaient que le sultan *Kébir* (le grand sultan), s'y était rendu très-populaire. Il avait inspiré un respect spécial pour sa personne; partout où il paraissait, on se levait en sa présence; on n'avait cette déférence que pour lui seul. Les égards constants qu'il eut pour les cheiks, l'adresse avec laquelle il sut les gagner, en avait fait le véritable souverain de l'Égypte, et lui sauvèrent plus d'une fois la vie; sans leurs révélations, il eût été victime du *combat sacré*, comme Kléber; celui-ci, au contraire, s'aliéna les cheiks, en en faisant bâtonner un, et il périt. Bertrand se trouva un des juges qui condamnèrent l'assassin, et il nous le faisait observer un jour à dîner, ce qui fit dire à l'Empereur: « Si les libellistes, qui veulent que ce soit moi qui ai fait périr Kléber, le savaient, ils ne manqueraient pas de vous dire l'assassin ou le complice, et concluraient que votre titre de grand maréchal et votre séjour à Sainte-Hélène en ont été la récompense et le châtiment. »

Napoléon causait volontiers avec les gens du pays, et leur montrait toujours des sentiments de justice qui les frappaient. Revenant de Syrie, une tribu arabe vint au-devant de lui, tout à la fois pour lui faire honneur et vendre ses services de transport. « Le chef était malade, il s'était fait remplacer par son fils, de l'âge et de la taille du vôtre que voilà[1], me disait l'Empereur; il était sur son dromadaire, marchant à côté du général en chef, le serrant de très-près, et causant avec beaucoup de babil et de familiarité. « Sultan Kébir, » lui disait-il, « j'aurais un bon conseil à vous donner, à présent que « vous revenez au Caire. — Eh bien! parle, mon ami; je « le suivrai, s'il est bon. — Voici ce que je ferais si j'é« tais de vous : en arrivant au Caire, je ferais venir sur « la place le plus riche marchand d'esclaves, et je choi« sirais pour moi les vingt plus jolies femmes; je ferais « venir ensuite les plus riches marchands de pierreries, « et je me ferais donner une bonne part; je ferais de « même de tous les autres : car à quoi bon régner ou « être le plus fort, si ce n'est pour acquérir des richesses?

1. Dix-sept ans.

« — Mais, mon ami, s'il était plus beau de les conserver « aux autres? » Cette maxime sembla le faire penser, mais non pas le convaincre. Le jeune homme promettait beaucoup, comme on voit, pour un Arabe; il était vif, intrépide, conduisait sa troupe avec ordre et hauteur. Peut-être est-il appelé à choisir un jour dans la place du Caire tout ce qu'il conseillait d'y prendre. »

Une autre fois des Arabes, avec lesquels on était en inimitié, pénétrèrent dans un village de la frontière, et un malheureux *fellah* (paysan) fut tué. Le sultan Kébir entra dans une grande colère, et donna l'ordre de poursuivre la tribu dans le désert jusqu'à extinction, jurant d'en obtenir vengeance. Cela se passait devant les grands cheiks; l'un d'eux se prit à rire de sa colère et de sa détermination : « Sultan Kébir, lui dit-il, vous jouez-là un mauvais jeu; ne vous brouillez pas avec ces gens-là : ils peuvent vous rendre dix fois plus de mal que vous ne pourriez leur en faire. Et puis, pourquoi tant de bruit? Parce qu'ils ont tué un malheureux paysan? Est-ce qu'il était votre cousin (expression proverbiale chez eux)? — Il est bien mieux que cela, reprit vivement Napoléon : tous ceux que je gouverne sont mes enfants; la puissance ne m'a été donnée que pour garantir leur sûreté. » Tous les cheiks, s'inclinant à ces paroles, dirent : « Oh! c'est beau! tu as parlé comme le prophète. »

La décision de la grande mosquée du Caire en faveur de l'armée française fut un chef-d'œuvre d'habileté de la part du général en chef : il amena le synode des grands cheiks à déclarer, par un acte public, que les musulmans pouvaient obéir au général français et lui payer tribut. C'est le premier et le seul exemple de la sorte, depuis l'établissement du Koran, qui défend de se soumettre aux infidèles.

Il est bizarre, sans doute, de voir, à Saint-Jean-d'Acre, des Européens venir se battre dans une bicoque d'Asie pour s'assurer la possession d'une partie de l'Afrique; mais il l'est bien davantage que ceux qui dirigeaient les efforts opposés fussent de la même nation, du même âge, de la même classe, de la même arme, de la même école.

Phelippeaux, aux talents duquel les Anglais et les Turcs durent le salut de Saint-Jean-d'Acre, avait été camarade de Napoléon à l'École militaire de Paris; ils y avaient été examinés avant d'être envoyés à leurs corps respectifs. « Il était de votre taille, me disait un jour l'Empereur, qui venait d'en dicter l'éloge dans un des chapitres de la campagne d'Égypte, après y avoir mentionné tout le mal qu'il en avait reçu. — Sire, répondis-je, il y avait bien plus d'affinité encore : nous avions été intimes et inséparables à l'École militaire. » En passant par Londres avec sir Sidney Smith, dont il venait de procurer l'évasion du Temple, il me fit chercher partout; je ne le manquai à son logement que d'une demi-heure; je l'eusse probablement suivi, je ne faisais rien alors, des aventures m'eussent paru séduisantes, et pourtant quelle combinaison nouvelle dans mes destinées! « C'est parce que je sais toute la part que le hasard a sur nos déterminations politiques, disait à ce sujet l'Empereur, que j'ai toujours été sans préjugés et fort indulgent sur le parti que l'on avait suivi dans nos convulsions : être bon Français, ou vouloir le devenir, était tout ce qu'il me fallait. »

Et l'Empereur comparait la confusion de nos troubles à des combats de nuit, où souvent l'on frappe sur le voisin au lieu de frapper sur l'ennemi, et où tout se pardonne au jour, quand l'ordre s'est rétabli et que tout s'est éclairci. « Et moi-même, puis-je affirmer, disait-il, malgré mes opinions naturelles, qu'il n'y eût pas telles circonstances qui eussent pu me faire émigrer? Le voisinage de la frontière, une liaison d'amitié, l'influence d'un chef, etc. En révolution, on ne peut affirmer que ce qu'on a fait : il ne serait pas sage d'affirmer qu'on n'aurait pas pu faire autre chose. » Et il citait à ce sujet un exemple bien singulier du hasard sur les destinées : Serrurier et Hédouville cadet marchent de compagnie pour émigrer en Espagne ; une patrouille les rencontre : Hédouville, plus jeune, plus leste, franchit la frontière, se croit très-heureux, et va végéter misérablement en Espagne. Serrurier, obligé de rebrousser dans l'intérieur, et s'en désolant, devient maréchal de l'Empire. Voilà pourtant ce qui en est des hommes, de leurs calculs et de leur sagesse !

A Saint-Jean-d'Acre, le général en chef perdit Caffarelli, qu'il aimait extrêmement et dont il faisait le plus grand cas ; celui-ci portait une espèce de culte à son général en chef ; l'influence était telle, qu'ayant eu plusieurs jours de délire avant de mourir, lorsqu'on lui annonçait Napoléon, ce nom semblait le rappeler à la vie ; il se recueillait, reprenait ses esprits, causait avec suite, et retombait aussitôt après son départ. Cette espèce de phénomène se renouvela toutes les fois que le général en chef vint auprès de lui.

Napoléon reçut, durant le siége de Saint-Jean-d'Acre, une preuve de dévouement héroïque et bien touchante : étant dans la tranchée, une bombe tomba à ses pieds ; deux grenadiers se jetèrent aussitôt sur lui, et, élevant leurs bras au-dessus de sa tête, le couvrirent de toutes parts. Par bonheur, la bombe respecta tout le groupe ; nul ne fut touché.

Un de ces braves grenadiers était Daumesnil, devenu depuis général ; l'autre était Souchon, qui trois fois reçut des armes d'honneur.

Daumesnil, demeuré si populaire parmi les soldats sous le nom de *la Jambe de bois*, avait perdu une jambe dans la campagne de Moscou, et commandait la place de Vincennes lors de l'invasion de 1814. La capitale était occupée depuis plusieurs semaines par les alliés, que Daumesnil tenait encore. Il n'était alors question, dans tout Paris, que de son obstination à se défendre et de la gaieté de sa réponse aux sommations russes : « Quand vous me rendrez ma jambe, je vous rendrai ma place. »

Mais à côté de la plaisanterie, voici du sublime : l'ennemi convoitait fort l'immense matériel renfermé dans la place, dont la valeur dépassait cent millions. N'obtenant rien de la menace, il eut recours à la séduction ; un million fut offert à Daumesnil, qui répondit froidement : « Vous ne serez pas plus heureux contre ma pauvreté ; je ne veux rien, et *mon refus sera la richesse de mes enfants.* »

L'armée française s'était acquis en Égypte une réputation sans égale, et elle la méritait : elle avait dispersé et frappé de terreur les célèbres mamelucks, la milice la plus redoutable de l'Orient. Après la retraite de Syrie, une armée turque vint débarquer à Aboukir ; Mourad-Bey, le plus brave et le plus capable des mameluks, sortit de la haute Égypte où il s'était réfugié, et gagna, par des chemins détournés, le camp des Turcs. Au débarquement de ceux-ci, les détachements français s'étaient repliés pour se concentrer. Fier de cette apparence de crainte, le pacha qui commandait dit avec emphase, en apercevant Mourad-Bey : « Eh bien ! ces Français tant redoutés, dont tu n'as pu soutenir la présence, je me montre, les voilà qui fuient devant moi ! » Mourad-Bey, vivement blessé, lui répondit avec dédain : « Pacha, rends grâce au Prophète qu'il convienne à ces

Français de se retirer, car s'ils se retournaient, tu disparaîtrais devant eux comme la poussière devant l'aquilon. »

Il prophétisait : à quelques jours de là, les Français vinrent fondre sur cette armée à Aboukir; elle fut totalement détruite. Mourad-Bey, qui eut des entrevues avec plusieurs de nos généraux, ne revenait pas de la petitesse de leur taille et de l'état chétif de leur personne : les Orientaux attachent une haute importance aux formes de la nature; ils ne concevaient pas comment tant de génie pouvait se trouver sous une si mince enveloppe. Kléber seul satisfit leur pensée : c'était un homme superbe, mais de manières très-dures. La sagacité des Égyptiens leur avait fait deviner qu'il n'était pas Français; en effet, bien qu'Alsacien, il avait passé ses premières années dans l'armée prussienne, et pouvait être pris pour un pur Allemand. L'un de nous prétendit alors qu'il avait été janissaire dans sa jeunesse, ce qui fit rire beaucoup l'Empereur, qui lui dit qu'on s'était moqué de lui.

Le grand maréchal disait à l'Empereur qu'à la bataille d'Aboukir il se trouvait près de sa personne : il était si peu fait à l'audace de ses manœuvres, qu'il comprit à peine aucun des ordres qu'il entendit donner. « Surtout, Sire, disait-il, quand je vous entendis crier à un officier de vos guides : « Allons, Hercule, prenez « vingt-cinq hommes, et chargez-moi cette canaille! » vraiment je me crus hors de mes sens : Votre Majesté montrait de la main peut-être mille chevaux turcs. »

Du reste, les pertes de l'armée d'Égypte sont loin d'être aussi considérables que pourraient le faire présumer un sol aussi étranger, l'insalubrité du climat, l'éloignement de toutes les ressources de la patrie, les ravages de la peste, et surtout les nombreux combats qui ont immortalisé cette armée. Elle était, au débarquement, de trente mille hommes; elle s'accrut de tous les débris de la bataille navale d'Aboukir, et peut-être encore de quelque arrivage partiel de France; et cependant la perte totale, depuis l'entrée en campagne jusqu'à deux mois après le départ du général en chef pour l'Europe, c'est-à-dire dans l'espace de vingt-sept à vingt-huit mois, ne s'élève qu'à huit mille neuf cent quinze, ainsi que le prouve le document officiel de l'ordonnateur en chef de cette armée[1].

Les mémoires de l'Empereur sur la campagne d'Égypte fixeront les idées qui ne furent, dans le temps, que des conjectures et des discussions pour une partie de la société :

1° L'expédition d'Égypte fut entreprise au grand désir mutuel du Directoire et du général en chef.

2° La prise de Malte ne fut point due à des intelligences particulières, mais à la sagacité du général en chef : « C'est dans Mantoue que j'ai pris Malte, nous disait un jour l'Empereur; c'est le généreux traitement employé à l'égard de Wurmser qui me valut la soumission du grand-maître et de ses chevaliers. »

3° L'acquisition de l'Égypte fut calculée avec autant de jugement qu'exécutée avec habileté. Si Saint-Jean-d'Acre eût cédé à l'armée française, une grande révolution s'accomplissait dans l'Orient; le général en chef y

1.

Tués dans les combats	3614
Morts de leurs blessures	854
Morts par accidents	290
Morts par maladies ordinaires	2468
Morts de la fièvre pestilentielle	1689
TOTAL	8915

L'ordonnateur en chef, SARTELON.

Au Caire, le 10 frimaire, an IX.

fondait un empire, et les destinées de la France se trouvaient livrées à d'autres combinaisons.

4° Au retour de la campagne de Syrie, l'armée française n'avait presque pas fait de pertes; elle était dans l'état le plus formidable et le plus prospère.

5° Le départ du général en chef pour la France fut le résultat du plan le plus magnanime, le plus grand. On doit rire de l'imbécillité de ceux qui considérèrent ce départ comme une évasion ou une désertion.

6° Enfin il demeure à peu près prouvé que l'Égypte fût restée à jamais une province française s'il y eût eu pour la défendre tout autre que le général Menou; rien que les fautes grossières de ce dernier ont pu amener sa perte, etc., etc.

VI

Épisodes des grandes guerres, anecdotes, généraux morts sur le champ de bataille.

Un jour, sur les cinq heures, l'Empereur est sorti en calèche; la soirée était fort belle, nous allions fort vite, et l'espace à parcourir est fort court. L'Empereur a fait ralentir dans l'intention de l'allonger. Comme nous rentrions, jetant les yeux sur le camp, dont nous n'étions séparés que par le ravin, il a demandé pourquoi on ne franchissait pas cet espace, qui doublerait notre promenade. On a répondu que c'était impossible, et nous continuions de rentrer; mais comme réveillé tout à coup par ce mot *impossible*, qu'il a si souvent dit n'être pas français, il a ordonné d'aller reconnaître le terrain. Nous avons tous mis pied à terre; la calèche seule a continué vers le point difficile; nous l'avons vue franchir les obstacles, et nous sommes rentrés triomphants, comme si nous venions de doubler nos possessions.

Pendant le dîner et après, on a parlé de divers faits d'armes. Le grand maréchal disait que ce qui l'avait le plus frappé dans la vie de l'Empereur était le moment, à Eylau, où, seul avec quelques officiers de son état-major, il se trouva presque heurté par une colonne de quatre à cinq mille Russes : l'Empereur était à pied ; le prince de Neufchâtel fit aussitôt avancer les chevaux ; l'Empereur lui lance un regard de reproche, donne l'ordre de faire avancer un bataillon de sa garde, qui était assez loin en arrière, et demeure immobile, répétant plusieurs fois, à mesure que les Russes approchaient : « Quelle audace ! quelle audace ! » A la vue des grenadiers de la garde, les Russes s'arrêtèrent net. « Il était plus que temps, disait Bertrand ; l'Empereur n'avait pas bougé ; tout ce qui l'entourait avait frémi. »

L'Empereur avait écouté ce récit sans aucune observation, mais il a ensuite ajouté qu'une des plus belles manœuvres qu'il se rappelait était celle qu'il avait exécutée à Eckmulh. Malheureusement il n'en a point dit davantage, et n'a rien détaillé. « Le succès à la guerre, a-t-il continué, tient tellement au coup d'œil et au moment, que la bataille d'Austerlitz, gagnée si complétement, eût été perdue si j'eusse attaqué six heures plus tôt.

« Marengo, continuait Napoléon, était la bataille où les Autrichiens s'étaient le mieux battus ; leurs troupes s'y étaient montrées admirables, mais leur valeur s'y enterra : on ne les a plus retrouvés depuis.

« Les Prussiens n'ont pas fait à Iéna la résistance qu'on attendait de leur réputation. Du reste, les multitudes de 1814 et de 1815 n'étaient que de la canaille auprès des vrais soldats de Marengo, d'Austerlitz et d'Iéna. »

L'Empereur disait avoir couru le plus grand danger la veille d'Iéna ; il eût pu disparaître, pour ainsi dire, sans qu'on connût bien sa destinée : il s'était approché, au point du jour, des bivouacs ennemis pour les reconnaître ; il n'avait avec lui que quelques officiers. L'idée qu'on se faisait de l'armée prussienne tenait chez nous tout le monde en alerte ; on croyait les Prussiens disposés surtout aux attaques de nuit. L'Empereur, en revenant, reçut le feu de la première sentinelle de son camp ; ce fut un signal pour toute la ligne, si bien que Napoléon n'eut d'autre ressource que de se coucher par terre, jusqu'à ce que la méprise fût reconnue.

A Marengo, les soldats autrichiens avaient bien conservé le souvenir du vainqueur de Castiglione, d'Arcole et de Rivoli ; son nom était bien quelque chose sur leur esprit, mais ils étaient loin de le croire présent ; ils le croyaient mort ; on avait pris soin de leur persuader qu'il avait péri en Égypte ; que ce premier consul dont on leur parlait n'était que son frère. Ce bruit s'était tellement accrédité partout, que Napoléon fut dans l'obligation de se montrer publiquement à Milan pour le détruire.

A ce sujet, je me suis permis de lui citer une anecdote de ce temps, qui avait fort amusé le cercle où je passais ma vie. Un de nous, et malveillant ainsi que je l'étais alors moi-même, s'était trouvé dans une de ces petites voitures de Versailles avec un soldat de la garde, et l'avait malicieusement excité à parler. Ce soldat était mécontent, et disait que tout se gâtait ; qu'on exigeait à présent qu'on sût lire et écrire pour pouvoir avancer. « Et voilà déjà le tic revenu, » disait-il ; il appela cela le *tic*. Le mot nous plut et resta dans notre société. « Eh bien ! disait l'Empereur, qu'aura dit votre soldat lorsque j'ai créé les gardes de l'aigle ? Ils m'auront sans doute réhabilité dans son esprit. J'avais établi, a-t-il ajouté, deux sous-officiers, gardes spéciaux de l'aigle dans les régiments, placés à droite et à gauche du drapeau ; et, pour éviter que l'ardeur dans la mêlée ne les détournât de leur unique objet, le sabre et l'épée leur étaient interdits; ils n'avaient d'autre arme que plusieurs paires de pistolets, d'autre emploi que de veiller froidement à brûler la cervelle de celui qui avancerait la main pour saisir l'aigle. Or, pour obtenir ce poste, ils étaient obligés de faire preuve qu'ils ne savaient ni lire ni écrire, et vous devinez pourquoi. — Non, sire. — Nigaud ! tout soldat qui sait lire et écrire, et a de l'instruction, avance toujours; mais celui qui n'a pas ces avantages ne parvient bien certainement qu'à force d'actes de courage et par des circonstances extraordinaires, etc. »

Comme j'étais en train de raconter, je lui ai cité une autre anecdote qui avait fait encore l'amusement de nos salons. On disait que, dans je ne sais quelle circonstance, un régiment ayant perdu son aigle, lui, Napoléon, le haranguant à ce sujet avec beaucoup d'indignation sur ce qu'il avait eu le déshonneur de laisser enlever son aigle par l'ennemi, un soldat gascon s'était écrié : « Mais ils se sont attrapés ; ils n'ont eu que le bâton, car voilà le *coucou* : je l'avais mis dans ma poche » (il montrait effectivement l'aigle). L'Empereur n'a pu s'empêcher d'en rire et a dit : « Eh bien ! je ne garantirais vraiment pas qu'il ne soit en effet arrivé quelque chose de la sorte ou approchant. Mes soldats étaient fort à leur aise, très-libres avec moi. J'en ai vu souvent me tutoyer. » Je racontais qu'on nous avait dit qu'à Iéna, je crois, ou ailleurs, la veille d'une bataille, parcourant certains postes, fort peu accompagné, un soldat lui avait interdit le passage, et s'était fâché de le voir insister, jurant que, quand ce serait le petit caporal lui-même, il ne passerait pas ; et quand il avait vu qu'effectivement c'était le petit caporal, il n'en avait été nullement déconcerté. « C'est qu'il avait la conviction d'avoir fait son devoir, a dit l'Empereur ; et puis le fait est que je passais pour un homme terrible dans vos salons, parmi les officiers, et peut-être les généraux, mais nullement parmi les soldats. Ils avaient l'instinct de la vérité et de la sympathie : ils me savaient leur protecteur, au besoin leur vengeur, etc. »

L'Empereur, passant ensuite à un grand nombre d'officiers et de ses aides de camp, leur distribuait couramment le blâme et la louange ; il les connaissait tous à fond. Deux des circonstances, disait-il, qui l'avaient le plus affecté sur le champ de bataille, avaient été la mort du jeune Guibert et celle du général Corbineau : un boulet, à Aboukir, avait percé la poitrine du premier, de part en part, sans l'achever ; l'Empereur, après lui avoir adressé quelques paroles, s'était vu contraint, par la force de ses propres sensations, de s'éloigner. L'autre avait été enlevé, roulé, à Eylau, sous les yeux de l'Empereur, comme il achevait de lui donner des ordres.

L'Empereur citait aussi les derniers moments du maréchal Lannes, ce valeureux duc de Montebello, si justement appelé le *Roland de l'armée*, qui, visité par l'Empereur sur son lit de mort, semblait oublier sa situation pour ne s'occuper que de celui qu'il aimait par-dessus tout. L'Empereur en faisait le plus grand cas. « Il n'avait été longtemps qu'un sabreur, disait-il, mais il était devenu du premier talent. » Quelqu'un a dit alors qu'il serait curieux de connaître quelle conduite il eût tenue dans ces derniers temps. « Nous avons appris à ne jurer de rien, disait l'Empereur. Toutefois, je ne pense pas qu'il eût été possible de le voir manquer à l'honneur et au devoir. D'ailleurs il est à croire qu'il n'aurait pas existé ; brave comme il était, il est indubitable qu'il se fût fait tuer dans les derniers temps, ou du moins qu'il eût été assez blessé pour se trouver à l'écart, hors du centre et de l'influence des affaires. Enfin s'il eût été disponible, il était de ces hommes à changer la face des affaires par son propre poids et sa propre influence. »

L'Empereur vint ensuite à Duroc, sur le caractère et la vie privée duquel il s'arrêta longtemps. « Duroc, concluait-il, avait des passions vives, tendres et secrètes, qui répondaient peu à sa froideur extérieure. J'ai été longtemps avant de le savoir, tant son service était exact et régulier ; ce n'était que quand ma journée était entièrement close et finie, quand je reposais déjà, que la sienne commençait. Le hasard ou quelque accident ont pu me le faire connaître. Duroc était pur et moral, tout à fait désintéressé pour recevoir, extrêmement généreux pour donner. »

L'Empereur disait qu'en ouvrant la campagne de Dresde, il avait perdu deux hommes bien précieux, et cela, remarquait-il, le plus bêtement du monde : c'étaient Bessières et Duroc. Il affectait en ce moment d'en parler avec un stoïcisme qu'on s'apercevait bien n'être pas naturel. Quand il alla voir Duroc, après son coup mortel, il essaya de lui donner quelques espérances ; mais Duroc, qui ne s'abusait pas, ne lui répondit qu'en le suppliant de lui faire donner de l'opium. L'Empereur, trop affecté, ne put prendre sur lui de rester longtemps, et se déroba à ce déchirant spectacle. Alors l'un de nous lui a rappelé que, revenu d'auprès de Duroc, il se mit à se promener seul devant sa tente ; personne n'osait l'aborder. Cependant on avait des mesures essentielles à prendre pour le lendemain ; on se hasarda donc à venir lui demander où il fallait placer la batterie de la garde. « A demain tout, » fut la réponse de l'Empereur. A ce ressouvenir, l'Empereur, avec affectation, a parlé brusquement d'autre chose.

Duroc périt de la manière la plus malheureuse, dans un moment bien critique, et sa mort fut encore une des fatalités de la carrière de Napoléon.

Le lendemain de la bataille de Wurchen, sur le soir, le léger combat de Reichenbach venait de finir, tous les coups avaient cessé. Duroc, du haut d'une éminence, et causant avec le général Kirchner, observait à l'écart la retraite des derniers rangs ennemis. Une pièce fut ajustée sur ce groupe doré, et le fatal boulet fit périr les deux généraux. Le général Kirchner était officier du génie, très-distingué, beau-frère du maréchal Lannes, qui l'avait choisi sur son courage et sa capacité.

Bessières, du département du Lot, fut jeté par la Révolution dans la carrière des armes : il débuta par être simple soldat dans la garde constitutionnelle de Louis XVI. Devenu plus tard officier de chasseurs, des actes d'une bravoure personnelle extraordinaire attirèrent l'attention du général en chef de l'armée d'Italie, qui, lorsqu'il créa ses guides, choisit Bessières pour les commander. Bessières grandit avec l'homme qui l'avait distingué, et reçut une part abondante des faveurs que répandit l'Empereur : il fut fait maréchal de l'empire, duc d'Istrie, colonel de la cavalerie de la garde, etc., etc.

Ses qualités, se développant avec les circonstances, le montrèrent toujours à la hauteur de sa fortune : on vit Bessières constamment bon, humain, généreux; d'une loyauté, d'une droiture antiques; soldat, homme de bien et citoyen honnête homme. Il employa souvent sa haute faveur à des services et à des obligeances spéciales, même en dépit d'opinions contraires. Je connais des gens qui, s'ils veulent être reconnaissants, le répéteront avec moi, et pourront certifier en lui des sentiments bien noblement hauts.

Bessières était adoré de la garde, au milieu de laquelle il passait sa vie. A la bataille de Wagram, un boulet le renversa de son cheval sans lui causer d'autre dommage. Ce fut un cri de douleur dans toute la garde; aussi Napoléon lui dit-il, en le retrouvant: «Bessières, le boulet qui vous a frappé a fait pleurer toute ma garde; remerciez-le, il doit vous être bien cher. »

Moins heureux à l'ouverture de la campagne de Saxe, la veille même de la bataille de Lutzen, dans une circonstance assez insignifiante, s'étant porté en avant au milieu des tirailleurs, il fut frappé dans la poitrine d'un boulet qui le renversa mort. Il avait vécu comme Bayard, il mourut comme Turenne.

L'Empereur avait fait transporter aux Invalides, à Paris, les restes des deux hommes qu'il aimait, et dont il se savait tant aimé. Il leur réservait des honneurs extraordinaires : les événements qui ont suivi les en ont privés; mais l'histoire, dont les pages sont plus impérissables encore que le marbre et le bronze, les a consacrés à jamais, et les sauve pour toujours de l'oubli des hommes.

Pendant la marche de Reichenbach à Gorlitz, Napoléon s'arrêta à Makersdorf, et montra au roi de Naples l'endroit où Duroc était tombé; il manda le propriétaire de la petite ferme où le grand maréchal était mort, et lui assigna la somme de vingt mille francs dont quatre mille francs pour un monument en l'honneur de Duroc, et seize mille francs pour les propriétaires de la maison, mari et femme. La donation fut accomplie dans la soirée, en présence du juge de Makersdorf, l'argent fut compté devant eux, et ils furent chargés de faire ériger ce monument.

VII

Campagne de Russie.

Voici comment Napoléon nous raconta un jour l'histoire de la guerre de Russie :

« Depuis quelque temps il s'était élevé de la mésintelligence entre la France et la Russie.

« La France reprochait à la Russie la violation du système continental.

« La Russie exigeait une indemnité pour le duc d'Oldenbourg, et élevait d'autres prétentions.

« Des rassemblements russes s'approchaient du duché de Varsovie ; une armée française se formait au nord de l'Allemagne. Cependant on était encore loin d'être décidé à la guerre, lorsque tout à coup une nouvelle armée russe se met en marche vers le duché, et une note insolente est présentée à Paris comme *ultimatum* par l'ambassadeur russe, qui, au défaut de son acceptation, menace de quitter Paris sous huit jours.

« Je crus alors la guerre déclarée. Depuis longtemps je n'étais plus accoutumé à un pareil ton. Je n'étais pas dans l'habitude de me laisser prévenir, je pouvais marcher sur la Russie à la tête du reste de l'Europe. L'entreprise était populaire, la cause était européenne. C'était le dernier effort qui restait à faire à la France ; ses destinées, celles du nouveau système européen étaient au bout de la lutte. La Russie était la dernière ressource de l'Angleterre. La paix du globe était en Russie, et le succès ne devait point être douteux. Je partis : toutefois, arrivé à la frontière, moi à qui la Russie avait déclaré la guerre en retirant son ambassadeur, je crus devoir envoyer le mien (Lauriston) à l'empereur Alexandre, à Wilna. Il fut refusé, et la guerre commença.

« Cependant, qui le croirait? Alexandre et moi nous étions tous les deux, continuait l'Empereur, dans l'attitude de deux bravaches, qui, sans avoir envie de se battre, cherchent à s'effrayer mutuellement. Volontiers je n'eusse pas fait la guerre ; j'étais entouré, encombré de circonstances inopportunes, et tout ce que j'ai appris depuis m'assure qu'Alexandre en avait bien moins envie encore.

« M. de Romanzof, qui avait conservé des relations à Paris, et qui, plus tard, au moment des échecs éprouvés par les Russes, fut fort maltraité par Alexandre pour la résolution qu'il lui avait fait prendre, l'avait assuré que le moment était venu où Napoléon, embarrassé, ferait des sacrifices pour éviter la guerre; que l'occasion était favorable, qu'il fallait la saisir ; qu'il ne s'agissait que de se montrer et de parler ferme; qu'on aurait les indemnités du duc d'Oldenbourg; qu'on acquerrait Dantzick, et que la Russie se créerait une immense considération en Europe.

« Telle était la clef du mouvement des troupes russes et de la note insolente du prince Kourakin, qui, sans doute, n'était pas dans le secret, et qui avait eu le tort, par son peu d'esprit, d'exécuter ses instructions trop à la lettre. La même présomption, le même système amena encore le refus de recevoir Lauriston à Wilna ; et voici, disait Napoléon, les vices et le malheur de ma diplomatie nouvelle ; elle demeurait isolée, sans affinité, sans contact, au milieu des objets qu'il s'agissait de manier. Si j'avais eu un ministre des relations extérieures de la vieille aristocratie, un homme supérieur, il eût pu, il eût dû dans la conversation deviner cette nuance, et nous n'eussions point eu la guerre. Talleyrand en eût été capable peut-être, mais ce fut au-dessus de la nouvelle école. Pour moi, je ne pouvais pourtant deviner tout seul. La dignité m'interdisait les éclaircissements personnels; je ne pouvais juger que sur les pièces, et j'avais beau les tourner, les retourner, arrivé à un certain point, elles demeuraient muettes et ne pouvaient répondre à toutes mes attaques.

« A peine eus-je ouvert la campagne que le masque tomba; les vrais sentiments de l'ennemi durent se montrer. Au bout de trois ou quatre jours, frappé de nos premiers succès, Alexandre me dépêcha quelqu'un pour me dire que, si je voulais évacuer le territoire envahi, revenir au Niémen, il allait traiter. Mais, à mon tour, je pris cela pour une ruse. J'étais enflé du succès; j'avais pris l'armée russe en flagrant délit : tout était culbuté et en désordre. J'avais coupé Bagration, je devais espérer de le détruire; je crus qu'on ne voulait que gagner du temps pour se sauver et se rallier. Nul doute que, si j'avais été convaincu de la bonne foi d'Alexandre, je n'eusse accédé à sa demande. Je serais revenu au Niémen, il n'eût pas passé la Dwina. Wilna eût été neutralisée; nous nous y serions rendus, chacun avec deux ou trois bataillons de notre garde : nous eussions traité en personne. Que de combinaisons j'eusse introduites!... Il n'eût eu qu'à choisir!... Nous nous serions séparés bons amis...

« Et malgré les événements qui ont suivi et le laissent triomphant, est-il bien prouvé que ce parti eût été moins avantageux pour lui que ce qui est arrivé depuis? Il est venu à Paris, il est vrai, mais avec toute l'Europe. Il a acquis la Pologne; mais quelles seront les suites de l'ébranlement donné à tout le système européen, de l'agitation donnée à tous les peuples, de l'accroissement de l'influence européenne sur le reste de la Russie par l'agglomération des acquisitions nouvelles, par les courses lointaines des soldats russes, par l'influence des hommes et des lumières hétérogènes qui viennent s'y réfugier de toutes parts? etc., etc.

« Les souverains russes se contenteront-ils de consolider ce qu'ils ont acquis? Mais si l'ambition les saisit au contraire, à quelle entreprise, à quelle extravagance ne peuvent-ils pas se livrer? Et pourtant ils ont perdu Moscou, ses richesses, ses ressources, celles d'un grand nombre d'autres villes! Ce sont autant de plaies qui saigneront plus de cinquante ans. Et que n'aurions-nous pas pu fixer à Wilna pour le bien-être de tous, pour celui des peuples aussi bien que pour celui des rois!... »

Dans un autre moment, l'Empereur disait : « J'ai pu partager l'empire turc avec la Russie, il en a été plus d'une fois question entre nous. Constantinople l'a toujours sauvé. Cette capitale était le grand embarras, la vraie pierre d'achoppement. La Russie la voulait; je ne devais pas l'accorder. C'est une clef trop précieuse; elle vaut à elle seule un empire : celui qui la possédera pourra gouverner le monde. »

L'Empereur nous dit un jour que la guerre de Russie eût dû être la plus populaire des temps modernes : c'était celle du bon sens et des vrais intérêts, celle du repos et de la sécurité de tous; elle était purement pacifique et conservatrice, tout à fait européenne et continentale. Son succès allait consacrer une balance, des combinaisons nouvelles, qui eussent fait disparaître les périls du temps pour les remplacer par un avenir tranquille, et l'ambition n'entrait pour rien dans mes vues. En relevant la Pologne, cette véritable clef de toute la voûte, j'accordais que ce fût un roi de Prusse, un archiduc d'Autriche, ou tout autre qui en occupât le trône; je ne prétendais rien acquérir, je ne me réservais que la gloire du bien, les bénédictions de l'avenir. Croirait-on que ce serait là où j'échouerais et trouverais ma perte? Jamais je n'avais mieux fait, jamais je ne méritai davantage; mais, comme si l'opinion avait aussi ses épidémies, voilà qu'en un instant il n'y eut plus qu'un cri, qu'un sentiment contre moi : on me proclama le tyran des rois, moi qui avais retrempé leur existence. Je ne fus que le destructeur des droits des peuples, moi qui avais tant fait et qui allais tant entreprendre pour eux. Et les peuples et les rois, ces ennemis irréconciliables, se sont alliés, ont conspiré de concert contre moi! On n'a plus tenu aucun compte de tous les actes de ma vie! Je me disais bien que l'esprit des peuples me serait revenu avec la victoire, mais je la manquai, et je me suis trouvé accablé. Voilà pourtant les hommes et mon histoire! Mais les peuples et les rois, et peut-être tous les deux, me regretteront! Ma mémoire sera suffisamment vengée de l'injustice faite à ma personne, cela est indubitable.

« Du reste, on ne saura jamais bien l'histoire de la campagne de Russie, parce que les Russes n'écrivent pas ou écrivent sans aucun respect pour la vérité, et que les Français se sont pris d'une belle passion pour déshonorer et discréditer eux-mêmes leur gloire. Assurément la campagne de Russie est la plus glorieuse, la plus difficile et la plus honorable pour les Gaulois dont l'histoire ancienne et moderne fasse mention[1]. » Et l'Empereur a distribué un juste et magnifique tribut d'éloges à nos généraux et à nos braves, à Murat, Ney, Poniatowski, qu'il faisait les héros de la journée de la Moscowa; aux valeureux cuirassiers qui forcèrent les redoutes en sabrant

1. *Dictées de Napoléon*, Bossange, t. II, p. 95.

les canonniers sur leurs pièces ; aux braves artilleurs, qui luttèrent si décisivement avec tant d'avantage, et à ces intrépides fantassins qui, au fort de la crise, au lieu d'avoir besoin d'encouragement, crièrent à leur chef : « Sois tranquille, les soldats ont juré aujourd'hui de « vaincre, et ils vaincront, etc., etc. »

Et il a terminé, disant : « Quelques parcelles de tant de gloire parviendront-elles aux siècles à venir? ou le mensonge, la calomnie, le crime prévaudront-ils? »

Rien de plus commun, au milieu des grands événements et avant que le temps en ait consacré l'exactitude, que de voir *la vérité de la foule* en opposition complète avec la vérité de l'histoire. C'est ainsi qu'il fut généralement reçu dans le temps que Napoléon, dans son expédition de Russie, s'était imprudemment lancé à la Charles XII au milieu d'un peuple ennemi, en dépit des vrais principes; qu'il s'y était laissé attirer par une fuite simulée; qu'oubliant ou violant tous les principes de l'art, il s'était séparé de ses magasins à une distance immense, avait négligé de s'appuyer d'une armée de réserve ; qu'il avait résisté aux remontrances de ses généraux qui voulaient l'empêcher d'aller en avant; qu'il avait livré ses derrières et s'était vu couper ses communications et arrêter ses approvisionnements, ses convois, et s'était trouvé sans ressources, entouré d'une population hostile; qu'il ne s'était pas ménagé de retraite et n'avait pu en effectuer; qu'il s'était endormi à Moscou, n'avait pas su prévoir les rigueurs de la saison; qu'il avait quitté l'armée quand il avait vu tout désespéré, et avait laissé périr la presque totalité de ses soldats, etc.

J'ai trouvé curieux de reproduire ici le sommaire des notes éparses dictées par Napoléon lui-même, à la lecture d'un ouvrage où s'accumulaient tous ces reproches. Les lecteurs, pour le plus grand nombre, j'en suis sûr, y trouveront des choses neuves, et, sans doute, bien éloignées des idées qu'ils avaient entretenues jusque-là ; le tout est tiré des *Dictées de Napoléon,* t. II, pages 57 et 97.

« Dans la campagne de Russie, les magasins de l'armée n'étaient pas, sur la Vistule, à cinquante jours de marche de Moscou.

« Sur 400,000 hommes qui passèrent le Niémen, 240,000 hommes restèrent en réserve entre ce fleuve et le Borysthène ; 160,000 passèrent Smolensk et marchèrent sur Moscou : sur ces 160,000 hommes, 40,000 restèrent échelonnés entre Smolensk et Mojaïsk. La retraite était donc toute naturelle sur la Pologne.

« Aucun général n'a représenté à Napoléon la nécessité de s'arrêter sur la Bérézina ; tous sentaient que, maître de Moscou, il terminerait la guerre.

« Jusqu'à Smolensk, il manœuvrait sur un pays aussi bien disposé que la France même ; la population, les autorités étaient pour lui : il pouvait y lever des hommes, des chevaux, des vivres ; et Smolensk est une place forte.

« Rien de plus différent que les deux expéditions de Charles XII et de Napoléon. Charles XII sacrifia sa ligne d'opération, et prêta durant quatre cents lieues le flanc à l'ennemi ; dans son expédition, tous les principes de la guerre offensive avaient été violés : ils furent tous observés dans celle de Napoléon.

« Si l'on eût été en été, ni l'armée de l'amiral Tchitchagow ni celle de Kutusow n'eussent osé approcher de l'armée française de dix journées, sous peine d'être détruites de suite. La cour craignait tellement que l'on marchât sur Saint-Pétersbourg, qu'elle avait fait évacuer sur Londres ses archives et ses trésors les plus précieux, et qu'elle appela de Podolie l'armée de l'amiral Tchitchagow pour couvrir cette capitale. Si Moscou n'eût pas été incendié, l'empereur Alexandre eût été contraint à la paix. Après l'embrasement de Moscou, si les grands froids n'avaient pas commencé quinze jours plus tôt qu'à l'ordinaire, l'armée fût revenue sans perte à Smolensk, où elle n'aurait eu rien à redouter des armées russes, battues à la Moscowa, à Maloï-Jaroslaweitz ; elles avaient trop grand besoin de repos.

« On savait bien qu'il faisait froid en décembre et janvier ; mais on avait lieu de croire, par le relevé de la température des vingt années précédentes, que le thermomètre ne descendrait pas au-dessous de dix degrés de glace pendant novembre ; il n'a manqué à l'armée que trois jours pour achever sa retraite en bon ordre ; mais dans ces trois jours elle perdit trente mille chevaux. Par l'événement, on pourrait donc reprocher à Napoléon d'être resté quatre jours de trop à Moscou ; mais il y fut déterminé par des raisons politiques : il croyait avoir le temps de retourner en Pologne ; les automnes sont très-prolongés dans le Nord.

L'armée, en quittant Moscou, emporta pour vingt jours de vivres ; c'était plus qu'il ne lui fallait pour arriver à Smolensk, où elle eût pu en prendre en abondance pour gagner Minsk et Wilna ; mais tous les attelages des convois et la majorité des chevaux de l'artillerie et de la cavalerie périrent ; tous les services de l'armée furent désorganisés ; ce ne fut plus une armée ; il devint impossible de prendre position avant Wilna : les corps du prince de Schwartzenberg et du général Reynier, qui étaient sur la Vistule, au lieu d'appuyer sur Minsk, comme ils le devaient, se retirèrent sur Varsovie, abandonnant ainsi l'armée. S'ils se fussent portés sur Minsk, ils y eussent été joints par la division de Dombrowski, qui seule, ne put défendre Bourischow, ce qui permit à l'amiral Tchitchagow de l'occuper; le projet de l'amiral n'était pas de prendre possession de la Bérézina, mais de se porter sur la Dwina pour couvrir Saint-Pétersbourg. C'est par cette circonstance fortuite que le duc de Reggio le rencontra, le battit et le rejeta sur la rive droite de la Bérézina. Tchitchagow fut battu de nouveau après le passage de la Bérézina ; les cuirassiers Doumerc lui prirent dix-huit cents hommes dans une charge.

« A deux journées de Wilna, lorsque l'armée n'avait plus de dangers à courir, Napoléon jugea que l'urgence des circonstances exigeait sa présence à Paris; là seulement il pouvait en imposer à la Prusse et à l'Autriche. S'il tardait à s'y rendre, le passage lui serait peut-être fermé. Il laissa l'armée au roi de Naples et au prince de Neufchâtel. La garde était alors entière, et l'armée avait plus de quatre-vingt mille combattants, sans compter le corps du duc de Tarente, qui était sur la Dwina. L'armée russe, tout compris, était réduite à cinquante mille hommes. Les farines, les biscuits, les vins, les viandes, les légumes secs, les fourrages étaient en abondance à Wilna. D'après le rapport de la situation des vivres, présenté à Napoléon à son passage en cette ville, il y restait alors quatre millions de rations de farine, trois millions six cent mille rations de viande, neuf millions de rations de vin et eau-de-vie; des magasins considérables d'effets d'habillement et de munitions avaient également été formés. Si Napoléon fût resté à l'armée ou qu'il en eût donné le commandement au prince Eugène, elle n'aurait jamais dépassé Wilna; un corps de réserve était à Varsovie, un autre à Kœnigsberg; mais on s'en laissa imposer par quelques Cosaques; on évacua en désordre Wilna dans la nuit. C'est de cette époque surtout que datent les grandes pertes de cette campagne; et c'est un des malheurs des circonstances que cette obligation où se trouvait Napoléon, dans les grandes crises, d'être à la fois à l'armée et à Paris: rien n'était et ne pouvait être moins prévu par lui que la conduite insensée que l'on tint à Wilna.

« Dans cette malheureuse campagne, nos pertes furent considérables sans doute, mais non pas telles qu'on se l'imagine. Des quatre cent mille hommes qui passèrent la Vistule, la moitié étaient Autrichiens, Prussiens, Saxons, Polonais, Bavarois, Wurtembergeois, Bergeois, Badois, Hessois, Westphaliens, Mecklembourgeois, Espagnols, Italiens, Napolitains. L'armée impériale proprement dite était pour un tiers composée de Hollandais, Belges, habitants des bords du Rhin, Piémontais, Suisses, Génois, Toscans, Romains, habitants de la 32e division militaire, Brême, Hambourg, etc.; elle comptait à peine cent quarante mille hommes parlant français. L'expédition de Russie coûta moins de cinquante mille hommes à la France actuelle; l'armée russe, dans la retraite de Wilna à Moscou, dans les différentes batailles, a perdu quatre fois plus que l'armée française; l'incendie de Moscou a coûté la vie à cent mille Russes, morts de froid et de misère dans les bois; enfin, dans sa marche de Moscou à l'Oder, l'armée russe fut aussi atteinte par l'intempérie de la saison; elle ne comptait, à son arrivée à Wilna, que cinquante mille hommes, et à Kalisch moins de dix-huit mille. On peut avancer que la perte de la Russie dans cette campagne a été six fois plus grande que celle de la France d'aujourd'hui. »

Certes, voilà bien des détails et des circonstances qui surprendront beaucoup sans doute le plus grand nombre des lecteurs, et l'on ne saurait les révoquer en doute ; car, en s'exprimant avec solennité et d'une manière aussi positive, Napoléon n'ignorait pas, dans l'intérêt de sa gloire, que des documents officiels existaient dans les dépôts publics pour appuyer ou démentir authentiquement ses assertions.

VIII

Humanité envers les prisonniers.

Je rencontrai un jour à Sainte-Hélène un marin anglais qui avait été prisonnier de guerre en France, à Verdun, et qui se louait beaucoup de la générosité de notre gouvernement.

« On nous traitait parfaitement, me disait mon narrateur ; nous y jouissions des mêmes avantages que les habitants. C'est une ville très-agréable ; les provisions et le vin y sont à bas prix. Il nous était permis de nous promener à quelques milles hors de la ville sans être astreints à le demander ; nous pouvions même obtenir de nous absenter pour plusieurs jours ; nous y étions si protégés contre toutes vexations, que le général sous l'autorité duquel nous vivions ayant des reproches à se faire à notre égard, fut mandé à Paris par l'ordre spécial de Napoléon ; et, dans la crainte du châtiment, il se suicida. Or il arriva qu'une fois on nous consigna dans nos logements, ce qui devait durer, disait-on, deux ou trois jours ; c'est que l'Empereur devait passer, et que l'on n'avait pas cru qu'il fût bien de le laisser entouré d'un si grand nombre de prisonniers ennemis. Outre que nous avions grande curiosité de le voir, cet ordre nous blessa extrêmement. Se défierait-on, disions-nous, de braves et loyaux marins? Aurait-on la pensée de les confondre avec des assassins? Nous en étions là quand, le jour même de l'arrivée de Napoléon, on vint nous annoncer, à notre grande surprise, que nous redevenions libres, et qu'il avait fort désapprouvé la mesure prise à notre égard. Nous nous précipitâmes donc sur son passage, et il nous traversa sans escorte dans une sécurité parfaite, et même avec une sorte de bienveillance marquée, ce qui nous gagna tous; et nos acclamations furent aussi sincères que celles des Français eux-mêmes.

« Napoléon et Marie-Louise, revenant de leur voyage de Hollande, arrivaient à Givet sur la Meuse, où se trouvaient plusieurs centaines de prisonniers anglais. Le temps devint subitement horrible : il plut en abondance, la rivière déborda, le pont de bateaux se rompit, et le passage devint impraticable. Cependant l'Empereur, très-impatient de continuer sa route, et qui avait pris l'habitude de ne trouver rien d'impossible, résolut de traverser la rivière à tout prix. On rassembla à cet effet les mariniers des environs; mais tous prononcèrent qu'ils n'oseraient jamais le tenter. « Pourtant, répliqua Napoléon, je veux être de l'autre côté avant le milieu du jour. » Et, se rendant lui-même sur les lieux, il commanda qu'on lui amenât quelques-uns des principaux prisonniers anglais. « Y a-t-il « beaucoup de marins parmi vous? leur dit-il; êtes-« vous nombreux? — Nous sommes cinq cents, et tous « marins. — Eh bien! faites-m'en venir un certain « nombre, je veux savoir s'ils croient le passage de la « rivière possible, et s'ils veulent se charger de me « transporter à l'autre rive. » La chose était vraiment dangereuse; pourtant quelques-uns de nos vieux marins s'engagèrent à en venir à bout. Napoléon se livra à nous avec une confiance qui nous émerveilla tous, et, rendu de l'autre côté, il nous remercia, donna l'ordre de faire habiller à neuf tous ceux qui lui avaient rendu ce service, y ajouta un présent pécuniaire, et les rendit à la liberté.

« Un jeune matelot anglais, travaillé de la maladie du pays, s'échappa d'un dépôt, et parvint à gagner les bords de la mer, dans les environs de Boulogne, où il vivait caché dans les bois. Dans sa passion de revoir son pays à tout prix, il essaya de construire un petit canot qui pût lui servir à gagner les croiseurs anglais, qu'il était occupé une grande partie du jour à guetter de la cime de quelques arbres. Il fut saisi au moment où, chargé de son esquif, il allait le jeter à l'eau et s'y aventurer. On l'emprisonna comme espion ou voleur. La chose étant parvenue jusqu'à Napoléon, qui se trouvait à Boulogne, il eut la curiosité de voir cette embarcation dont on parlait beaucoup ; il ne put croire, à sa vue, qu'il fût un être assez insensé pour avoir osé en faire usage, et il se fit amener le matelot, qui lui confirma que telle avait été sa résolution, lui demandant pour toute faveur la grâce de lui permettre de l'exécuter. « Mais tu as donc une bien grande envie de « revoir ton pays? lui dit l'Empereur ; y aurais-tu « laissé quelque maîtresse? — Non, répondit le ma-« telot, ce n'est que ma mère qui est vieille et infirme, « et que je voudrais revoir. — Eh bien! tu la reverras, » s'écria Napoléon. Et il commanda aussitôt qu'on prît soin de ce jeune homme, qu'on l'habillât et qu'on le transportât à bord du premier croiseur de sa nation. Il voulut en même temps qu'on lui donnât une petite somme pour sa mère, faisant la remarque qu'elle devait être une bonne mère, puisqu'elle avait un si bon fils. »

IX

Waterloo.

Voici sur la bataille de Waterloo quelques observations dictées par l'Empereur.

Première observation. — « On a reproché à l'Empereur : 1° de s'être démis de la dictature au moment où la France avait le plus grand besoin d'un dictateur; 2° d'avoir changé les constitutions de l'empire dans un moment où il ne fallait songer qu'à le préserver de l'invasion; 3° d'avoir souffert que l'on alarmât les Vendéens, qui d'abord avaient refusé de prendre les armes contre le régime impérial; 4° d'avoir réuni les Chambres lorsqu'il suffisait de réunir les armées; 5° d'avoir abdiqué et laissé la France à la merci d'une assemblée divisée et sans expérience; car enfin, s'il est vrai qu'il fût impossible au prince de sauver la patrie sans la confiance de la nation, il ne l'est pas moins que la nation, dans ces circonstances critiques, ne pouvait sauver ni son honneur ni son indépendance sans Napoléon. »

Deuxième observation. — « L'art avec lequel les mouvements des divers corps d'armée ont été dérobés à la connaissance de l'ennemi, au début de la campagne, ne saurait être trop remarqué. Le maréchal Blücher et le duc de Wellington ont été surpris; ils n'ont rien vu, rien su de tous les mouvements qui s'opéraient près de leurs avant-postes.

« Pour attaquer les deux armées ennemies, les Français pouvaient déborder leur droite, leur gauche, et percer leur centre. Dans le premier cas, ils déboucheraient par Lille, et rencontreraient l'armée anglo-hollandaise ; dans le second, ils déboucheraient par Givet et Charlemont, et rencontreraient l'armée prusso-saxonne. Ces deux armées restaient réunies, puisqu'elles seraient pressées l'une sur l'autre, de la droite sur la gauche et de la gauche sur la droite. L'Empereur adopta le parti de couvrir ses mouvements par la Sambre, et de percer la ligne des deux armées à Charleroi, point de leur jonction. Ce plan fut conçu et exécuté avec audace et sagesse. »

Troisième observation. — « Le caractère de plusieurs généraux avait été détrempé par les événements de 1814 ; ils avaient perdu quelque chose de cette audace, de cette résolution et de cette confiance qui leur avaient valu tant de gloire et avaient tant contribué au succès des campagnes passées.

« 1° Le 15 juin, le troisième corps devait prendre les armes à trois heures du matin, et arriver devant Charleroi à dix heures ; il n'arriva qu'à trois heures après midi.

« 2° Le même jour, l'attaque des bois en avant de Fleurus, qui avait été ordonnée pour quatre heures après midi, n'eut lieu qu'à sept heures. La nuit survint avant qu'on pût entrer à Fleurus, où le projet du chef avait été de placer son quartier général ce même jour. Cette perte de sept heures était bien fâcheuse au début d'une campagne.

« 3° Ney reçut l'ordre de se porter le 16, avec quarante-trois mille hommes qui composaient la gauche qu'il commandait, en avant des Quatre-Bras, d'y prendre position à la pointe du jour, et même de s'y retrancher. Il hésita, perdit huit heures. Le prince d'Orange, avec neuf mille hommes seulement, conserva le 16, jusqu'à trois heures après midi, cette importante position. Lorsque enfin le maréchal reçut à midi l'ordre daté de Fleurus, et qu'il vit que l'Empereur allait en venir aux mains avec les Prussiens, il se porta sur les Quatre-Bras, mais seulement avec la moitié de son monde ; il laissa l'autre moitié pour appuyer sa retraite, à deux lieues derrière ; il l'oublia jusqu'à six heures du soir, où il en sentit le besoin pour sa propre défense. Dans les autres campagnes, ce général eût occupé, à six heures du matin, la position en avant des Quatre-Bras, eût défait et pris toute la division belge, et eût ou tourné l'armée prussienne en faisant, par la chaussée de Namur, un détachement qui fût tombé sur les derrières de la ligne de bataille, ou, en se portant avec rapidité sur la chaussée de Genape, il eût surpris en marche et détruit la division de Brunswick et la cinquième division anglaise, qui venaient de Bruxelles, et de là eût marché à la rencontre des première et troisième divisions anglaises, qui arrivaient par la chaussée de Nivelles, l'une et l'autre sans cavalerie ni artillerie, et harassées de fatigue. Toujours le premier au feu, Ney oubliait les troupes qui n'étaient pas sous ses yeux. La bravoure que doit montrer un général en chef est différente de celle que doit avoir un général de divison, comme celle-ci ne doit pas être celle d'un capitaine de grenadiers.

« 4° L'avant-garde de l'armée française n'arriva le 17 devant Waterloo qu'à six heures du soir ; sans de fâcheuses hésitations, elle y fût arrivée à trois heures. L'Empereur en parut fort contrarié ; il dit en montrant le soleil : « Que ne donnerais-je pas pour avoir aujour-« d'hui le pouvoir de Josué, et retarder sa marche de « deux heures ! »

Quatrième observation. — « Jamais le soldat français n'a montré plus de courage, de bonne volonté et d'enthousiasme ; il était plein du sentiment de sa supériorité sur tous les soldats de l'Europe. Sa confiance dans l'Empereur était tout entière, et peut-être encore accrue; mais il était ombrageux et méfiant envers ses autres chefs. Les trahisons de 1814 étaient toujours présentes à son esprit : tout mouvement qu'il ne comprenait pas l'inquiétait, il se croyait trahi. Au moment où les premiers coups de canon se tiraient près de Saint-Amand, un vieux caporal s'approcha de l'Empereur, et lui dit : « Sire, méfiez-vous du maréchal « Soult, soyez certain qu'il nous trahit. — Sois tran- « quille, lui répond ce prince, j'en réponds comme de « moi. » Au milieu de la bataille, un officier fit le rapport au maréchal Soult que le général Vandamme était passé à l'ennemi, que ses soldats demandaient à grands cris qu'on en instruisît l'Empereur. Sur la fin de la bataille, un dragon, le sabre tout dégouttant de sang, accourut criant : « Sire, venez vite à la division ; le gé- « néral Dhénin harangue les dragons pour passer à « l'ennemi. — L'as-tu entendu? — Non, sire ; mais « un officier qui vous cherche l'a vu, et m'a chargé de « vous le dire. » Pendant ce temps, le brave général Dhénin recevait un boulet de canon qui lui emportait une cuisse, après avoir repoussé une charge ennemie.

« Le 14 au soir, le lieutenant général B..., le colonel C... et l'officier d'état-major N... avaient déserté du 4e et passé à l'ennemi. Leurs noms seront en exécration tant que le peuple français formera une nation. Cette désertion avait fort augmenté l'inquiétude du soldat. Il paraît à peu près constant qu'on a crié *sauve qui peut!* à la quatrième division du premier corps, le soir de la bataille de Waterloo, à l'attaque du village de la Haie par le maréchal Blücher. Ce village n'a pas été défendu comme il devait l'être. Il est également probable que plusieurs officiers porteurs d'ordres ont disparu. Mais si quelques officiers ont déserté, pas un seul soldat ne s'est rendu coupable de ce crime. Plusieurs se tuèrent sur le champ de bataille où ils étaient restés blessés, lorsqu'ils apprirent la déroute de l'armée. »

Cinquième observation. — « Dans la journée du 17, l'armée française se trouva partagée en trois parties : soixante-neuf mille hommes, sous les ordres de l'Empereur, marchèrent sur Bruxelles par la chaussée de Charleroi ; trente-quatre mille hommes, sous les ordres du maréchal Grouchy, se dirigèrent sur cette capitale par la chaussée de Wavres, à la suite des Prussiens ; sept à huit mille hommes restèrent sur le champ de Ligny, savoir : trois mille hommes de la division Gérard pour porter secours aux blessés, et former, dans tous les cas imprévus, une réserve aux Quatre-Bras ; quatre à cinq mille hommes, formant les parcs de réserve, restèrent à Fleurus et à Charleroi. Les trente-quatre mille hommes du maréchal Grouchy, ayant cent huit pièces de canon, étaient suffisants pour culbuter l'arrière-garde prussienne dans toutes les positions qu'elle prendrait, presser la retraite de l'armée vaincue et la contenir. C'était un beau résultat de la victoire de Ligny de pouvoir ainsi opposer trente-quatre mille hommes à une armée qui avait été de cent vingt mille hommes. Les soixante-neuf mille hommes, sous les ordres de l'Empereur, étaient suffisants pour battre l'armée anglo-hollandaise de quatre-vingt-dix mille hommes. La disproportion qui existait le 15 entre les deux masses belligérantes, qui étaient alors dans le rapport d'un à deux, était bien changée : elle n'était plus que dans le rapport de trois à quatre. Si l'armée anglo-hollandaise avait battu les soixante-neuf mille hommes qui marchaient contre elle, on eût pu reprocher à Napoléon d'avoir mal calculé ; mais il est constant, même de l'aveu des ennemis, que, sans l'arrivée du maréchal Blücher, l'armée anglo-hollandaise aurait perdu son champ de bataille entre huit et neuf heures du soir. Sans l'arrivée du maréchal Blücher, à huit heures du soir, avec ses premier et deuxième corps, la marche sur Bruxelles, sur deux colonnes, pendant la journée du 17, avait plusieurs avantages : la gauche poussait et contenait l'armée anglo-hollandaise ; la droite, sous les ordres du maréchal Grouchy, poursuivait et contenait l'armée prusso-saxonne, et, le soir, toute l'armée française devait se trouver réunie sur une ligne de cinq petites lieues, de Mont-Saint-Jean à Wavres, ayant ses avant-postes au bord de la forêt. Mais la faute que fit le maréchal Grouchy de s'arrêter le 17 à Gembloux, n'ayant fait dans la journée que deux petites lieues, au lieu de continuer jusque vis-à-vis de Wavres, c'est-à-dire d'en faire encore trois, fut aggravée et rendue irréparable par celle qu'il fit le lendemain 18, en perdant douze heures et n'arrivant qu'à quatre heures après midi devant Wavres, au lieu d'y arriver à six heures du matin.

« 1° Chargé de poursuivre le maréchal Blücher, Grouchy le perdit de vue pendant vingt-quatre heures, depuis le 17 à quatre heures après midi jusqu'au 18 à quatre heures après midi.

« 2° Le mouvement de la cavalerie sur le plateau, pendant que l'attaque du général Bulow n'était pas encore repoussée, fut un accident fâcheux. L'intention du chef était d'ordonner ce mouvement, mais une heure plus tard, et de le faire soutenir par les seize bataillons d'infanterie de la garde et cent pièces de canon.

« 3° Les grenadiers à cheval et les dragons de la garde, que commandait le général Guyot, s'engagèrent sans ordre. Ainsi, à cinq heures après midi, l'armée se trouva sans avoir une réserve de cavalerie. Si, à huit heures et demie, cette réserve eût existé, l'orage qui bouleversa le champ de bataille eût été conjuré, les charges de cavalerie ennemie repoussées; les deux armées eussent couché sur le champ de bataille, malgré l'arrivée successive du général Bulow et du maréchal Blücher. L'avantage eût encore été pour l'armée française; car les trente-quatre mille hommes du maréchal Grouchy, ayant cent huit pièces de canon, étaient frais, et bivaquèrent sur le champ de bataille. Les deux armées ennemies se fussent dans la nuit couvertes par la forêt de Soignes. L'usage constant dans toutes les batailles était que la division des grenadiers et des dragons de la garde ne perdît pas de vue l'Empereur, et ne chargeât qu'en vertu d'un ordre donné verbalement par ce prince au général qui la commandait.

« Le maréchal Mortier, qui commandait en chef la garde, quitta ce commandement le 15, à Beaumont, comme les hostilités commençaient ; il ne fut pas remplacé, ce qui eut plusieurs inconvénients.

Sixième observation. — « 1° L'armée française manœuvra sur la droite de la Sambre le 13 et le 14. Elle campa la nuit du 14 au 15 à une demi-lieue des avant-postes prussiens, et cependant le maréchal Blücher n'eut connaissance de rien ; et lorsque, le 15 dans la matinée, il apprit à son quartier général de Namur que l'Empereur entrait à Charleroi, l'armée prusso-saxonne était encore cantonnée sur une étendue de pays de trente lieues; il lui fallait deux jours pour se réunir. Il eût dû, dès le 15 mai, porter son quartier général à Fleurus, concentrer les cantonnements de son armée dans un rayon de huit lieues, tenant des avant-gardes sur les débouchés de la Meuse et de la Sambre. Son armée eût pu alors être réunie à Ligny le

15 à midi, y attendre l'attaque de l'armée française, ou, dans la soirée du 15, marcher contre elle pour la jeter dans la Sambre.

« 2° Cependant, quoique surpris, le maréchal Blücher persista dans le projet de réunir son armée sur les hauteurs de Ligny, derrière Fleurus, bravant la chance d'y être attaqué avant que son armée y fût arrivée. Le 16 au matin, il n'avait encore réuni que deux corps d'armée, et déjà l'armée française était à Fleurus. Le troisième corps rejoignit dans la journée; mais le quatrième, que commandait le général Bulow, ne put arriver à la bataille. Le maréchal Blücher eût dû, aussitôt qu'il sut les Français à Charleroi, c'est-à-dire dans la soirée du 15, donner pour point de rassemblement à son armée, non Fleurus, non Ligny, qui se trouvaient déjà sous le canon de son ennemi, mais Wavres, où les Français ne pouvaient arriver que le 17. Il eût eu de plus toute la journée du 16 et la nuit du 16 au 17 pour opérer le rassemblement total de son armée.

« 3° Après avoir perdu la bataille de Ligny, le général prussien, au lieu de faire sa retraite sur Wavres, eût dû l'opérer sur l'armée du duc de Wellington, soit sur les Quatre-Bras, puisque celui-ci s'y était maintenu, soit sur Waterloo. Toute la retraite du maréchal Blücher, dans la matinée du 17, fut à contre-sens, puisque les deux armées, qui n'étaient qu'à trois mille toises l'une de l'autre pendant la soirée du 16, ayant pour communication une belle chaussée, ce qui les pouvait faire considérer comme réunies, se trouvèrent le soir du 17 éloignées de plus de dix mille toises, et séparées par des défilés et des chemins impraticables.

« Le général prussien a violé les trois grandes règles de la guerre : 1° tenir ses cantonnements rapprochés; 2° donner pour point de rassemblement un lieu où ils puissent tous arriver avant l'ennemi; 3° opérer sa retraite sur ses renforts.

Septième observation. — « 1° Le duc de Wellington a été surpris dans ses cantonnements; il eût dû, le 15 mai, les concentrer à huit lieues autour de Bruxelles, tenant des avant-gardes sur les débouchés de Flandre. L'armée française manœuvrait depuis trois jours à portée de ses avant-postes; elle avait depuis vingt-quatre heures commencé les hostilités, son quartier général était depuis douze heures à Charleroi, que le général anglais ignorait encore tout à Bruxelles, et tous les cantonnements de son armée étaient encore en pleine sécurité, occupant un terrain de plus de vingt lieues.

« 2° Le prince de Saxe-Weimar, qui faisait partie de l'armée anglo-hollandaise, était le 15, à quatre heures du soir, en position en avant de Frasne, et savait que l'armée française était à Charleroi. S'il eût envoyé directement un aide de camp à Bruxelles, il y serait arrivé à six heures du soir, et cependant ce ne fut qu'à onze heures du soir que le duc de Wellington fut instruit que l'armée française était à Charleroi. Il perdit ainsi cinq heures dans une circonstance et contre un homme où la perte d'une seule heure était d'une grande importance.

« 3° L'infanterie, la cavalerie et l'artillerie de cette armée étaient cantonnées séparément, de sorte que l'infanterie se trouva engagée aux Quatre-Bras, sans cavalerie ni artillerie, ce qui lui fit éprouver une grande perte, puisqu'elle fut obligée de se tenir en colonnes serrées pour faire face aux charges de cuirassiers, et sous la mitraille de cinquante bouches à feu. Ces braves étaient ainsi à la boucherie, sans cavalerie pour les protéger et sans artillerie pour les venger. Comme les trois armes ne peuvent pas se passer un moment l'une de l'autre, elles doivent toujours être cantonnées et placées de manière à pouvoir toujours s'assister.

« 4° Le général anglais, quoique surpris, donna pour point de réunion à son armée les Quatre-Bras, depuis vingt-quatre heures au pouvoir des Français. Il exposait ses troupes à être défaites partiellement et à mesure de leur arrivée; le danger qu'il leur faisait courir était bien plus considérable encore, puisqu'il les faisait arriver sans artillerie et sans cavalerie; il livrait son infanterie, morcelée et sans l'assistance des deux autres armes, à son ennemi. Son point de rassemblement devait être Waterloo; il aurait eu alors toute la journée du 16 et la nuit du 16 au 17; ce qui était insuffisant pour y réunir toute son armée, infanterie, cavalerie, artillerie. Les Français ne pouvaient y arriver que le 17, et eussent trouvé toute son armée en position.

Huitième observation. — « 1° Le général anglais a livré le 18 la bataille de Waterloo. Ce parti était contraire aux intérêts de sa nation, au plan général de guerre adopté par les alliés; il violait toutes les règles de la guerre. Il n'était pas de l'intérêt de l'Angleterre, qui a besoin de tant d'hommes pour recruter ses armées des Indes, de ses colonies d'Amérique et de ses vastes établissements, de s'exposer de gaieté de cœur à une lutte meurtrière qui pouvait lui faire perdre la seule armée qu'elle eût, et lui coûter tout au moins le plus pur de son sang. Le plan de guerre des alliés consistait à agir en masse, et à ne s'engager dans aucune affaire partielle. Rien n'était plus contraire à leur intérêt et à leur plan que d'exposer le succès de leur cause dans une bataille chanceuse, à peu près à force égale, où toutes probabilités étaient contre eux. Si l'armée anglo-hollandaise eût été détruite à Waterloo, qu'eût servi aux alliés ce grand nombre d'armées qui se disposaient à franchir le Rhin, les Alpes et les Pyrénées?

« 2° Le général anglais, en prenant la résolution de recevoir la bataille de Waterloo, ne la fondait que sur la coopération des Prussiens, mais cette coopération ne pouvait avoir lieu que dans l'après-midi; il restait donc exposé seul depuis quatre heures du matin jusqu'à cinq heures du soir, c'est-à-dire pendant treize heures: une bataille ne dure pas ordinairement plus de six heures; cette coopération était donc illusoire.

« Mais, pour compter sur la coopération des Prussiens, il supposait donc que l'armée française était tout entière vis-à-vis de lui; et si cela était, il prétendait donc, pendant treize heures, avec quatre-vingt-dix mille hommes de troupes de diverses nations, défendre son champ de bataille contre une armée de cent quatre mille Français? Ce calcul était évidemment faux: il ne se fût pas maintenu trois heures; tout aurait été décidé à huit heures du matin, et les Prussiens ne seraient arrivés que pour être pris à revers. Dans une même journée les deux armées eussent été détruites. S'il comptait qu'une partie de l'armée française aurait, conformément aux règles de la guerre, suivi l'armée prussienne, il devait dès lors lui être évident qu'il n'en aurait aucune assistance, et que les Prussiens, battus à Ligny, ayant perdu vingt-cinq à trente mille hommes sur le champ de bataille, en ayant eu vingt mille d'éparpillés, poursuivis par trente-cinq ou quarante mille Français victorieux, ne se seraient pas dégarnis, et se seraient crus à peine suffisants pour se maintenir. Dans ce cas, l'armée anglo-hollandaise aurait dû seule soutenir l'effort de soixante-neuf mille Français pendant toute la journée du 18, et il n'est pas d'Anglais qui ne convienne que le résultat de cette lutte n'était pas douteux, et que leur armée n'était pas constituée de manière à supporter le choc de l'armée impériale pendant quatre heures.

« Pendant toute la nuit du 17 au 18, le temps a été horrible, ce qui a rendu les terres impraticables jusqu'à neuf heures du matin. Cette perte de six heures depuis la pointe du jour a été tout à l'avantage de l'ennemi; mais son général pouvait-il faire dépendre le sort d'une pareille lutte du temps qu'il faisait dans la nuit du 17 au 18 ? Le maréchal Grouchy, avec trente-quatre mille hommes et cent huit pièces de canon, a trouvé le secret, qui paraissait introuvable, de n'être, dans la journée du 18, ni sur le champ de bataille de Mont-Saint-Jean ni sur Wavres. Mais le général anglais avait-il l'assurance de ce maréchal qu'il se fourvoierait d'une si étrange manière? La conduite du maréchal Grouchy était aussi imprévoyable que si, sur sa route, son armée eût éprouvé un tremblement de terre qui l'eût engloutie. Récapitulation : Si le maréchal Grouchy eût été sur le champ de bataille de Mont-Saint-Jean, comme l'ont cru le général anglais et le général prussien pendant toute la nuit du 17 au 18 et toute la matinée du 18, et que le temps eût permis à l'armée française de se ranger en bataille à quatre heures du matin, avant sept heures, l'armée anglo-hollandaise eût été écharpée, éparpillée ; elle eût tout perdu ; et si le temps n'eût permis à l'armée française de prendre son ordre de bataille qu'à dix heures, à une heure après-midi l'armée anglo-hollandaise eût fini ses destins ; les débris en eussent été rejetés au delà de la forêt ou dans la direction de Hall, et l'on eût eu tout le temps dans la soirée d'aller à la rencontre du maréchal Blücher et de lui faire éprouver un pareil sort. Si le maréchal Grouchy eût campé devant Wavres la nuit du 17 au 18, l'armée prussienne n'eût fait aucun détachement pour sauver l'armée anglaise, et celle-ci eût été complétement battue par les soixante-neuf mille Français qui lui étaient opposés.

« 3° La position de Mont-Saint-Jean était mal choisie. La première condition d'un champ de bataille est de n'avoir pas de défilés sur ses derrières. Pendant la bataille, le général anglais ne sut pas tirer parti de sa nombreuse cavalerie; il ne jugea pas qu'il devait être et serait attaqué par sa gauche, il crut qu'il le serait par sa droite. Malgré la diversion opérée en sa faveur par les trente mille Prussiens du général Bulow, il eût deux fois opéré sa retraite dans la journée, si cela eût été possible. Ainsi, par le fait, ô étrange bizarrerie des événements humains! le mauvais choix de son champ de bataille, qui rendait toute retraite impossible, a été la cause de son succès!!!

Neuvième observation. — « On demandera : Que devait donc faire le général anglais après la bataille de Ligny et le combat des Quatre-Bras ? La postérité n'aura pas deux opinions : il devait traverser, dans la nuit du 17 au 18, la forêt de Soignes sur la chaussée de Charleroi; l'armée prussienne la devait également traverser sur la chaussée de Wavres; les deux armées se réunir à la pointe du jour sur Bruxelles; laisser des arrière-gardes pour défendre la forêt; gagner quelques jours pour donner le temps aux Prussiens, dispersés par la bataille de Ligny, de rejoindre leur armée; se renforcer de quatorze régiments anglais qui étaient en garnison dans les places fortes de la Belgique, ou venaient de débarquer à Ostende, de retour d'Amérique, et laisser manœuvrer l'empereur des Français comme il aurait voulu. Aurait-il, avec une armée de cent mille hommes, traversé la forêt de Soignes pour attaquer au débouché les deux armées réunies, fortes de plus de deux cent mille hommes et en position? c'était certainement tout ce qui pouvait arriver de plus avantageux aux alliés. Se serait-il contenté de prendre lui-même position? son inaction ne pouvait pas être longue, puisque trois cent mille Russes, Autrichiens, Bavarois, etc., étaient arrivés sur le Rhin : ils seraient dans peu de semaines sur la Marne, ce qui l'obligerait à accourir au secours de sa capitale. C'est alors que l'armée anglo-prussienne devait marcher et se joindre aux alliés sous Paris. Elle n'aurait couru aucune chance, n'aurait éprouvé aucune perte, aurait agi conformément aux intérêts de la nation anglaise, au plan général de guerre adopté par les alliés, et aux règles de l'art de la guerre. Du 15 au 18, le duc de Wellington a constamment manœuvré comme l'a désiré son ennemi; il n'a rien fait de ce que celui-ci craignait qu'il fît. L'infanterie anglaise a été ferme et solide, la cavalerie pouvait mieux faire; l'armée anglo-hollandaise a été deux fois sauvée dans la journée par les Prussiens : la première fois avant trois heures, par l'arrivée du général Bulow avec trente mille hommes, et la deuxième fois par l'arrivée du maréchal Blücher avec trente et un mille hommes. Dans cette journée, soixante-neuf mille Français ont battu cent vingt mille hommes; la victoire leur a été arrachée entre huit et neuf heures, mais par cent cinquante mille hommes.

« Qu'on se figure la contenance du peuple de Londres au moment où il aurait appris la catastrophe de son armée, et que l'on avait prodigué le plus pur de son sang pour soutenir la cause des rois contre celle des peuples, des priviléges contre l'égalité, des oligarques contre les libéraux, des principes de la sainte-alliance contre ceux de la souveraineté du peuple!!! »

QUATRIÈME PARTIE

SOUVENIRS DE LA FAMILLE

I

Mariage de Napoléon avec Joséphine.

Un jour, l'Empereur s'est mis à causer familièrement jusqu'à dîner, parcourant mille objets de sa famille et de son plus petit intérieur au temps de sa puissance. Il s'est arrêté surtout sur l'impératrice Joséphine. Ils avaient fait ensemble, disait-il, un ménage tout à fait bourgeois, c'est-à-dire fort tendre et très-uni, n'ayant eu longtemps qu'une même chambre et qu'un même lit. « Circonstance très-morale, disait l'Empereur, qui influe singulièrement sur un ménage, assure le crédit de la femme, la dépendance du mari, maintient l'intimité et les bonnes mœurs. On ne se perd point de vue, en quelque sorte, continuait-il, quand on passe la nuit ensemble; autrement, on devient bientôt étrangers. Aussi, tant que dura cette habitude, aucune de mes pensées, aucune action n'échappaient à Joséphine; elle suivait, elle saisissait, devinait tout; ce qui parfois n'était pas sans quelque gêne pour moi et pour les affaires. Un moment d'humeur y mit fin lors du camp de Boulogne. » Certaines circonstances politiques arrivées de Vienne, la nouvelle de la coalition qui éclata en 1805, avaient occupé le premier consul tout le jour, et prolongèrent son travail fort avant dans la nuit. Revenant se coucher fort mal disposé, on lui fit une véritable scène de ce retard. La jalousie en était la cause ou le prétexte. Il se fâcha à son tour, s'en alla, et ne voulut plus entendre à reprendre son assujettissement. Toute la crainte de l'Empereur, disait-il, avait été que Marie-Louise n'en eût exigé un pareil; car enfin il eût bien fallu s'y soumettre. C'est le véritable apanage, le vrai droit d'une femme, ajoutait-il.

« Un fils de Joséphine m'eût été nécessaire et m'eût rendu heureux, continuait l'Empereur, non-seulement comme résultat politique, mais encore comme douceur domestique.

« Comme résultat politique, je serais encore sur le trône; car les Français s'y seraient attachés comme au roi de Rome, et je n'aurais pas mis le pied sur l'abîme couvert de fleurs qui m'a perdu. Et qu'on médite après sur la sagesse des combinaisons humaines! Qu'on ose se prononcer avant la fin sur ce qui est heureux ou malheureux ici-bas!

« Joséphine avait à l'excès le goût du luxe, le désordre, l'abandon de la dépense naturels aux créoles. Il était impossible de jamais fixer ses comptes; elle devait toujours : aussi c'était constamment de grandes querelles, quand le moment de payer ses dettes arrivait. On l'a vue souvent alors envoyer chez ses marchands leur dire de n'en déclarer que la moitié. Il n'est pas jusqu'à l'île d'Elbe où des mémoires de Joséphine ne me soient venus de diverses parties de l'Italie. »

Quelqu'un qui avait connu l'impératrice Joséphine à la Martinique a répété à l'Empereur beaucoup de particularités de sa jeunesse et de sa famille. Il est très-vrai qu'on lui avait prédit plusieurs fois, dans son enfance, qu'elle porterait une couronne. Et une autre circonstance non moins remarquable ni moins bizarre, serait que la sainte ampoule, qui servait à sacrer nos rois, eût été brisée, ainsi qu'on l'a dit, précisément par son premier mari, le général Beauharnais, qui, dans un moment de défaveur populaire, aurait espéré par cet acte se remettre en crédit.

On a dit, on a écrit mille bruits absurdes sur le mariage de Napoléon et de Joséphine. On trouvera dans les campagnes d'Italie la véritable et première cause de leur connaissance et de leur union. C'est par Eugène, encore enfant, qu'elle se fit. Après vendémiaire, il alla demander l'épée de son père au général en chef de l'armée de l'intérieur (le général Bonaparte) ; l'aide de camp Lemarrois introduisit ce jeune enfant, qui, en revoyant l'épée de son père, se mit à pleurer. Le général en chef fut touché de ce sentiment et le combla de caresses. Sur le récit qu'Eugène fit à sa mère de l'accueil qu'il avait reçu du jeune général, elle accourut lui faire visite et le remercier. « On sait, disait l'Empereur, qu'elle croyait aux pressentiments, aux sorciers ; on lui avait prédit dans son enfance qu'elle ferait une grande fortune, qu'elle serait souveraine. On connaît d'ailleurs toute sa finesse ; aussi me répétait-elle souvent depuis qu'aux premiers récits d'Eugène le cœur lui avait battu, et qu'elle avait entrevu dès cet instant une lueur de sa destinée, l'accomplissement de ses prédictions, etc., etc.

« Une autre nuance caractéristique de Joséphine, disait l'Empereur, était sa constante dénégation. Dans quelque moment que ce fût, quelque question que je lui fisse, son premier mouvement était la négative, sa première parole *non;* et ce *non*, disait l'Empereur, n'était pas précisément un mensonge, c'était une précaution, une simple défensive; et c'est ce qui nous distingue éminemment, disait-il à Mme Bertrand, de vous autres, mesdames, ce qui n'est au fond entre nous que différence de sexe et d'éducation : vous aimez, et l'on vous apprend à dire *non*; nous, au contraire, nous nous faisons gloire de le dire, même quand cela n'est pas. De là toute la clef de nos conduites respectives si différentes. Nous ne sommes vraiment pas et nous ne saurions être de même espèce dans la vie.

« Lors de la Terreur, Joséphine étant en prison, son mari mort sur l'échafaud, Eugène, son fils, avait été mis chez un menuisier, et y fut littéralement en apprentissage et en service. Hortense ne fut guère mieux ; elle fut mise, si je ne me trompe, chez une ouvrière en linge.»

Joséphine avait une connaissance accomplie de toutes les nuances du caractère de l'Empereur et un tact admirable pour la mettre en pratique. « Jamais il ne lui est arrivé, par exemple, disait l'Empereur, de rien demander pour Eugène, d'avoir jamais même remercié pour ce que je faisais pour lui; d'avoir même montré plus de soins ou de complaisance le jour des grandes faveurs, tant elle avait à cœur de se montrer persuadée et de me convaincre que tout cela n'était pas son affaire à elle, mais bien la mienne à moi, qui pouvais et devais y rechercher des avantages. Nul doute qu'elle n'ait eu plus d'une fois la pensée que j'en viendrais un jour à l'adopter pour successeur. »

L'Empereur se disait convaincu qu'il avait été ce qu'elle aimait le mieux, et ajoutait en riant qu'il ne doutait pas qu'elle n'eût quitté un rendez-vous d'amour pour venir auprès de lui. « Elle n'eût pas manqué un voyage, quelque pénible qu'il fût, pour tout au monde. Ni fatigue, ni privations ne pouvaient la rebuter; elle employait l'importunité, la ruse même, pour me suivre. Montais-je en voiture au milieu de la nuit pour la course la plus lointaine, à ma grande surprise, j'y trouvais Joséphine tout établie, bien qu'elle n'eût pas dû être du voyage. « Mais il vous est impossible de venir : je vais « trop loin ; vous auriez trop à souffrir. — Pas le moin- « drement, répondait Joséphine. — Et puis, il faut que « je parte à l'instant. — Aussi me voilà toute prête. — « Mais il vous faut un grand attirail. — Aucun, disait- « elle, tout est préparé. » Et la plupart du temps il fallait bien que je cédasse.

« En somme, concluait l'Empereur, Joséphine avait donné le bonheur à son mari, et s'était constamment montrée son amie la plus tendre, professant à tout moment, et en toute occasion, la soumission, le dévouement, la complaisance la plus absolue. Aussi lui ai-je toujours conservé les plus tendres souvenirs et la plus vive reconnaissance. »

Je retrouve une lettre de Napoléon à Joséphine qui montre toute la grâce et tout l'abandon de ses rapports avec elle. Cette lettre est une réponse à des observations que lui adressait Joséphine sur le bulletin de la grande armée, qui s'exprimait avec trop peu de ménagement sur la reine de Prusse.

« J'ai reçu la lettre où tu me parais fâchée du mal que je dis des femmes. Il est vrai que je hais les femmes intrigantes au delà de tout ; je suis accoutumé à des femmes bonnes, douces et conciliantes; ce sont celles que j'aime. Si elles m'ont gâté, ce n'est pas ma faute, mais la tienne. Au reste, tu verras que j'ai été fort bon pour une qui s'est montrée sensible et bonne, Mme d'Hatzfeld. Lorsque je lui montrai la lettre de son mari, elle me dit en sanglotant, avec une profonde sensibilité et naïvement : « C'est bien là son écriture. » Son accent allait à l'âme ; elle me fit peine, je lui dis : « Eh bien ! madame, jetez cette lettre au feu, je ne serai « plus assez puissant pour faire condamner votre mari. » Elle brûla la lettre, et me parut bien heureuse ; son mari depuis est tranquille ; deux heures plus tard il était perdu. Tu vois donc que j'aime les femmes bonnes, naïves et douces ; mais c'est que celles-là seules te ressemblent, etc., etc. » (6 novembre 1806, à neuf heures du soir.)

II

Le divorce.

Ce fut Fouché qui le premier toucha la corde fatale du divorce ; il alla, sans mission, conseiller à Joséphine de dissoudre son mariage, « pour le bien de la France, » lui disait-il. Le moment pourtant n'était pas encore arrivé pour Napoléon. Cette démarche causa beaucoup de chagrin et de trouble dans le ménage ; elle irrita fort l'Empereur, et s'il ne chassa pas alors Fouché, à la vive sollicitation de Joséphine, c'est qu'au fait il avait déjà secrètement arrêté ce divorce en lui-même, et qu'il ne voulut pas, par ce châtiment, donner un contrecoup à l'opinion.

Toutefois on doit à la justice de dire que, dès qu'il le voulut, Joséphine obéit. Ce fut pour elle une peine mortelle ; mais elle se soumit, et de bonne foi, sans vouloir mettre à profit des tracasseries inutiles qu'elle eût pu essayer de faire valoir. Et ici c'est peut-être le lieu de dire que je tiens de la bouche du prince primat des détails curieux sur le mariage et le divorce. Mme de Beauharnais fut mariée au général Bonaparte par un prêtre insermenté, mais qui avait négligé, par pur accident, l'autorisation obligée du curé de la paroisse. Ce défaut de formalité, ou tout autre, occupa fort le cardinal Fesch, et, soit scrupule ou autrement, il fit si bien qu'il vint à bout, au moment du couronnement, de persuader aux deux époux de se laisser marier par lui, à huis clos, *en tant que de besoin*. Lors du divorce, la séparation civile fut prononcée par le sénat. Quant à la séparation religieuse, on ne voulait pas s'adresser au pape, et on n'en eut pas besoin. Le cardinal Fesch ayant fait le mariage sans témoins, l'officialité de Paris l'annula pour ce défaut, et déclara qu'il n'y avait pas eu de mariage. A ce jugement, l'impératrice Joséphine fit appeler le cardinal Fesch à la Malmaison, et lui demanda s'il oserait attester et signer par écrit qu'elle avait été mariée, et bien mariée. « Sans doute, répondit le cardinal Fesch, je le soutiendrai partout, et je vais vous en signer le témoignage. » Ce qu'il fit en effet.

« Mais, disais-je alors au prince primat, quel jugement a donc porté l'officialité de Paris? — Celui de la vérité, répondit le prince. — Mais que veut dire alors la déclaration du cardinal Fesch? Serait-elle donc fausse? — Pas dans son opinion, disait-il, parce qu'il a adopté les doctrines ultramontaines, par lesquelles les cardinaux prétendent avoir le droit de marier sans témoins, ce qui n'est pas reconnu en France, et frappe de nullité. »

Toutefois il semble que l'impératrice Joséphine ne demanda cet écrit que pour sa propre satisfaction, et n'en fit pas autrement usage.

Elle se conduisit avec beaucoup de grâce et d'adresse; dès qu'elle fut instruite des résolutions de l'Empereur pour un mariage autrichien, elle désira que le vice-roi fût mis à la tête de cette affaire, et fit elle-même, à cet égard, des offres de service à la maison d'Autriche.

Joséphine, ajoutait Napoléon, eût vu volontiers Marie-Louise; elle en parlait souvent et avec beaucoup d'intérêt, ainsi que du roi de Rome : quant à Marie-Louise, elle traitait à merveille Eugène et Hortense; mais elle montrait une grande répugnance pour Joséphine, et surtout une vive jalousie. « Je voulus la mener un jour à la Malmaison, disait l'Empereur; mais, sur cette proposition, elle se mit à fondre en larmes. Elle ne m'empêchait pas d'y aller, me disait-elle, se contentant de ne vouloir pas le savoir. Toutefois, dès qu'elle en suspectait l'intention, il n'est pas de ruse qu'elle n'employât pour me gêner là-dessus. Elle ne me quittait plus; et comme ces visites semblaient lui faire beaucoup de peine, je me fis violence, et n'allai presque plus jamais à la Malmaison. Quand il m'arrivait d'y aller, c'étaient alors d'autres larmes de ce côté, c'étaient des tracasseries de toute espèce. Joséphine avait toujours devant les yeux et dans ses intentions l'exemple de la femme de Henri IV, qui, disait-elle, avait vécu à Paris après son divorce, venait à la cour, avait assisté au sacre. Elle, Joséphine, était bien mieux située encore, prétendait-elle ; elle avait ses propres enfants. »

III

Marie-Louise.

A Briars, l'Empereur, après son dîner, descendait quelquefois dans l'allée intérieure; quelquefois même on y apportait son café. Mon fils se rendait chez nos voisins, et nous restions à continuer la promenade. Nous marchions alors des heures entières, ce qui se prolongeait parfois fort avant dans la nuit, quand la lune nous éclairait. C'est là qu'à sa lueur et à la douce température du moment, nous oubliions la chaleur brûlante du jour. Jamais l'Empereur n'était plus causant ni ne se trouvait de distraction plus complète. C'est dans la longueur et l'abandon de ces conversations qu'il se plaisait à raconter son enfance, les premières années de sa jeunesse, les sentiments et les illusions qui d'ordinaire les embellissent, enfin les détails de sa vie privée depuis qu'il avait joué un rôle sur la grande scène du monde. J'ai rapporté ailleurs ce que j'ai cru pouvoir en répéter. Il semblait parfois embarrassé d'avoir parlé trop longuement et d'avoir exprimé des choses trop minutieuses, et me disait alors : « Mais à votre tour à présent, un peu de vos histoires aussi; vous n'êtes pas conteur. » Je n'avais garde, j'eusse trop craint de perdre quelque chose de ce qui m'attachait si vivement.

C'est dans une de ces promenades nocturnes que l'Empereur disait qu'il avait été fort occupé dans sa vie de deux femmes très-différentes : l'une était l'art et les grâces, l'autre l'innocence et la simple nature; chacune, observait-il, avait bien son prix.

Dans aucun moment de la vie, la première n'avait de positions ou d'attitudes qui ne fussent agréables ou séduisantes; il eût été impossible de lui surprendre ou d'en éprouver jamais aucun inconvénient; tout ce que l'art peut imaginer en faveur des attraits était employé par elle, mais avec un tel mystère qu'on n'en apercevait jamais rien. L'autre, au contraire, ne soupçonnait même pas qu'il pût y avoir rien à gagner dans d'innocents artifices. L'une était toujours à côté de la vérité, son premier mouvement était la négative; la seconde ignorait la dissimulation; tout détour lui était étranger. La première ne demandait jamais rien à son mari, mais elle devait partout; la seconde n'hésitait pas à demander quand elle n'avait plus, ce qui était fort rare: elle n'aurait pas cru pouvoir jamais rien prendre sans payer aussitôt. Du reste, toutes les deux étaient bonnes, douces, fort attachées à leur mari. Mais on les a déjà devinées sans doute, et quiconque les a vues reconnaît les deux impératrices.

L'Empereur disait qu'il les avait constamment trouvées de l'humeur la plus égale et d'une complaisance absolue.

Le mariage de Marie-Louise s'accomplit à Compiègne, immédiatement après son arrivée. L'Empereur, déroutant toute l'étiquette convenue, alla au-devant d'elle, et monta déguisé dans sa voiture. Elle fut agréablement surprise quand elle vint à le connaître; on lui avait toujours dit que Berthier, qui était venu l'épouser par procuration à Vienne, était, pour la figure et l'âge, l'exacte ressemblance de l'Empereur : elle laissa échapper qu'elle y trouvait une heureuse différence.

L'Empereur voulut lui épargner tous les détails de l'étiquette domestique en usage dans pareille circonstance; on l'en avait, du reste, soigneusement instruite à Vienne. L'Empereur, pour ce qui le regardait personnellement, lui demanda quelles instructions elle avait reçues de ses grands parents. D'être à lui tout à fait et de lui obéir en toutes choses, fut sa réponse; et ce fut aussi pour l'Empereur la solution de tous cas de conscience, et non les décisions de certains cardinaux ou évêques, comme on l'a dit dans le temps : d'ailleurs, dans la même circonstance, Henri IV en avait agi de la sorte.

Le mariage avec Marie-Louise, disait l'Empereur, se

proposa et se conclut le même jour, et sous les mêmes formes et conditions que celui de Marie-Antoinette, dont le contrat fut adopté pour modèle. Depuis la séparation avec Joséphine, on traitait avec l'Empereur de Russie pour une de ses sœurs; les difficultés ne reposaient guère que sur des arrangements religieux. Le prince Eugène, causant avec M. de Schwarzemberg, apprit de lui que l'empereur d'Autriche ne serait pas éloigné de donner sa fille; il en fit part à l'Empereur. Un conseil fut convoqué pour décider quelle alliance, de la Russie ou de l'Autriche, serait la plus avantageuse: Eugène et Talleyrand furent pour l'Autriche, Cambacérès parla contre; la majorité fut en faveur d'une archiduchesse. Eugène fut chargé d'en faire l'ouverture officieuse, et le ministre des relations extérieures reçut des pouvoirs de signer dans le jour même, si l'occasion s'en présentait; ce qui, en effet, arriva ainsi.

La Russie en prit beaucoup d'humeur et se regarda comme jouée; elle ne l'était pas : il n'y avait rien d'obligatoire encore vis-à-vis d'elle; les deux parties demeuraient tout à fait libres. Les intérêts de la politique firent passer sur tout le reste.

L'Empereur donna pour dame d'honneur à l'impératrice Marie-Louise la duchesse de Montebello, le comte de Beauharnais pour chevalier d'honneur, et le prince Aldobrandini pour écuyer. Lors des malheurs de 1814, ils ne répondirent pas, disait l'Empereur, au dévouement que l'impératrice avait droit d'en attendre : son écuyer la déserta sans prendre congé; son chevalier d'honneur ne voulut pas la suivre, et sa dame d'honneur, malgré l'extrême affection que lui portait l'impératrice, crut, disait Napoléon, tous ses devoirs accomplis lorsqu'elle l'eut déposée à Vienne.

La duchesse de Montebello fut dans le temps un de

ces choix heureux qui emportèrent l'approbation universelle. Elle était jeune, belle, d'une conduite parfaite, et veuve d'un général dit *le Roland* de l'armée, qui venait d'expirer tout récemment sur le champ de bataille. Ce choix fut très-agréable à l'armée et rassura le parti national, qui s'effrayait de ce mariage, du nombre et de la qualité des chambellans dont on l'entourait, comme d'un pas vers ce que plusieurs appelaient la contre-révolution et cherchaient à faire considérer comme telle. Pour l'Empereur, il avait été principalement déterminé par l'ignorance où il était du caractère de Marie-Louise et la crainte qu'elle n'apportât des préjugés de naissance qui eussent été nuisibles à la cour de l'Empereur. Quand il l'eut connue, quand il sut qu'elle était tout à fait dans les idées du jour, l'Empereur regretta de n'avoir pas fait un autre choix, de ne s'être pas arrêté sur la comtesse de Beauvau, qui, bonne, douce, inoffensive, n'aurait agi que par les conseils de famille de ses nombreux parents, et eût pu introduire ainsi une foule de traditions utiles et une quantité de subalternes bien recommandés; elle eût pu rallier encore beaucoup de personnes qui demeuraient éloignées, et tout cela eût été sans nul inconvénient, parce que tout cela ne fût arrivé que par les combinaisons de l'Empereur même, qui n'était pas homme à se laisser abuser.

L'impératrice prit une affection des plus tendres pour la duchesse de Montebello; celle-ci a pu être reine d'Espagne. Ferdinand VII, à Valencey, demanda à l'Empereur d'épouser Mlle Tascher, cousine germaine de Joséphine et de son propre nom, à l'exemple du prince de Bade, qui avait épousé Mlle de Beauharnais. L'Empereur, qui pensait déjà à se séparer de l'impératrice Joséphine, s'y refusa, ne voulant pas, par ce nouveau lien, compliquer encore davantage les difficultés. Plus tard, Ferdinand demanda la duchesse de Montebello ou toute autre Française que l'Empereur voudrait adopter. Cette demoiselle de Tascher est celle que l'Empereur maria plus tard au duc d'Aremberg, avec l'intention de la faire gouvernante des Pays-Bas, voulant, par la suite du temps, dédommager Bruxelles de la perte de son ancienne cour. L'Empereur voulut mettre le comte de Narbonne, qui n'avait pas été étranger au mariage de l'impératrice, à la place du comte de Beauharnais; l'extrême chagrin qu'en fit paraître Marie-Louise retint l'Empereur : l'éloignement de l'impératrice n'avait, du reste, d'autre cause que les intrigues de son entourage, qui n'avait rien à craindre de M. de Beauharnais, mais qui redoutait fort l'influence et l'esprit de M. de Narbonne.

En général, quand l'Empereur avait à nommer, nous disait-il, à des places délicates, il demandait des candidats à ceux qui l'entouraient; et c'est sur ces listes et les renseignements qu'il se procurait qu'il méditait son choix en secret. Il nous a nommé quelques-unes des personnes qu'on lui avait proposées pour dames d'honneur: la princesse de Vaudemont; une Mme de La Rochefoucauld, devenue Mme de Castellane, et plusieurs autres; puis il nous a demandé de dire nous-mêmes qui nous eussions proposé, ce qui a fait passer en revue une bonne partie de la cour. Au nom de Mme de Montesquiou, indiqué par l'un de nous : « Je le crois bien, a-t-il répondu; mais elle était plus avantageusement placée encore. C'est une femme d'un rare mérite; sa piété est sincère, ses principes excellents; elle s'est acquis de grands titres à mon estime et à mon affection. Il m'en eût fallu deux comme elle, une demi-douzaine; je les eusse toutes placées dignement, et j'en eusse demandé encore : elle a été parfaite à Vienne auprès de mon fils. ».

Voici, du reste, qui donnera une idée juste de la manière dont elle élevait le roi de Rome : ce jeune prince occupait le rez-de-chaussée donnant sur la cour des Tuileries ; il était peu d'heures de la journée où un grand nombre de spectateurs ne regardassent par la fenêtre, dans l'espérance de l'apercevoir. Un jour qu'il était dans un violent accès de colère et qu'il se montrait rebelle à tous les efforts de Mme de Montesquiou, elle ordonna de fermer à l'instant tous les contrevents ; l'enfant, étourdi de cette obscurité subite, demanda aussitôt à *Maman Quiou* pourquoi tout cela. « C'est que je vous aime trop, lui dit-elle, pour ne pas cacher votre colère à tout le monde. Que diraient les personnes que vous gouvernerez peut-être un jour, si elles vous avaient vu dans cet état? croyez-vous qu'elles voulussent vous obéir, si elles vous savaient aussi méchant? » Et l'enfant de demander pardon aussitôt, et de bien promettre que cela ne lui arriverait plus.

« Voilà, au fait, observait l'Empereur, des manières différentes de celles de M. de Villeroi à Louis XV : « Re-
« gardez tout ce peuple, mon maître, il vous appar-
« tient ; tous ces hommes que vous voyez là sont les
« vôtres. »

Mme de Montesquiou était adorée de cet enfant ; quand on voulut la renvoyer de Vienne, il fallut employer la ruse pour le tromper ; ce fut jusqu'à craindre pour sa santé.

L'Empereur avait beaucoup d'idées nouvelles touchant l'éducation du roi de Rome ; il comptait sur l'*institut de Meudon*, dont il avait déjà décrété les principes, attendant quelques loisirs pour leurs développements. Il voulait y rassembler tous les princes de la maison impériale, surtout ceux de toutes les branches qu'il avait élevées sur des trônes étrangers. C'était là joindre, prétendait-il, aux soins de l'éducation particulière tous les avantages de l'éducation en commun. « Destinés, disait-il, à occuper divers trônes et à régir diverses nations, ces enfants auraient puisé là des principes communs, des mœurs pareilles, des idées semblables. Pour mieux faciliter la fusion et l'uniformité des parties fédératives de l'empire, chacun de ces princes eût amené du dehors avec lui dix ou douze enfants, plus ou moins, de son âge et des premières familles de son pays; quelle influence n'eussent-ils pas exercée chez eux au retour! Je ne doutais pas, continuait l'Empereur, que les princes des autres dynasties étrangères à ma famille n'eussent bientôt sollicité de moi, comme une grande faveur, d'y voir admettre leurs enfants. Et quel avantage n'en serait-il pas résulté pour le bien-être des peuples composant l'association européenne! Tous ces jeunes princes, faisait observer Napoléon, eussent été réunis d'assez bonne heure pour contracter les liens si chers et si puissants de la première enfance, et séparés néanmoins assez tôt pour prévenir les funestes effets des passions naissantes : l'ardeur des préférences, l'ambition du succès, la jalousie de l'amour, etc. »

L'Empereur eût voulu que toute l'éducation de ces princes-rois se fût fondée sur des connaissances générales, de grandes vues, des sommaires, des résultats; il eût voulu des connaissances plutôt que de la science, du jugement plutôt que de l'acquis, l'application des détails plutôt que l'étude des théories; surtout point de parties spéciales trop poursuivies; car il estimait que la perfection ou le trop de succès dans certaines parties, soit des arts, soit des sciences, était un inconvénient dans le prince. Les peuples, disait-il, n'avaient qu'à perdre d'avoir un poëte pour roi, un virtuose, un naturaliste, un chimiste, un tourneur, un serrurier, etc., etc.

Marie-Louise avouait à l'Empereur que, dans les premiers moments qu'il fut question du mariage, elle ne pouvait se défendre d'une certaine frayeur, à cause de tout le mal qu'elle avait entendu dire de Napoléon parmi les siens; sur quoi, quand elle rappelait tout cela, ses oncles les archiducs, qui la poussaient fort à cette union, lui répondaient : « Tout cela n'était vrai que quand il était encore notre ennemi; il ne l'est plus aujourd'hui. »

« Du reste, voici, disait l'Empereur, qui donnera une idée de la bienveillance qu'on me portait dans cette famille. Un de ces jeunes archiducs brûlait souvent de ses poupées, disant qu'il rôtissait Bonaparte. Il est vrai que depuis il disait qu'il ne le rôtirait plus, qu'il l'aimait beaucoup à présent, parce qu'il donnait beaucoup d'argent à sa sœur Louise pour lui envoyer force joujoux. »

Depuis mon retour en Europe, j'ai eu plus d'une occasion de me convaincre des sentiments que cette maison a professés plus tard pour Napoléon. Je tiens de la bouche du témoin même, personnage distingué, qui me le racontait en Allemagne, qu'ayant eu une audience particulière de l'empereur François, dans le voyage qu'il a fait en Italie en 1816, il y fut question de Napoléon : François n'en parla jamais que dans les meilleurs termes. On eût pu penser, me disait le narrateur, qu'il le croyait encore régnant en France, et qu'il ignorait qu'il fût à Sainte-Hélène : il ne lui donna jamais d'autre qualification que celle de l'empereur Napoléon.

La même personne me racontait que l'archiduc Jean, visitant en Italie une rotonde au plafond de laquelle on voyait une action célèbre dont Napoléon était le héros, en levant la tête, son chapeau tomba par terre; sa suite se précipita pour le lui rendre. « Laissez, laissez, dit-il; c'est dans cette attitude qu'on doit considérer l'homme qui se trouve là-haut. »

IV

Propos de salon sur Marie-Louise.

Je distrayais souvent l'Empereur en lui racontant nos propos de salon; à la fin d'une de mes histoires, me pinçant l'oreille, il me dit d'un son de voix qui me ravissait : « J'ai trouvé dans votre Atlas qu'un roi du Nord ayant été muré dans un cachot, un soldat avait demandé et obtenu de s'y enfermer avec lui pour le désennuyer, soit en le faisant parler, soit en lui racontant. Mon cher, vous voilà ce soldat. »

Les salons de Paris sont terribles avec leurs quolibets, remarquait alors l'Empereur, et cela, parce qu'il faut convenir que la plupart sont pleins de sel et d'esprit. Avec eux on est toujours battu en brèche, et il est bien rare qu'on n'y succombe pas. « Il est sûr, disais-je, que nous nous attaquions même aux dieux; rien ne nous était sacré, et Votre Majesté suppose bien qu'elle-même et l'impératrice n'étaient pas épargnées. — Ah! je le crois bien, répondait l'Empereur; mais n'importe, racontez toujours. — Eh bien, sire, on disait qu'un jour Votre Majesté, fort mécontente à la lecture d'une dépêche de Vienne, avait dit à l'impératrice, dans sa colère et sa mauvaise humeur : « Votre père est une *ganache*. » Marie-Louise, qui ignorait beaucoup de termes français, s'adressant au premier courtisan qui lui tomba sous la main : « L'Empereur me dit que mon père est une ganache; que veut dire cela? » A cette interpellation inattendue, le courtisan, dans son embarras, balbutia que cela voulait dire homme sage, de poids, de bon conseil. A quelques jours de là, et la mémoire encore toute fraîche de sa nouvelle acquisition, l'impératrice, présidant le conseil d'État, et voyant la discussion plus animée qu'elle ne voulait, interpella, pour y mettre fin, Cambacérès qui, à ses côtés, bayait tant soit peu aux corneilles. « C'est à vous à nous mettre d'accord dans cette occasion importante, lui dit-elle ; vous serez notre oracle, car je vous tiens pour la « première, la meilleure *ganache* de l'Empire. » A ces paroles de mon récit, l'Empereur riait à s'en tenir les côtés. « Ah ! quel dommage, disait-il, que cela ne soit véritable ! Voyez-vous bien l'ensemble du tableau ? l'empesure compromise de Cambacérès, l'hilarité de tout le conseil, et l'embarras de la pauvre Marie-Louise épouvantée de tout son succès ! »

La conversation avait duré longtemps ainsi, et peut-être y avait-il déjà plus de deux heures que j'étais avec l'Empereur. Je m'étais évertué à babiller tant et plus pour le distraire, et j'avais réussi. L'Empereur s'était ranimé ; il avait ri. Quand il me renvoya, il était beaucoup mieux, et moi je partais heureux.

V

Napoléon et Marie-Louise à Dresde.

L'entrevue de Dresde a été l'époque de la plus haute puissance de Napoléon ; il y a paru *le roi des rois ;* il en était à se voir obligé de témoigner qu'il fallait qu'on s'occupât de l'empereur d'Autriche, son beau-père. Ce souverain, non plus que le roi de Prusse, n'avaient pas de maison à leur suite ; Alexandre n'en avait pas eu davantage à Tilsit ou à Erfurt. Là, comme à Dresde, on mangeait chez Napoléon. Ces cours, disait l'Empereur, étaient mesquines et bourgeoises : c'était lui qui en fixait l'étiquette et y donnait le ton; il faisait passer François devant lui, et celui-ci en était dans le ravissement. Le luxe de Napoléon et sa magnificence durent le faire paraître un roi d'Asie : là, comme à Tilsit, il gorgea de diamants tous ceux qui l'approchèrent. Nous lui apprîmes qu'à Dresde il n'avait pas eu un soldat français autour de lui, et que sa cour parfois n'avait pas été sans inquiétude sur sa personne. Il avait de la peine à nous croire; mais nous l'assurions que c'était un fait, qu'il n'avait eu d'autre garde que les gardes du corps saxons. C'est égal, nous disait-il alors, j'étais là dans une si bonne famille, avec de si braves gens, que j'étais sans risque; tous m'y aimaient, et à l'heure qu'il est je suis sûr que le bon roi de Saxe dit chaque jour un *Pater* et un *Ave* pour moi. J'ai perdu, ajoutait-il, les destinées de cette bonne princesse Auguste, et j'ai eu bien tort. Revenant de Tilsit, je reçus à Marienverder un chambellan du roi de Saxe, qui me remit une lettre de son maître; il m'écrivait : « Je viens de recevoir une lettre de l'empereur d'Autriche qui me demande ma fille en mariage; je vous envoie cette lettre pour que vous me disiez la réponse que je dois faire. — Je serai sous peu de jours à Dresde, » fut la réponse de l'Empereur, et à son arrivée il condamna ce mariage et l'empêcha. « J'ai eu grand tort, répétait-il; je craignais que l'empereur François ne m'enlevât le roi de Saxe; mais au contraire c'est la princesse Auguste qui m'eût amené l'empereur François, et je ne serais pas ici. »

Napoléon, à Dresde, travaillait beaucoup, et Marie-Louise, jalouse de profiter des plus petits loisirs de son époux, sortait à peine pour ne pas les perdre. L'empereur François, qui ne faisait rien et s'ennuyait tout le jour à courir la ville, ne comprenait rien à cette réclusion du ménage; il s'imaginait que c'était pour se donner de la tenue et de l'importance. L'impératrice d'Autriche cherchait beaucoup à faire courir Marie-Louise: elle lui peignait son assiduité comme ridicule. Elle eût volontiers pris des tons de belle-mère avec Marie-Louise, qui n'était pas disposée à le souffrir, leur âge étant à peu près le même. Elle venait souvent le matin à la toilette de Marie-Louise fureter dans son luxe et sa magnificence; elle n'en sortait jamais les mains vides. « Le règne de Marie-Louise a été fort court, disait l'Empereur, mais elle a dû bien en jouir; elle avait la terre à ses pieds. » L'un de nous s'est permis de demander si l'impératrice d'Autriche n'était pas l'ennemie jurée de Marie-Louise. «Pas autrement, disait l'Empereur, qu'une bonne petite haine de cour : de la détestation dans le cœur, mais gazée sous des lettres journalières de quatre pages, pleines de tendresse et de cajoleries. »

L'impératrice d'Autriche soignait extrêmement Napoléon, avait pour lui une coquetterie toute particulière tant qu'il était présent; mais sitôt qu'il avait le dos tourné, elle ne s'occupait plus qu'à en détacher Marie-Louise par les insinuations les plus méchantes et les plus malicieuses; elle était choquée de ne pas réussir à prendre quelque empire sur lui. « D'ailleurs elle a de l'adresse et de l'esprit, disait l'Empereur, et assez pour embarrasser son mari, qui avait acquis la certitude qu'elle en faisait peu de cas. Sa figure était assez agréable, piquante, avait quelque chose de tout particulier: c'était une *jolie petite religieuse.*

« Quant à l'empereur François, on connaît sa débonnaireté, qui le rend toujours dupe des intrigants. Son fils lui ressemblera.

« Le roi de Prusse, comme caractère privé, est un loyal, bon et honnête homme; mais dans sa capacité politique, c'est un homme naturellement plié à la nécessité; avec lui on est le maître tant qu'on a la force et que la main est levée.

« Pour l'empereur de Russie, c'est un homme infiniment supérieur à tout cela; il a de l'esprit, de la grâce, de l'instruction, est facilement séduisant, mais on doit s'en défier : il est sans franchise; c'est un vrai Grec du Bas-Empire. Toutefois n'est-il pas sans idéologie réelle ou jouée; ce ne serait du reste, après tout, que des teintes de son éducation et de son précepteur. Croira-t-on jamais, disait l'Empereur, ce que j'ai eu à débattre avec lui? Il me soutenait que l'hérédité était un abus dans la souveraineté, et j'ai dû passer plus d'une heure et user toute mon éloquence et ma logique à lui prouver que cette hérédité était le repos et le bonheur des peuples. Peut-être aussi me mystifiait-il, car il est fin, faux, adroit, hypocrite; je le répète, c'est un Grec du Bas-Empire; il peut aller loin. Si je meurs ici, ce sera mon véritable héritier en Europe. Moi seul pouvais l'arrêter se présentant avec son déluge de Tartares. La crise est grande et permanente pour le continent européen, surtout pour Constantinople : il l'a fort désirée de moi; j'ai été fort cajolé à ce sujet, mais j'ai constamment fait la sourde oreille. Cet empire, quelque délabré qu'il parût, devait demeurer notre point de séparation à tous deux : c'était le marais qui empêchait de tourner ma droite. Pour la Grèce, c'est autre chose! » Et après s'être arrêté sur ce pays, il a repris : « La Grèce attend un libérateur!... Ce serait une belle couronne de gloire! »

Dans une autre de ces soirées, l'Empereur déclamait contre l'humeur des femmes : « Car rien, disait-il, n'annonçait plus chez elles le rang, la bonne éducation, le bon ton, que l'égalité de leur caractère et le constant désir de plaire. » Il ajoutait qu'elles étaient tenues à se montrer toujours maîtresses d'elles-mêmes, à être toujours en scène. « Ses deux femmes, nous disait-il, avaient toujours été ainsi; elles étaient assurément bien différentes dans leurs qualités et leurs dispositions; toutefois elles s'étaient ressemblées tout à fait sur ce point. Jamais il n'avait été témoin de la mauvaise humeur de l'une ou de l'autre; toutes deux avaient été constamment occupées à lui plaire, etc.... »

Quelqu'un a osé faire observer pourtant que Marie-Louise s'était vantée que toutes les fois qu'elle voulait quelque chose, si difficile que cela fût, elle n'avait qu'à pleurer. L'Empereur en a ri; c'était pour lui, disait-il, une découverte; il aurait pu le soupçonner de Joséphine, mais il ne le savait pas de Marie-Louise. Et puis, s'adressant à Mmes Bertrand et Montholon : « Vous voilà bien, mesdames, leur dit-il; sur certaines choses, vous êtes toutes les mêmes. »

VI

Le roi de Rome.

Pendant la première année de son exil, l'Empereur, en parcourant les journaux de Londres, croyait voir dans les débats du parlement d'Angleterre l'arrière-pensée du partage de la France; il en était navré. « Tout cœur vraiment français, disait-il, doit être au désespoir; une immense majorité sur le sol de la patrie doit ressentir les angoisses de la plus vive douleur. » « Ah! s'est-il écrié, que ne suis-je dans une sphère en dehors de ce globe! Que n'ai-je le pied sur un sol évidemment libre et indépendant, où l'on ne pourrait soupçonner aucune influence d'autrui! que j'étonnerais le monde! J'adresserais une proclamation aux Français; je leur crierais : « Vous allez finir, si vous ne vous réunissez. L'odieux, l'insolent étranger va vous morceler, vous anéantir. Relevez-vous, Français! faites masse à tout prix : ralliez-vous, s'il le faut, *même aux Bourbons*..... car l'existence de la patrie, son salut avant tout!... »

Toutefois il pensait que la Russie devait combattre ce partage; elle devait avoir à craindre par là l'accroissement et l'agglomération de l'Allemagne contre elle. L'un de nous ayant fait observer que l'Autriche devait s'y opposer aussi, dans la crainte de n'avoir plus un soutien nécessaire contre les entreprises de la Russie, et ayant de plus mentionné qu'elle pourrait vouloir être utile au roi de Rome et s'en servir, l'Empereur a répliqué : « Oui, comme d'instrument de menace peut-être, mais jamais comme un sujet de bienveillance : il doit leur être trop redoutable. Le roi de Rome serait l'homme des peuples, il serait celui de l'Italie. Aussi la politique autrichienne le tuera, peut-être pas sous son grand-père, qui est un honnête homme, mais qui ne vivra pas toujours : ou bien encore, si les mœurs de nos jours n'admettent pas un tel attentat, alors ils essayeront d'abrutir ses facultés, ils l'hébéteront; et si enfin il échappait à l'assassinat physique et à l'assassinat moral, si sa mère et la nature venaient à le sauver de tous ces dangers, alors!.... alors!... a-t-il répété plusieurs fois, comme en cherchant, alors!... comme alors! car qui peut assigner les destinées d'aucun ici-bas? »

VII

Alliance de la dynastie impériale avec toutes les maisons souveraines de l'Europe.

La maison impériale de France contracta des alliances avec toutes les familles souveraines de l'Europe. Le prince Eugène Napoléon, fils adoptif de l'Empereur, épousa la fille aînée du roi de Bavière, une des princesses les plus distinguées de son temps par sa beauté et par ses qualités morales. Cette alliance, contractée à Munich le 14 janvier 1806, remplit de bonheur la nation bavaroise. Le prince héréditaire de Bade, beau-frère de l'empereur de Russie, demanda en mariage la princesse Stéphanie, fille adoptive de l'empereur Napoléon ; ce mariage se célébra à Paris le 7 avril 1806. Le prince Jérôme Napoléon a épousé, le 22 août 1807, la fille aînée du roi de Wurtemberg, cousine germaine de l'empereur de Russie, du roi d'Angleterre et du roi de Prusse. D'autres alliances de cette nature furent contractées avec des princes souverains d'Allemagne, de la maison d'Hohenzollern. Ces mariages sont heureux ; de tous sont nés des princes et des princesses qui en transmettront le souvenir aux générations futures.

Lorsque les intérêts de la France et de l'empire portèrent l'Empereur et l'impératrice Joséphine à rompre des liens qui leur étaient également chers, les plus grands souverains de l'Europe briguèrent l'alliance de Napoléon : sans des difficultés religieuses, et les retards occasionnés par la distance, il est probable qu'une princesse de Russie aurait occupé le trône de France. L'archiduchesse Marie-Louise, mariée à l'empereur Napoléon par procuration donnée au prince Charles, à Vienne, le 11 mars 1810, et à Paris, le 2 avril suivant, monta sur le trône de France. Ce mariage combla de joie les peuples de la France et de l'Autriche. Aussitôt que l'empereur d'Autriche eut appris à Vienne qu'il était question du mariage de Napoléon, il témoigna sa surprise qu'on ne pensât pas à sa maison. Il n'était question que d'une princesse de Russie ou de Saxe. L'empereur François s'en expliqua avec le comte de Narbonne, gouverneur de Trieste, qui dans ce moment était à Vienne. Des instructions à ce sujet avaient été envoyées par le cabinet de Vienne au prince de Schwartzemberg, son ambassadeur à Paris. Un conseil privé fut convoqué aux Tuileries, en février 1810 ; le ministre des relations extérieures y communiqua les dépêches du duc de Vicence, ambassadeur en Russie : il en résultait que l'empereur Alexandre était très-disposé à donner sa sœur, la grande-duchesse Anne, mais paraissait attacher de l'importance à ce qu'il lui fût accordé le public exercice de son culte et une chapelle du rit grec. Les dépêches de Vienne firent connaître les insinuations et les désirs de cette cour. Il y eut partage d'opinions : l'alliance de la Russie, celle de la Saxe, celle de l'Autriche, furent appuyées. Le vote de la majorité du conseil fut pour le choix d'une archiduchesse d'Autriche. Comme le prince Eugène avait été le premier à ouvrir cette opinion, l'Empereur, levant la séance à deux heures du matin, l'autorisa à en faire l'ouverture au prince de Schwartzemberg : il autorisa en même temps le ministre des relations extérieures à signer, dans la journée, avec l'ambassadeur d'Autriche, les conventions du mariage; et pour lever toutes difficultés pour les détails, il l'autorisa à signer, mot pour mot, le même contrat que celui de Louis XVI et de l'archiduchesse Marie-Antoinette. Le prince Eugène vit dès le matin le prince de Schwartzemberg; le contrat fut signé dans la journée : le courrier qui porta cette nouvelle à l'empereur d'Autriche le surprit agréablement. Les circonstances particulières de la signature du contrat de mariage firent penser à l'empereur Alexandre qu'il avait été joué par la cour des Tuileries; qu'elle avait à la fois mené de front deux négociations. Il se trompait : la négociation avec Vienne commença et finit dans un jour. Jamais la naissance d'aucun prince ne produisit plus d'ivresse dans une nation ni plus d'effet dans l'Europe, que la naissance du roi de Rome : au premier coup de canon annonçant la délivrance de l'impératrice, tout Paris resta en suspens, dans les promenades, dans les rues, dans l'intérieur des maisons, dans les assemblées publiques. La population tout entière fut occupée à compter le nombre de coups de canon; le 22e excita l'ivresse générale : il était d'usage de tirer 21 coups de canon pour la naissance d'une princesse, et 101 pour celle d'un prince. Toutes les puissances de l'Europe s'empressèrent d'envoyer les plus grands seigneurs de leurs cours pour complimenter l'Empereur. L'empereur de Russie envoya son ministre de l'intérieur; l'empereur d'Autriche, le comte Clary, l'un des grands officiers de sa couronne : il apporta au jeune roi le collier en diamants de tous les ordres de la monarchie autrichienne. Le baptême du roi de Rome fut célébré en présence de tous les évêques et des députés de toutes les contrées de l'empire, et avec toute la pompe souveraine. L'empereur d'Autriche, parrain du jeune roi, se fit représenter par l'archiduc Ferdinand, son frère, grand-duc de Wurtzbourg, aujourd'hui grand-duc de Toscane.

10.

CINQUIÈME PARTIE

SOUVENIRS DES GRANDES SCÈNES POLITIQUES

I

Retour d'Egypte.

Ce fut sir Sidney Smith qui, en communiquant les journaux d'Europe, amena le départ de Napoléon, et par conséquent le dénoûment de brumaire. Les Français, revenant de Saint-Jean-d'Acre, ignoraient tout à fait ce qui s'était passé en Europe depuis plusieurs mois. Napoléon, avide d'apprendre quelques nouvelles, envoya un parlementaire à bord de l'amiral turc, sous prétexte de traiter des prisonniers qu'il venait de faire à Aboukir, se doutant bien que ce parlementaire serait arrêté par sir Sidney Smith, qui mettait le plus grand soin à empêcher toute relation directe entre les Français et les Turcs. En effet, le parlementaire français reçut de sir Sidney Smith l'intimation de monter à son bord, et, tout en le comblant de bons traitements, sir Sidney Smith, acquérant la certitude que les désastres d'Italie étaient inconnus à Napoléon, se fit un malin plaisir de lui envoyer une suite de journaux.

Napoléon passa la nuit dans sa tente à dévorer ces

papiers, et résolut à l'instant même de passer en Europe, pour remédier, s'il en était temps, aux maux de la patrie et la sauver.

L'amiral Ganthaume, qui avait ramené Napoléon d'Égypte sur la frégate *le Muiron*, m'a souvent raconté son voyage. Cet officier était toujours demeuré au quartier général depuis la destruction de la flotte à Aboukir. Il me disait que peu de temps après le retour de Syrie, et immédiatement après une communication de l'escadre anglaise, le général en chef le fit venir et lui donna l'ordre d'aller en toute hâte à Alexandrie, d'y armer avec mystère et avec toute la célérité possible une des frégates vénitiennes qui s'y trouvaient, et de le prévenir aussitôt qu'elle serait prête.

Ce moment arrivé, le général en chef, qui faisait une tournée d'inspection, se rendit sur une plage non fréquentée avec un escadron de ses guides ; des canots s'y trouvèrent pour les recevoir, et les conduisirent à la frégate, qu'ils gagnèrent en évitant de passer par Alexandrie.

On appareilla le soir même, afin d'avoir disparu au jour devant les croiseurs anglais et leur flotte mouillée à Aboukir. Malheureusement le calme survint qu'on était encore en vue des côtes, et que du haut des mâts on pouvait distinguer les vaisseaux anglais au mouillage.

Dans cette situation, l'inquiétude fut grande ; on proposa même de rentrer à Alexandrie, mais Napoléon s'y opposa. Les dés étaient jetés, et bientôt on fut assez heureux pour se trouver tout à fait au large.

La traversée fut fort longue et très-défavorable ; on s'effraya souvent des Anglais : cependant personne ne connaissait les intentions du général, chacun faisait sa conjecture ; on était fort agité. Napoléon seul paraissait calme et tranquille, renfermé la plus grande partie du jour dans sa chambre, où il lisait, dit Ganthaume, tantôt la Bible, tantôt l'Alcoran. S'il paraissait sur le pont, c'était de l'air le plus gai, le plus libre, et causant des choses les plus indifférentes.

Le général Menou était le dernier auquel Napoléon eût parlé sur le rivage, et l'on a su plus tard qu'il lui avait dit : « Mon cher, tenez-vous bien, vous autres, ici ; si j'ai le bonheur de mettre le pied en France, le règne du bavardage est fini. »

Le sentiment de Napoléon sur nos désastres, après la lecture des papiers fournis par sir Sidney Smith, était tel qu'il ne doutait pas que l'ennemi n'eût franchi les Alpes, et n'occupât déjà plusieurs de nos départements méridionaux. Aussi, quand on approcha d'Europe, fit-il gouverner sur Collioure et le Port-Vendre, dans le fond du golfe de Lion. Un coup de vent l'en repoussa, et le fit rabattre vers la Corse. Alors on entra à Ajaccio, où l'on se procura les nouvelles.

Ganthaume me disait avoir vu là la maison de famille, le salon patrimonial de Napoléon.

La célébrité du compatriote, ajoutait-il, avait mis aussitôt toute l'île en mouvement ; il pleuvait une nuée de cousins, la rue en était pleine, encombrée.

En remettant à la voile, on gouverna cette fois vers Marseille et Toulon ; mais au moment d'aborder on se crut encore perdu. Sur le flanc gauche du vaisseau, lors du coucher du soleil, et précisément dans ses rayons, on compta jusqu'à trente voiles qui arrivaient vent arrière. Ganthaume, dans son effroi, proposa au général d'armer le grand canot de la frégate de ses meilleurs matelots, et d'essayer, à la faveur de la nuit, de gagner la terre de sa personne. Napoléon s'y refusa, disant qu'il serait toujours temps de prendre ce parti, et commanda de continuer la route comme si de rien n'était. Cependant la nuit s'était faite, et plus tard l'on entendit les coups de canon, signaux de l'ennemi, mais au loin et de l'arrière, preuve évidente qu'on n'en avait pas été aperçu. Au jour, on mouilla dans Fréjus.

L'Empereur, répondant au reproche qu'on lui avait fait d'avoir déserté son armée, disait :

« Je n'ai fait qu'obéir au cri de la France, qui me rappelait pour la sauver, et j'en avais le droit : j'avais reçu du Directoire carte blanche pour toutes mes opérations dans le bassin de la Méditerranée, en Afrique et en Asie ; j'avais des pouvoirs en règle pour traiter avec les Russes, les Turcs, les Barbaresques et les princes de l'Inde. Je pouvais à mon gré me nommer un successeur, ramener l'armée ou revenir de ma personne si je le jugeais à propos. »

Assurément il faut bien que la vie d'un homme soit pleine de prodiges pour qu'on s'arrête à peine sur un acte dont on ne trouve pas d'exemples dans l'histoire. Quand César passa le Rubicon, et que la souveraineté en fut le résultat, César avait une armée et marchait à sa propre défense. Quand Alexandre, poussé par l'ardeur de la jeunesse et par le feu de son génie, alla débarquer en Asie pour faire la guerre au grand roi, Alexandre était fils d'un roi, roi lui-même, et il courait aux chances de l'ambition et de la gloire à la tête des forces de son royaume. Mais qu'un simple particulier, dont le nom trois ans auparavant était inconnu à tous, qui n'avait en cet instant d'autre auxiliaire que quelques victoires, son nom et la conscience de son génie, ait osé concevoir de saisir à lui seul les destinées de trente millions d'hommes, de les sauver des défaites du dehors et des dissensions du dedans ; qu'ému à la lecture des troubles qu'on lui peignait, à l'idée des désastres qu'il prévoyait, il se soit écrié : « Des bavards perdent la France! Il est temps de la sauver! » qu'il ait abandonné son armée, traversé les mers au péril de sa liberté, de sa réputation, atteint le sol français, volé dans la capitale ; qu'il y ait saisi en effet le timon, arrêté court une nation ivre de tous les excès; qu'il l'ait replacée subitement dans les vrais sentiers de la raison et des principes ; qu'il lui ait préparé dès cet instant un jet de puissance et de gloire inconnue jusque-là, et que le tout se soit accompli sans qu'il en coûtât une larme ou une goutte de sang à personne : c'est ce qu'on peut appeler une des plus gigantesques et des plus sublimes entreprises dont on ait jamais entendu parler ; c'est ce qui saisira d'étonnement et d'admiration la postérité.

II

Le lendemain du 18 brumaire.

La situation de Napoléon, à son retour d'Égypte, fut unique. Il s'était vu aussitôt sollicité par tous les partis, et avait reçu tous leurs secrets. Il en était trois bien distincts : *le Manége*, dont un général fort connu, Bernadotte, était un des chefs ; *les Modérés*, conduits par Sieyès, et *les Pourris*, disait-il, ayant Barras à leur tête.

La détermination que prit Napoléon de s'associer aux *Modérés* lui fit courir de grands dangers, disait-il. Avec les *Jacobins* il n'en eût couru aucun ; ils lui avaient offert de le nommer dictateur : « Mais, après avoir vaincu avec eux, disait l'Empereur, il m'eût fallu presque aussitôt vaincre contre eux. Un club ne supporte point de chef durable, il lui en faut un pour chaque passion. Or, se servir un jour d'un parti pour l'attaquer le lendemain, de quelque prétexte que l'on s'enveloppe, c'est toujours trahir; ce n'était pas dans mes principes. »

« Mon cher, me disait l'Empereur dans un autre moment, après avoir parcouru de nouveau l'événement de brumaire, il y a loin de là, vous en conviendrez, à la conspiration de Saint-Réal, qui offre bien plus d'intrigues et bien moins de résultats : la nôtre ne fut que l'affaire d'un tour de main. Il est sûr, ajoutait-il, que jamais plus grande révolution ne causa moins d'embarras, tant elle était désirée; aussi se trouva-t-elle couverte des applaudissements universels.

« Pour mon propre compte, toute ma part dans le complot d'exécution se borna à réunir à une heure fixe la foule de mes visiteurs et à marcher à leur tête pour saisir la puissance. Ce fut du seuil de ma porte, du haut de mon perron, et sans qu'ils en eussent été prévenus d'avance, que je les conduisis à cette conquête; ce fut au milieu de leur brillant cortége, de leur vive allégresse, de leur ardeur unanime, que je me présentai à la barre des Anciens pour les remercier de la dictature dont ils m'investissaient.

« On a discuté métaphysiquement, et l'on discutera longtemps encore si nous ne violâmes pas les lois, si nous ne fûmes pas criminels; mais ce sont autant d'abstractions bonnes tout au plus pour les livres et les tribunes, et qui doivent disparaître devant l'impérieuse nécessité; autant vaudrait accuser de dégât le marin qui coupe ses mâts pour ne pas sombrer. Le fait est que la patrie sans nous était perdue, et que nous la sauvâmes. Aussi les auteurs, les grands acteurs de ce mémorable coup d'État, au lieu de dénégations et de justifications, doivent-ils, à l'exemple de ce Romain, se contenter de répondre avec fierté à leurs accusateurs : *Nous protestons que nous avons sauvé notre pays ; venez avec nous en rendre grâces aux dieux.*

« Et, certes, tous ceux qui dans le temps faisaient partie du tourbillon politique ont eu d'autant moins de droits de se récrier avec justice, que tous convenaient qu'un changement était indispensable, que tous le voulaient, et que chacun cherchait à l'opérer de son côté. Je fis le mien à l'aide des *Modérés ;* la fin subite de l'anarchie, le retour immédiat de l'ordre, de l'union, de la force, de la gloire, furent ses résultats. Ceux des *Jacobins* ou ceux des *Immoraux* auraient-ils été supérieurs? Il est permis de croire que non. Toutefois, il n'est pas moins très-naturel qu'ils en soient demeurés mécontents et en aient jeté les hauts cris. Aussi n'est-ce qu'à des temps plus éloignés, à des hommes plus désintéressés, qu'il appartient de prononcer sainement sur cette grande affaire. »

Au surplus, voici deux traits qui aideront à juger de l'état réel de la république à l'époque de brumaire. Après cette journée, il ne se trouva pas au trésor de quoi expédier un courrier; et quand le premier consul voulut se procurer des renseignements sur la force précise de l'armée, il fut réduit à envoyer des personnes sur les lieux. « Mais, disait-il, vous devez avoir des rôles au bureau de la guerre? — A quoi nous serviraient-ils? répondait-on; il y a eu tant de mutations dont on n'a pu tenir compte! — Mais du moins vous devez avoir l'état de la solde, qui nous mènera à notre but! — Nous ne les payons pas. — Mais les états de vivres? — Nous ne les nourrissons pas. — Mais ceux de l'habillement? — Nous ne les habillons pas. »

La révolution de brumaire accomplie, il se trouva trois consuls provisoires : Napoléon, Sieyès et Ducos. Il fallait un président. La crise était chaude et rendait le général bien nécessaire : aussi saisit-il le fauteuil, et ses deux acolytes n'eurent garde de le lui disputer. Ducos, d'ailleurs, se prononça dès cet instant une fois pour toutes. Le général seul pouvait les sauver, disait-il ; et dès lors il se déclarait pour toujours de son avis en toutes choses. Sieyès s'en mordit les lèvres, mais il dut en faire autant.

Sieyès, qui, à la première conférence, vit Bonaparte discuter tout à la fois les finances, l'administration, l'armée, la politique, les lois, sortit déconcerté, et courut dire à ses intimes, en parlant de lui : « Messieurs, vous avez un maître ! Cet homme sait tout, veut tout et peut tout. »

Nous demandâmes un jour à l'Empereur s'il était vrai qu'au commencement du consulat il eût songé à jouer le rôle de Monk. Il répondit qu'il n'avait jamais songé aux princes ; que s'il eût eu pour les princes des dispositions favorables, il n'eût pas été en son pouvoir de les accomplir. Toutefois, il avait reçu vers ce temps-là des ouvertures de Mittau et de Londres.

Le roi lui écrivit, disait-il, une lettre qui lui fut remise par Lebrun, lequel la tenait de l'abbé de Montesquiou, agent secret de ce prince à Paris. Cette lettre, extrêmement soignée, disait : « Vous tardez beaucoup à me rendre mon trône. Il est à craindre que vous ne laissiez écouler des moments bien favorables. Vous ne pouvez pas faire le bonheur de la France sans moi ; et moi je ne puis rien pour la France sans vous. Hâtez-vous donc, et désignez vous-même toutes les places qui vous plairont pour vos amis. »

Le premier consul répondit : « J'ai reçu la lettre de Votre Altesse Royale ; j'ai toujours pris un vif intérêt à ses malheurs et à ceux de sa famille. Elle ne doit pas songer à se présenter en France; elle n'y parviendrait que sur cent mille cadavres. Du reste, je m'empresserai toujours à faire tout ce qui pourrait adoucir ses destinées et lui faire oublier ses malheurs. »

L'ouverture de M. le comte d'Artois eut plus d'élégance et de recherche encore. Il dépêcha la duchesse de Guiche, femme charmante, très-propre, par les grâces de sa figure, à mêler beaucoup d'attraits à l'importance de sa négociation. Elle pénétra facilement auprès de Mme Bonaparte, avec laquelle toutes les personnes de l'ancienne cour avaient des contacts naturels; elle en reçut un déjeuner à la Malmaison, et, durant le repas, parlant de Londres, de l'émigration et de nos princes, Mme de Guiche raconta qu'il y avait peu de jours, étant chez M. le comte d'Artois, quelqu'un, parlant des affaires, avait demandé au prince ce qu'on ferait pour le premier consul s'il rétablissait les Bourbons; le prince avait répondu : « D'abord connétable et tout ce qui s'ensuit, si cela lui plaisait. Mais nous ne croirions pas que cela fût assez : nous élèverions sur le Carrousel une haute et magnifique colonne sur laquelle serait la statue de Bonaparte couronnant les Bourbons. »

Le premier consul arrivant quelque temps après le déjeuner, Joséphine n'eut rien de plus pressé que de lui rendre cette circonstance. « Et as-tu répondu, lui dit son mari, que cette colonne aurait pour piédestal le cadavre du premier consul? »

La jolie duchesse était encore là; les charmes de sa figure, ses yeux, ses paroles, étaient dirigés au succès de sa mission. Elle était heureuse, disait-elle, elle ne saurait jamais assez reconnaître la faveur que lui procurait Mme Bonaparte de voir et d'entendre un grand homme, un héros. Mais tout fut en vain; la duchesse de Guiche reçut dans la nuit l'ordre de quitter Paris, et les charmes de l'émissaire étaient trop propres à alarmer Joséphine pour qu'elle insistât ardemment en sa faveur : le lendemain, la duchesse de Guiche était en route pour la frontière.

« Du reste, le bruit courut plus tard, disait Napoléon, que j'avais fait, à mon tour, aux princes français, des propositions touchant la cession de leurs droits ou leur renonciation à la couronne, ainsi qu'on s'est complu à le consacrer dans des déclarations pompeuses, répandues en Europe avec profusion : il n'en était rien. Et comment cela aurait-il pu être? moi qui ne pouvais régner précisément que par le principe qui les faisait exclure, celui de la souveraineté du peuple ! Comment aurais-je cherché à tenir d'eux des droits que l'on proscrivait dans leurs personnes? C'eût été me proscrire moi-même ; le contre-sens eût été trop lourd, l'absurdité trop criante, elle m'eût noyé pour toujours dans l'opinion. Aussi, directement ni indirectement, de près ni de loin, je n'ai rien fait qui pût se rapporter à cela ; c'est ce qu'auront pensé sans doute, dans le temps, les gens réfléchis qui m'accordaient de n'être ni fou ni imbécile. »

III

Machine infernale. — Pichegru. — Le duc d'Enghien.

L'Empereur, nous parlant un jour à Sainte-Hélène des dangers qu'il avait eus à courir comme souverain, a touché un grand nombre de conspirations dirigées contre lui. La machine infernale a eu son tour : cette invention diabolique, qui causa tant de rumeur et fit tant de victimes, fut exécutée par les royalistes, qui en reçurent l'idée des jacobins.

« Une centaine de jacobins forcenés, disait l'Empereur, les vrais exécuteurs de septembre, du 10 août, etc., etc., avaient résolu de se défaire du premier consul; ils avaient imaginé, à cet effet, une espèce d'obus de quinze ou seize livres qui, jeté dans la voiture, eût éclaté par son propre choc et anéanti tout ce qui l'eût entouré, se proposant, pour être plus sûrs de leur coup, de semer une certaine partie de la route de chausse-trapes qui, arrêtant subitement les chevaux, devaient amener l'immobilité de la voiture. L'ouvrier auquel on proposa l'exécution de ces chausse-trapes, prenant des soupçons sur ce qu'on lui demandait, aussi bien que sur la moralité de ceux qui l'ordonnaient, en prévint la police. On eut bientôt traqué ces gens-là, si bien qu'on les prit sur le fait essayant hors de Paris, près du Jardin des Plantes, l'effet de cette machine, qui fit une explosion terrible. Le premier consul, qui avait pour système de ne point divulguer les nombreuses conspirations dont il était l'objet, ne voulut pas qu'on donnât de suite à celle-ci; on se contenta d'emprisonner les coupables. Bientôt on se lassa de les tenir au secret, et ils eurent une certaine liberté. Or, dans la même prison se trouvaient des royalistes, enfermés pour avoir voulu tuer le premier consul à l'aide d'un fusil à vent : ces deux bandes fraternisèrent, et ceux-ci transmirent à leurs amis du dehors l'idée de la machine infernale, comme de beaucoup préférable à tout autre moyen.

Il est très-remarquable que, pendant la soirée de la catastrophe, le premier consul montra une répugnance extrême pour sortir : on donnait une première représentation de l'*Oratorio* d'Haydn. Le premier consul était annoncé, Mme Bonaparte et quelques intimes voulaient absolument l'y faire aller; celui-ci était tout endormi sur un canapé, et il fallut qu'on l'en arrachât, que l'un lui apportât son épée, l'autre son chapeau. Dans la voiture même il sommeillait de nouveau, quand il ouvrit subitement les yeux, rêvant, dit-il, qu'il se noyait dans le Tagliamento. Pour comprendre ceci, il faut savoir que trois ans auparavant, étant général de l'armée d'Italie, il avait voulu passer de nuit, en voiture, le Tagliamento, contre l'avis de tout ce qui l'entourait. Jeune et ne connaissant aucun obstacle, il avait tenté ce passage, entouré d'une centaine d'hommes armés de perches et de flambeaux. Toutefois la voiture se mit à la nage, il courut le plus grand danger, et se crut réellement perdu. Or, en cet instant, il s'éveillait au milieu d'une conflagration, la voiture était soulevée, il retrouvait en lui les impressions du Tagliamento, lesquelles, du reste, n'eurent que la durée d'une seconde ; car une effroyable détonation se fit aussitôt entendre. « Nous sommes minés ! » furent les paroles qu'il adressa à Lannes et à Bessières qui se trouvaient avec lui. Ceux-ci voulaient faire arrêter ; mais il leur dit de s'en bien donner de garde. Le premier consul arriva et parut à l'Opéra comme si de rien n'était. Il fut sauvé par son audace et la dextérité de son cocher César, à qui cette circonstance non moins que son dévouement et sa fidélité donnèrent une sorte de célébrité.

La machine tua ou mutila plus de cinquante personnes ; mais, grâce à l'habileté de César, le premier consul fut préservé.

Aussitôt après l'événement, on s'en prit aux jacobins, qu'on avait jadis convaincus de la préméditation de cet attentat ; ils n'étaient pourtant pas les vrais coupables ; un autre hasard bien bizarre fit découvrir ceux-ci.

Un grand nombre de cochers de fiacre se réunirent pour donner un repas de corps au cocher du premier consul, devenu pour eux le héros du jour et du métier.

Dans la chaleur du repas, un des convives, buvant à son habileté, lui dit qu'il savait qui lui avait joué ce tour-là. On s'en saisit aussitôt, et il se trouva que le jour même, ou la veille de la fatale explosion, ce cocher s'était arrêté avec son fiacre devant une porte cochère pour laisser passer la petite charrette qui avait fait tout le mal. On courut à cet endroit, où l'on louait en effet des voitures de toute espèce ; les propriétaires ne la renièrent pas ; ils montrèrent le hangar où elle avait été raccommodée; des traces de poudre y étaient encore. Ils croyaient, dirent-ils, l'avoir louée à des contrebandiers bretons. On retrouva facilement tous ceux qui y avaient travaillé, celui qui avait vendu le cheval, etc., etc.; et l'on acquit des indices que ce complot partait des royalistes chouans. On dépêcha quelques gens intelligents à leur quartier général dans le Morbihan : ils ne s'en cachaient pas, ne se plaignant que de n'avoir pas réussi ; quelques coupables, par là, furent saisis et punis. On assure que le chef a depuis cherché dans les austérités de la religion l'expiation de son crime ; qu'il s'est fait trappiste.

L'Empereur nous parla aussi de la conspiration de Georges, dans laquelle Pichegru et Moreau étaient entrés.

Depuis longtemps le premier consul avait rompu avec Moreau. Celui-ci était entièrement gouverné par sa femme. « Malheur toujours funeste, disait l'Empereur, parce qu'on n'est alors ni soi ni sa femme, qu'on n'est plus rien. » Moreau se montrait tantôt bien, tantôt mal pour le premier consul ; tantôt obséquieux, tantôt caustique. Le premier consul, qui eût désiré se l'attacher, se vit obligé de s'en éloigner tout à fait. « Moreau finira, avait-il dit, par venir se casser la figure sur les colonnes du palais. » Et il n'y était que trop poussé par les inconséquences ridicules et les prétentions de sa femme et de sa belle-mère. Celle-ci allait jusqu'à vouloir disputer le pas à la femme du premier consul. Le ministre des relations extérieures avait été obligé une fois, disait Napoléon, d'employer la force pour l'arrêter dans une fête ministérielle.

Moreau arrêté, le premier consul lui fit savoir qu'il lui suffisait d'avouer qu'il avait vu Pichegru, pour que toute procédure à son égard fût finie. Moreau répondit par une lettre fort hautaine; mais depuis, quand Pichegru fut lui-même arrêté, que l'affaire prit une tournure sérieuse, alors Moreau écrivit au premier consul une lettre très-soumise : mais il n'était plus temps.

Moreau avait, en effet, conféré avec Pichegru et Georges; il avait répondu à leurs propositions : « Dans l'état présent des choses, je ne pourrais rien pour vous autres, je n'oserais pas vous répondre même de mes aides de camp; mais *défaites-vous* du premier consul, j'ai des partisans dans le Sénat, je serai nommé immédiatement à sa place. Vous, Pichegru, vous serez examiné sur ce qu'on vous reproche d'avoir trahi la cause nationale; ne vous le dissimulez pas, un jugement vous est nécessaire; mais je réponds du résultat : dès lors vous serez second consul; nous choisirons le troisième à notre gré, et nous marcherons tous de concert et sans obstacle. » Georges présent, que Moreau n'avait jamais connu, réclama vivement cette troisième place. « Cela ne se peut, lui dit Moreau; vous ne doutez pas de l'esprit de la France, vous avez toujours été blanc, vous voyez que Pichegru aura à se laver d'avoir voulu l'être. — Je vous entends, dit Georges en colère; quel jeu est ceci, et pour qui me prenez-vous? Vous travaillez donc pour vous autres seuls, et nullement pour le roi? S'il devait en être ainsi, bleu pour bleu, j'aime mieux

Bonaparte. » Et ils se séparèrent fort mécontents, Moreau priant Pichegru de ne plus lui amener ce brutal, ce taureau dépourvu de bon sens et de toute connaissance.

« Lors du jugement, disait Napoléon, la fermeté des complices, la dénégation absolue recommandée par l'avocat, sauvèrent Moreau. Interpellé si les conférences, les entrevues qu'on lui reprochait étaient vraies, il répondit *non*. Mais le vainqueur d'Hohenlinden n'était pas habitué au mensonge; une rougeur soudaine parcourut tous les traits de sa figure. Aucun des spectateurs ne fût dupe. Toutefois il fut absous, et la plupart des complices condamnés à mort.

« Je fis grâce à beaucoup; tous ceux dont les femmes ou de vives intercessions purent pénétrer jusqu'à moi obtinrent la vie. Les Polignac, M. de Rivière et d'autres auraient infailliblement péri sans des circonstances heureuses. Il en fut de même de gens moins connus, d'un nommé Borel, d'Ingrand-de-Saint-Maur, de Rochelle, etc., etc., qui eurent le même bonheur.

« Et au milieu de toutes les affaires de Georges, Pichegru et Moreau, arriva, disait l'Empereur, celle du duc d'Enghien, qui vint les compliquer d'une étrange manière. » Et il est entré alors dans les détails de celle-ci : « Si je n'avais pas eu pour moi, outre les torts du coupable, les lois du pays, nous disait-il, au défaut de condamnation légale, il me serait resté les droits de la loi naturelle, ceux de la légitime défense. Lui et les siens n'avaient d'autre but journalier que de m'ôter la vie; j'étais assailli de toutes parts et à chaque instant : c'étaient des fusils à vent, des machines infernales, des complots, des embûches de toute espèce. Je m'en lassai; je saisis l'occasion de leur renvoyer la terreur jusque dans Londres, et cela me réussit. A compter de ce jour, les conspirations cessèrent. Et qui pourrait y trouver à redire? Quoi? journellement, à cent cinquante lieues de distance, on me portera des coups à mort; aucune puissance, aucun tribunal sur la terre ne sauraient m'en faire justice, et je ne rentrerais pas dans le droit naturel de rendre guerre pour guerre! Quel est l'homme de sang-froid, de tant soit peu de jugement et de justice, qui oserait me condamner? De quel côté ne jetterait-il pas le blâme, l'odieux, le crime? Le sang appelle le sang: c'est la réaction naturelle, inévitable, infaillible; malheur à qui la provoque!... Quand on s'obstine à susciter des troubles civils et des commotions politiques, on s'expose à en tomber victime. Il faudrait être niais ou forcené pour croire et imaginer, après tout, qu'une famille aurait l'étrange privilége d'attaquer journellement mon existence, sans me donner le droit de le lui rendre: elle ne saurait raisonnablement prétendre être au-dessus des lois pour détruire autrui et se réclamer d'elles pour sa propre conservation; les chances doivent être égales. »

Avec nous et dans l'intimité, l'Empereur disait que la faute, au dedans, pourrait en être attribuée à un excès de zèle autour de lui, ou à des vues privées, ou enfin à des intrigues mystérieuses. Il y avait été, disait-il, poussé inopinément; on avait pour ainsi dire surpris ses idées; on avait précipité ses mesures, enchaîné ses résultats. » J'étais seul un jour, racontait-il; je me vois encore à demi assis sur la table où j'avais dîné, achevant de prendre mon café; on accourt (*M. de Talleyrand*) m'apprendre une trame nouvelle; on me démontre avec chaleur qu'il est temps de mettre un terme à de si horribles attentats; qu'il est temps enfin de donner une leçon à ceux qui se sont fait une habitude journalière de conspirer contre ma vie; qu'on n'en finira qu'en se lavant dans le sang de l'un d'entre eux ; que le duc d'Enghien devait être cette victime, puisqu'il pouvait être pris sur le fait, faisant partie de la conspiration actuelle ; qu'il avait paru à Strasbourg ; qu'on croyait même qu'il était venu jusqu'à Paris ; qu'il devait pénétrer par l'est au moment de l'explosion, tandis que le duc de Berry débarquerait par l'ouest. Or, nous disait l'Empereur, je ne savais pas même précisément qui était le duc d'Enghien, la Révolution m'avait pris bien jeune ; je n'allais point à la cour, j'ignorais où il se trouvait. On me satisfit sur tous ces points. Mais s'il en est ainsi, m'écriai-je, il faut s'en saisir et donner des ordres en conséquence. Tout avait été prévu d'avance ; les pièces se trouvèrent toutes prêtes, il n'y eut qu'à signer ; et le sort du prince se trouva décidé. Il était depuis quelque temps à trois lieues du Rhin, dans les États de Bade. Si j'eusse connu plus tôt ce voisinage et son importance, je ne l'eusse pas souffert, et cet ombrage de ma part, par l'événement, lui eût sauvé la vie.

« Quant aux diverses oppositions que je rencontrai, aux nombreuses sollicitations qui me furent faites, a-t-on répandu dans le temps, rien de plus faux ; on ne les a imaginées que pour me rendre plus odieux. Il en est de même des motifs si variés qu'on m'a prêtés : ces motifs ont pu exister peut-être dans l'esprit et pour les vues particulières des acteurs subalternes qui y concoururent ; de ma part, il n'y a eu que la nature du fait en lui-même et l'énergie de mon naturel. Assurément, si j'eusse été instruit à temps de certaines particularités concernant les opinions et le naturel du prince, si surtout j'avais vu la lettre qu'il m'écrivit, et qu'on (*M. de Talleyrand*) ne me remit, Dieu sait par quel motif, qu'après qu'il n'était plus, bien certainement j'eusse pardonné. »

Napoléon me disait un jour sur le même sujet : « Si je répandis la stupeur par ce triste événement, de quel autre spectacle n'ai-je pas pu frapper le monde, et quel n'eût pas été le saisissement universel !...

« On m'a souvent offert à un million par tête, la vie de ceux que je remplaçais sur le trône ; on les voyait mes compétiteurs, on me supposait avide de leur sang ; mais ma nature eût-elle été différente, eussé-je été organisé pour le crime, je me serais refusé à celui-ci, tant il m'eût semblé purement gratuit. J'étais si puissant, je me trouvais si fortement assis, ils paraissaient si peu à craindre ! Qu'on se reporte à l'époque de Tilsitt, à celle de Wagram, à mon mariage avec Marie-Louise, à l'état, à l'attitude de l'Europe entière ! Toutefois, au fort de la crise de Georges et de Pichegru, assailli d'assassins, on crut le moment favorable pour tenter, et l'on renouvela l'offre contre celui (*M. le comte d'Artois*) que la voix publique, en Angleterre aussi bien qu'en France, mettait à la tête de ces horribles machinations. Je me trouvais à Boulogne, où le porteur de paroles était parvenu ; j'eus la fantaisie de m'assurer par moi-même de la vérité de la contexture de la proposition ; j'ordonnai qu'on le fît paraître devant moi. « Eh bien, monsieur ? lui « dis-je en le voyant. — Oui, premier consul, nous vous « le livrerons pour un million. — Monsieur, je vous en « promets deux, mais si vous l'amenez vivant. — Ah ! « c'est ce que je ne saurais garantir, » balbutia l'homme, que le ton de ma voix et la nature de mon regard déconcertaient fort en ce moment. « Et me prenez-vous « donc pour un assassin ? Sachez, monsieur, que je veux « bien infliger un châtiment, frapper un grand exem- « ple, mais que je ne recherche pas un guet-apens. » Et je le chassai. Aussi bien c'était déjà une trop grande souillure que sa seule présence. »

IV

Cérachi. — Le fanatique de Schœnbrunn.

Napoléon disait que, huit jours avant l'arrestation de Georges, un des plus déterminés de sa bande lui avait remis en main propre une pétition à la parade ; d'autres s'introduisirent à Saint-Cloud ou à Malmaison parmi les gens : enfin Georges lui-même paraît avoir été fort près de sa personne et dans un même appartement.

L'Empereur, indépendamment de son étoile, attribue son salut à certaines circonstances qui lui étaient propres. Ce qui l'avait sauvé, disait-il, c'était d'avoir vécu de fantaisie, de n'avoir jamais eu d'habitudes régulières ni de marche suivie. L'excès du travail le retenait dans son cabinet et chez lui ; il ne dînait jamais chez personne, allait rarement au spectacle, et ne paraissait guère que quand et où il n'était pas attendu, etc.

Les deux attentats qui l'avaient mis le plus en péril, me disait-il, étaient ceux du sculpteur Cérachi et du fanatique de Schœnbrunn.

Cérachi, avec quelques forcenés, avait résolu la mort du premier consul : ils devaient l'immoler au sortir de sa loge au spectacle. Le consul, averti, s'y rendit néanmoins et passa hardiment au travers de ceux qui s'étaient montrés les plus empressés à venir occuper leurs postes : on ne les arrêta qu'au milieu ou vers la fin du spectacle.

Cérachi, disait l'Empereur, avait jadis adoré le consul, mais il avait juré sa perte depuis qu'il ne voyait plus en lui, prétendait-il, qu'un tyran. Ce sculpteur avait été comblé par le général Bonaparte ; il en avait exécuté le buste et sollicitait en ce moment, par tous les moyens imaginables, d'obtenir seulement une séance pour une correction, qu'il disait nécessaire. Conduit par son étoile, le consul ne put disposer d'un instant, et, pensant que le besoin était la véritable cause des pressantes sollicitations de Cérachi, il lui fit donner six mille francs. Il se méprenait étrangement! Cérachi n'avait eu d'autre intention que de le poignarder quand il poserait.

La conspiration fut dévoilée par un capitaine de la ligne, complice lui-même. « Étrange modification de la cervelle humaine! ajoutait Napoléon; et jusqu'où ne vont pas les combinaisons de la folie et de la bêtise! Cet officier m'avait en horreur comme consul, mais il m'adorait comme général. Il voulait bien qu'on m'arrachât de mon poste, mais il eût été bien fâché qu'on m'eût ôté la vie. Il fallait, disait-il, se saisir de moi, ne pas me faire de mal, et m'envoyer à l'armée pour y continuer à battre l'ennemi et à faire la gloire de la France. Le reste des conjurés lui rit au nez; mais, quand il vit distribuer les poignards et qu'on dépassait ses intentions, il vint lui-même dénoncer le tout au Consul. »

A ce sujet, quelqu'un dit à Napoléon qu'il avait été témoin à Feydeau d'une circonstance qui mit la plus grande partie de la salle en émoi. Le Consul arrivait dans sa loge : à peine y était-il assis qu'une personne met le pied sur le rebord de la loge voisine et porte vivement la main sur la poitrine du Consul; tous les spectateurs du côté opposé frémirent : c'était une pétition que l'Empereur prit et lut froidement; après quoi il pencha la tête hors de la loge et, regardant la personne, fit un signe d'assentiment. Alors partirent des applaudissements unanimes. C'était la femme d'un Vendéen qui venait d'obtenir la grâce de son mari condamné à mort.

Le fanatique de Schœnbrunn, disait l'Empereur, était le fils d'un ministre protestant d'Erfurt, qui, vers le temps de la bataille de Wagram, résolut d'assassiner Napoléon en pleine parade. Déjà il était venu à bout de percer l'enceinte des soldats qui retenait la foule éloignée de la personne de l'Empereur, déjà il en avait été repoussé deux ou trois fois, quand le général Rapp, voulant de nouveau l'éloigner de la main, sentit quelque chose sous son habit; c'était un couteau d'un pied de long, pointu et tranchant des deux côtés. « J'en ai frémi en le considérant, disait l'Empereur; il n'était enveloppé que d'une simple gazette. »

Napoléon se fit amener l'assassin dans son cabinet : il appela Corvisart, et lui ordonna de tâter le pouls au criminel, tandis qu'il lui adressait la parole. L'assassin demeura constamment sans émotion, avouant son acte, d'une voix ferme, et citant souvent la Bible.

« Que me vouliez-vous? lui dit l'Empereur. — Vous tuer. — Que vous ai-je fait? Qui vous a établi mon juge ici-bas? — Je voulais terminer la guerre. — Et que ne vous adressiez-vous à l'empereur François? — Lui! Et à quoi bon? Il est si nul! disait l'assassin. Et puis, lui mort, un autre lui succéderait; au lieu qu'après vous les Français disparaîtraient aussitôt de l'Allemagne. »

Vainement l'Empereur chercha à l'émouvoir. « Vous repentez-vous? lui dit-il. — Non. — Le feriez-vous encore? — Oui. — Mais si je vous faisais grâce? » Ici pourtant, disait Napoléon, la nature reprit un instant ses droits; la figure, la voix de l'homme s'altérèrent momentanément. « Alors, dit-il, je croirais que Dieu ne le veut plus. » Mais bientôt il reprit toute sa férocité. On le garda à l'écart plus de vingt-quatre heures sans manger; le médecin l'examina encore; on le questionna de nouveau : tout fut inutile; il resta toujours le même homme, ou, pour mieux dire, une véritable bête féroce, et on l'abandonna à son sort.

V

Jugement de Napoléon sur la conspiration de Mallet.

Napoléon nous parlait avec le plus grand dédain de l'échauffourée de Mallet.

« Cette extravagance ne fut au fond qu'une véritable mystification : c'est un prisonnier d'État, homme obscur, qui s'échappe pour emprisonner à son tour le préfet, le ministre même de la police, ces gardiens de cachots, ces flaireurs de conspirations, lesquels se laissent moutonnement garrotter. C'est un préfet de Paris, le répondant-né de son département, très-dévoué d'ailleurs, mais qui se prête sans la moindre opposition aux arrangements de réunion d'un nouveau gouvernement qui n'existe pas. Ce sont des ministres nommés par les conspirateurs, occupés de bonne foi à ordonner leur costume et faisant leur tournée de visites, quand ceux qui les avaient nommés étaient déjà rentrés dans les cachots. C'est enfin toute une capitale apprenant au réveil l'espèce de débauche politique de la nuit, sans en avoir éprouvé le moindre inconvénient. Une telle extravagance, répétait l'Empereur, ne pouvait avoir absolument aucun résultat. La chose eût-elle en tout réussi, elle serait tombée d'elle-même quelques heures après ; et les conspirateurs victorieux n'eussent eu d'autre embarras que de trouver à se cacher au sein du succès. Aussi je me sentis bien moins choqué de l'entreprise du coupable que de la facilité avec laquelle ceux même qui m'étaient le plus attachés se seraient rendus ses complices. A mon arrivée, chacun me racontait avec tant de bonne foi tous les détails qui les concernaient et qui les accusaient tous ! Ils avouaient naïvement qu'ils y avaient été attrapés, qu'ils avaient cru un moment m'avoir perdu. Ils ne se dissimulaient pas, dans la stupeur qui les avait frappés, avoir agi dans le sens des conspirateurs, et se réjouissaient avec moi du bonheur avec lequel ils y avaient échappé. Pas un seul n'avait à mentionner la moindre résistance, le plus petit effort pour perpétuer la chose établie. On ne semblait pas y avoir songé, tant on était habitué aux changements, aux révolutions ; c'est-à-dire que chacun s'est montré prêt et résigné à en voir surgir une nouvelle. Aussi tous les visages changèrent, et l'embarras de plusieurs devint extrême quand, d'un accent sévère, je leur dis : « Eh « bien ! messieurs, vous prétendez et vous dites avoir « fini votre révolution ! Vous me croyiez mort, dites- « vous ; je n'ai rien à dire à cela... Mais le roi de Rome ! « vos serments, vos principes, vos doctrines !... Vous « me faites frémir pour l'avenir... » Et alors je voulus un exemple pour éclairer du moins et tenir en garde les esprits. Il tomba sur le pauvre Frochet, le préfet de Paris, qui assurément m'était fort attaché. Mais à la simple requête de l'un de ces saltimbanques, au lieu d'efforts qui étaient l'obligation de sa place, d'une résistance désespérée qui eût dû le faire mourir à son poste, il convenait avoir ordonné tout bonnement de préparer le lieu des séances du nouveau gouvernement !...

VI

Dissolution du Corps législatif.

L'échauffourée de Mallet me rappelle une autre conspiration, car c'en fut une, dont les suites auraient pu être autrement fatales, si la fermeté de l'Empereur n'y eût mis ordre. Je veux parler de l'opposition et des menées du Corps législatif en 1813. J'ai encore devant les yeux le tableau de la séance du conseil d'État où Napoléon nous apprit que le Corps législatif allait être dissous.

Le dernier ou l'avant-dernier jour de décembre 1813; on savait que la séance devait être importante, sans pourtant en connaître l'objet. La crise était des plus graves : l'ennemi entrait sur le territoire français.

« Messieurs, dit l'Empereur, vous connaissez la situation des choses et les dangers de la patrie. J'ai cru, sans y être obligé, devoir en donner une communication intime aux députés du Corps législatif. J'ai voulu les associer ainsi à la défense de leurs intérêts les plus chers ; mais ils ont fait de cet acte de ma confiance une arme contre moi, c'est-à-dire contre la patrie. Au lieu de me seconder de leurs efforts ils gênent les miens. Notre attitude seule pouvait arrêter l'ennemi ; leur conduite l'appelle. Au lieu de lui montrer un front d'airain, ils lui découvrent nos blessures. Ils me demandent la paix à grands cris, lorsque le seul moyen pour l'obtenir était de me recommander la guerre ; ils se plaignent de moi, ils parlent de leurs griefs ; mais quel temps, quel lieu prennent-ils? N'était-ce pas en famille, et non en présence de l'ennemi, qu'ils devaient traiter de pareils objets ? Étais-je donc inabordable pour eux ? Me suis-je jamais montré incapable de discuter la raison ? Toutefois, il faut prendre un parti : le Corps législatif, au lieu de sauver la France, concourt à précipiter sa ruine. Il trahit ses devoirs, je remplis les miens : je le dissous. »

Alors il fit faire lecture d'un décret qui portait que deux cinquièmes du Corps législatif avaient déjà épuisé leurs pouvoirs ; qu'au 1er janvier un autre cinquième allait se trouver dans le même cas ; qu'alors la majorité du Corps législatif serait réellement composée de gens n'y ayant plus droit ; que, vu ces circonstances, le corps législatif était dès cet instant prorogé et ajourné jusqu'à ce que de nouvelles élections l'eussent complété.

Après la lecture, l'Empereur reprit : « Tel est le décret que je rends ; et si l'on m'assurait qu'il doit dans la journée porter le peuple de Paris à venir en masse me massacrer ici aux Tuileries, je le rendrais encore, car tel est mon devoir. Quand le peuple français me confia ses destinées, je considérai les lois qu'il me donnait pour le régir : si je les eusse crues insuffisantes, je n'aurais pas accepté. Qu'on ne pense pas que je suis un Louis XVI ; qu'on n'attende pas de moi des oscillations journalières. Pour être devenu empereur, je n'ai pas cessé d'être citoyen. Si l'anarchie devait être consacrée de nouveau, j'abdiquerais pour aller dans la foule jouir de ma part de la souveraineté, plutôt que de rester à la tête d'un ordre de choses où je ne pourrais que compromettre chacun sans pouvoir protéger personne. Du reste, conclut-il, ma détermination est conforme à la loi ; et si tous veulent aujourd'hui faire leur devoir, je dois être invincible derrière elle comme devant l'ennemi. »

On ne fit pas son devoir !...

VII

Retour de l'île d'Elbe.

Les malheurs de la campagne de Russie amenèrent l'abdication de Fontainebleau et le départ pour l'île d'Elbe.

Le retour de l'île d'Elbe est peut-être le fait le plus

prodigieux de l'histoire. Nous avons souvent interrogé l'Empereur sur ce grand événement.

Napoléon vivait à l'île d'Elbe sur la foi des traités : il apprend qu'il est question au congrès de Vienne de le déporter hors de l'Europe. On n'observait avec lui aucun des articles du traité de Fontainebleau ; les papiers publics l'instruisaient de la disposition des esprits en France ; son parti fut pris. Il en garde le secret jusqu'aux derniers moments ; tout se prépare, sous un prétexte ou sous un autre. Ce n'est qu'en se trouvant à bord que les soldats conçurent les premiers soupçons, et 1000 ou 1200 hommes et quelques esquifs mettent à la voile pour aller reprendre possession d'un empire de trente-quatre millions d'habitants !

Il y avait près de 5 ou 600 hommes sur le brick où Napoléon s'embarqua : c'était, disait-il, l'équipage d'un 74. On fut rencontré par un brick de guerre français avec lequel on parla. On a prétendu que le capitaine du brick français avait reconnu les figures, et avait crié trois fois en se séparant : *Bon voyage!* Quoi qu'il en soit, l'officier qui conduisait l'Empereur lui proposa d'aborder ce brick et de l'enlever. L'Empereur repoussa cette idée comme absurde : elle ne pouvait être raisonnable que si on y eût été forcé par la nécessité. « Autrement, à quoi bon, disait-il, compliquer mon dessein de ce nouvel incident ? De quelle utilité eût pu m'être le succès ? A quoi ne m'exposait pas le plus léger contretemps ? »

Et que ne peuvent la bizarrerie et les rapprochements du hasard ! J'ai eu la preuve, depuis, que le brick sur lequel était l'Empereur et celui avec lequel on parlementait étaient jumeaux, et avaient été construits précisément avec des bois donnés à l'État par Napoléon, qui les tenait d'un héritage en Toscane, celui sans doute du vieil abbé son parent, dont il a été question ailleurs.

Il avait débarqué au golfe Juan quelques heures avant la nuit, et y avait établi son bivouac. On lui amena bientôt après un postillon en belle livrée. Il se trouva qu'il avait fait partie de sa maison; il avait appartenu à l'impératrice Joséphine, et servait en ce moment le prince de Monaco, qui lui-même avait été écuyer de l'impératrice Joséphine. Ce postillon, questionné par l'Empereur, lui disait, dans son grand étonnement de le trouver là, qu'il arrivait de Paris, qu'il pouvait lui garantir qu'on allait le revoir partout avec plaisir; que sur toute sa route, jusqu'à Avignon, il n'avait entendu que des regrets de l'avoir perdu; son nom était publiquement dans toutes les bouches. Il ajoutait que sa belle livrée avait été souvent pour lui un objet de défaveur et d'insulte. Il assura l'Empereur que, la Provence une fois traversée, il trouverait tout le monde sur son passage, prêt à se réunir à lui. C'était là le témoignage d'un homme du peuple : il fut très-agréable à l'Empereur, qui avait calculé précisément de la sorte. Le prince de Monaco, amené lui-même, fut moins explicite; l'Empereur d'ailleurs ne le questionna point sur la politique : il avait des témoins au bivouac, il ne voulait pas s'exposer à entendre aucun détail qui pût laisser de mauvaises impressions sur ceux qui l'entouraient. La conversation ne fut donc que de plaisanterie : elle roula toute sur les dames de son ancienne cour des Tuileries, dont Napoléon s'informait en détail avec beaucoup de gaieté.

Au lever de la lune, vers une ou deux heures du matin, le bivouac fut rompu, et l'on se porta sur Grasse. Là, l'Empereur comptait trouver une route qu'il avait ordonnée sous l'empire : elle n'avait point été exécutée. Il fallut se résoudre à suivre des défilés difficiles et pleins de neige, ce qui lui fit laisser à Grasse, à la garde de la municipalité, sa voiture et deux pièces de canon qu'il avait débarquées ; c'est ce que les bulletins d'alors appelèrent une capture.

La municipalité de Grasse était fort royaliste ; mais l'apparition de l'Empereur fut si soudaine, qu'il n'y eut pas moyen d'hésiter ; elle vint donc faire sa soumission. L'Empereur traversa la ville, et fut s'arrêter militairement sur une hauteur un peu au delà ; on y fit halte et il y déjeuna. Bientôt il fut entouré de la population de la ville, et il parcourut cette multitude comme il l'eût fait à son cercle des Tuileries. C'était la même attitude, les mêmes demandes que s'il n'avait jamais quitté la France. L'un se plaignait de n'avoir pas encore reçu sa pension, l'autre demandait qu'on voulût bien augmenter la sienne ; la croix de celui-ci avait été retenue dans les bureaux ; celui-là demandait de l'avancement, etc. Il lui fallut recevoir une foule de pétitions qu'on avait déjà eu le temps d'écrire, et qu'on lui remettait comme s'il venait de Paris, faisant une tournée dans les départements.

Quelques patriotes chauds, versés dans les affaires, lui dirent mystérieusement que les autorités du lieu lui étaient fort opposées ; mais que la masse de la population, le petit peuple, était tout à lui, qu'on attendait seulement qu'il eût le dos tourné, et qu'alors il serait bientôt délivré des mécréants. « Donnez-vous-en bien de garde, dit l'Empereur, réservez-leur le supplice de voir notre triomphe sans avoir de reproches à nous faire ; soyez donc tranquille, conduisez-vous sagement. »

L'Empereur allait comme l'éclair. « La victoire, disait-il, devait être dans ma célérité. La France était pour moi dans Grenoble. Il y avait cent lieues ; moi et mes grognards nous les fîmes en cinq jours, et dans quels chemins ! et par quel temps ! J'y entrais, que

M. le comte d'Artois, averti par le télégraphe, ne faisait que quitter les Tuileries. »

Napoléon s'était regardé comme si sûr de la disposition des esprits et des choses, que le succès, pensait-il, ne devait tenir nullement aux forces qu'il amènerait avec lui. Se garantir d'un piquet de gendarmerie, disait-il, était tout ce qui lui fallait; or tout arriva comme il l'avait calculé : *la victoire marcha au pas de charge, et l'aigle avec les couleurs nationales vola de clocher en clocher jusqu'aux tours de Notre-Dame.* « Mais, ajoutait-il, ce ne fut pourtant pas d'abord sans de vives inquiétudes. » A mesure qu'il avançait, toutes les populations se prononçaient avec ardeur, il est vrai; mais il ne voyait aucun soldat, on les lui enlevait de son passage. Ce ne fut qu'entre Mure et Vizille, à cinq ou six lieues de Grenoble, et le cinquième jour de route, qu'on rencontra enfin un premier bataillon. L'officier qui le commandait refusa même de parlementer : alors l'Empereur n'hésita pas; il s'avança seul de sa personne; cent de ses grenadiers marchaient à quelque distance de lui, leurs armes renversées. La vue de Napoléon, son costume, sa petite redingote grise surtout, furent magiques sur les soldats, qui demeurèrent immobiles. Il continua droit à un vétéran dont le bras était chargé de chevrons, et le prenant rudement par la moustache, lui demanda s'il aurait bien le cœur de tuer son empereur. Le soldat, les yeux mouillés, mettant aussitôt la baguette dans son fusil pour montrer qu'il n'était pas chargé, lui répondit : « Tiens, regarde si j'aurais pu te faire beaucoup de mal : tous les autres sont de même. » Et des cris de *vive l'Empereur !* partent de tous côtés. Napoléon commande au bataillon un demi-tour à droite, et tout marche vers Paris.

A peu de distance de Grenoble, le colonel Labédoyère, à la tête de son régiment, vint se joindre à lui. Alors l'impulsion fut prononcée, et la question, dit l'Empereur, à peu près décidée.

Tous les paysans du Dauphiné bordaient les routes : ils étaient ivres de joie. Quand le premier bataillon dont on vient de parler hésitait encore, des milliers de paysans cherchaient à le décider par leurs cris de *vive l'Empereur !* tandis qu'une foule d'autres étaient sur les derrières de Napoléon, excitant la petite troupe à avancer, l'assurant qu'il ne lui serait fait aucun mal.

Dans une certaine ville s'offrit le spectable le plus touchant qu'on puisse imaginer : c'était la réunion d'un grand nombre de communes, ayant avec elles leurs maires et leurs curés. Du milieu de cette foule se précipite aux pieds de l'Empereur un des plus beaux grenadiers de sa garde, qui manquait à l'appel depuis quelques jours, et sur lequel on avait même conçu des doutes; dans ses yeux roulaient de grosses larmes de joie, il tenait dans ses bras un vieillard presque octogénaire ; il le présentait à l'Empereur en lui demandant sa bénédiction ; c'était son père qu'il avait été chercher et qu'il portait au milieu de cette multitude. L'Empereur avait ordonné plus tard, aux Tuileries, qu'on peignît un tableau de cette circonstance.

Napoléon arriva à la nuit sous les murs de Grenoble : sa promptitude déjouait toutes les mesures; on n'avait pas le temps de couper les ponts ni même de mettre les troupes en mouvement. Il trouva les portes de la ville fermées ; on refusait de les ouvrir ; le colonel qui commandait dans la place s'y opposait. « Car une circonstance qui doit caractériser spécialement cette révolution sans pareille, disait l'Empereur, c'est que les soldats ne manquèrent pas, jusqu'à un certain point, de discipline ni d'obéissance envers leurs chefs; seulement ils employèrent pour leur compte la force d'inertie comme un droit qu'ils auraient cru leur appartenir. » Ainsi on vit le premier bataillon exécuter toutes les manœuvres commandées, se retirer, ne vouloir pas communiquer, mais il ne chargea point ses armes; il n'aurait pas tiré. Devant Grenoble, toute la garnison sur les remparts criait *vive l'Empereur!* on se donnait les mains par les guichets, mais on n'ouvrait pas, parce que les supérieurs l'avaient défendu et avaient les clefs. Il fallut que l'Empereur fît enfoncer les portes, ce qui s'exécuta, quoiqu'il y eût auprès dix pièces d'artillerie de remparts chargées à mitraille. Et pour achever la bizarrerie des circonstances, le chef du premier bataillon et le colonel, qui s'étaient si ouvertement opposés à l'Empereur, questionnés par lui s'il pouvait compter sur eux, répondirent que oui, que leurs soldats les avaient abandonnés, mais qu'eux n'abandonneraient pas leurs soldats, que, puisqu'ils s'étaient prononcés pour lui, ils lui seraient fidèles; et l'Empereur les conserva.

Du reste, il n'est point de bataille où l'Empereur ait couru plus de dangers qu'en entrant dans Grenoble: les soldats se ruèrent sur lui avec tous les gestes de la fureur et de la rage; on frémit un instant, on eût pu croire qu'il allait être mis en pièces; ce n'était que le délire de l'amour et de la joie; il fut enlevé lui et son cheval. A peine commençait-il à respirer dans l'auberge où il avait été déposé, qu'un redoublement de tumulte se fait entendre: c'étaient les portes de la ville que les habitants venaient lui offrir, disaient-ils, au défaut des clefs qu'on n'avait pu lui présenter.

« Une fois dans Grenoble, j'étais devenu une véritable puissance, disait l'Empereur; j'eusse pu nourrir la guerre, s'il fût devenu nécessaire de la faire. »

L'Empereur regrettait fort alors de n'avoir pas fait imprimer ses proclamations à l'île d'Elbe; mais il avait craint de laisser pénétrer son secret. Il les avait donc dictées à bord du brick, où tout ce qui savait écrire avait été employé à les copier. On était obligé d'en écrire encore chemin faisant, afin de les répandre dans la route, tant elles étaient avidement demandées; elles étaient donc rares, souvent incorrectes ou même illisibles; et pourtant on en sentait à chaque pas la nécessité, car on s'apercevait aussitôt de toute l'impression qu'elles produisaient. Ces populations se sont fort éclairées par nos vingt dernières années, et, malgré tout le bonheur de revoir l'Empereur, on s'y demandait cependant avec inquiétude quel allait être son objet. Tous étaient aussitôt satisfaits quand ils avaient lu le sentiment national des proclamations, et leur joie surtout était extrême quand ils apprenaient là que Napoléon n'avait pas de troupes étrangères avec lui. Sa marche était si rapide et ses mouvements si prompts, qu'on avait fait mille contes sur ses forces et leur composition. On voulait qu'il eût avec lui des Napolitains, des Autrichiens, etc., même des Turcs.

De Grenoble à Paris, ce ne fut plus qu'une marche triomphale.

Durant les trois ou quatre jours que l'Empererеur demeura à Lyon, il y eut constamment plus de 20,000 âmes sous ses fenêtres; les cris ne discontinuèrent jamais.

C'était comme un souverain qui n'aurait jamais quitté ses sujets; il signait des décrets, expédiait des ordres, passait des revues, etc. Tous les corps, toutes les administrations, toutes les classes de citoyens s'empressaient de faire preuve de dévouement et d'hommages. Il n'y eut pas jusqu'à la garde nationale à cheval, composée de ce qu'il y avait de plus pur et de plus ardent dans le parti opposé, qui ne vînt solliciter l'honneur de garder sa personne; mais ils furent les seuls maltraités. «Messieurs, je vous remercie de vos services, dit l'Empereur; votre conduite envers M. le comte d'Artois m'apprend trop ce que vous feriez à mon égard, si la fortune venait à m'abandonner; je ne vous soumettrai point à cette nouvelle épreuve. » En effet, M. le comte d'Artois, en quittant Lyon, n'avait trouvé, assure-t-on, qu'un seul d'entre eux qui se dévouât à le suivre à Paris; et l'Empereur, sur qui tout ce qui était généreux avait des droits, apprenant la fidélité de ce volontaire, lui fit remettre la décoration de la Légion d'honneur.

Enfin l'Empereur, dans Lyon, administrait déjà, par des actes publics, avec cette précision, cette fermeté, cette confiance compagne d'une stabilité non interrompue. Rien en lui ne laissait apercevoir la trace des grands revers qui avaient précédé, ou des chances immenses qui pouvaient suivre.

Le trajet jusqu'à Paris se fit à peu près en poste. Nulle part il n'y avait opposition, ni lutte ni combat; ce n'était, à l'aspect de l'Empereur, littéralement parlant, qu'un simple changement de décoration théâtrale. Les avant-gardes n'étaient autre chose que les troupes qui se trouvaient en avant sur la route et auxquelles on envoyait des courriers. C'est ainsi que l'Empereur est entré dans Paris, avec les troupes mêmes qui en étaient sorties le matin pour le combattre. Un régiment, posté à Montereau, en franchit spontanément le pont, courut sur Melun et chargea les gardes du corps qui s'y trouvaient; et c'est, dit-on, ce qui décida le départ si soudain de la famille royale.

L'Empereur nous dit souvent que, s'il eût voulu ou ne s'y fût pas opposé, il eût traîné avec lui à Paris deux millions de paysans. A son approche, toutes les campagnes se levaient en masse; aussi répétait-il souvent que la seule conspiration avait été l'unanimité de l'opinion.

Le lendemain de l'arrivée de l'Empereur aux Tuileries, quelqu'un lui ayant dit que sa vie était une suite de prodiges, mais que ce dernier allait effacer tous les autres, je l'entendis répondre qu'il n'avait eu d'autre mérite que d'avoir bien jugé de l'état des choses en France, et d'avoir su lire dans le cœur des Français. Dans un autre moment, il nous rappelait que cela seul avait été toutes ses intelligences : « Car, si l'on excepte Labédoyère, qui accourut à moi d'enthousiasme et de cœur, et un autre encore qui me rendit franchement de grands et vrais services, beaucoup d'autres généraux, sur la route, se montrèrent incertains et de mauvaise grâce; ils ne firent que céder à l'impulsion de leurs soldats, si même ils ne se montrèrent hostiles. »

L'Empereur fit son entrée aux Tuileries vers neuf heures du soir avec une centaine de chevaux, et comme s'il arrivait de l'un de ses palais. Mettant pied à terre, il faillit être étouffé par un gros d'officiers et de citoyens qui se l'arrachèrent pour en toucher quelque chose, et le transportèrent à bras dans son salon. Il y trouva son dîner prêt; on aurait dit que les derniers événements depuis Fontainebleau n'étaient qu'un rêve.

Je me rappelle une anecdote qui se rattache au 20 mars, et qui prouve combien Napoléon avait à cœur de reconquérir son trône et son peuple sans qu'une goutte de sang fût versée.

A peine était-il entré dans ses appartements aux Tuileries, que le capitaine des dragons G. D.... se présente à lui : il était porteur de la capitulation de Vincennes, qui venait d'être obtenue par une rare audace et une grande adresse. Napoléon sourit d'abord aux détails qu'il se fait raconter; puis, frappé du ton d'exaltation et des expressions enflammées du narrateur, et se rappelant tout à coup le gouverneur, marquis de Puyvert, il dit brusquement: « Mais, monsieur, vous ne me parlez pas du gouverneur; qu'en a-t-on fait? — Sire, reprend l'officier avec plus de calme, on lui a délivré un passe-port, on l'a fait escorter, il est hors de Paris. » Napoléon, faisant alors deux pas, saisit la main de l'officier avec une expression qui trahit toute l'anxiété qu'il venait d'éprouver. — « Je suis content, monsieur, lui dit-il avec chaleur, c'est bien, très-bien, parfaitement bien! »

SIXIÈME PARTIE

LE CONSEIL D'ÉTAT, LES MINISTRES, FORME DU GOUVERNEMENT IMPÉRIAL

I

Organisation du conseil d'État.

« Le conseil d'État était généralement composé, disait l'Empereur, de gens instruits, bons travailleurs et de bonne réputation : Fermont et Boulay, par exemple, sont certainement de braves et honnêtes gens. Malgré les immenses affaires litigieuses qu'ils ont gérées et les gros émoluments dont ils jouissaient, on ne me surprendrait pas du tout si l'on m'apprenait qu'aujourd'hui ils sont tout au plus au-dessus de l'aisance. »

L'Empereur employait individuellement les conseillers d'État à tout, disait-il, et avec avantage. Le Conseil, pris en masse, était son véritable conseil, sa pensée en délibération, comme les ministres étaient sa pensée en exécution.

Au conseil d'État se préparaient les lois que l'Empereur présentait au Corps législatif, ce qui le rendait tout à fait un des éléments de la puissance législative; là se rédigeaient les décrets de l'Empereur, les règlements

12.

d'administration publique; là s'examinaient, se discutaient et se corrigeaient les projets de ses ministres, etc.

Le conseil d'État recevait l'appel et prononçait en dernier ressort sur tous les jugements administratifs; accidentellement, sur tous les autres tribunaux, même sur la cour de cassation. Là s'examinaient aussi les plaintes contre les ministres, les appels même de l'Empereur à l'Empereur mieux informé. Ainsi le conseil d'État, constamment présidé par l'Empereur, et souvent en opposition directe avec les ministres, ou en réformation de leurs actes et de leurs écarts, se trouvait naturellement le refuge des intérêts ou des personnes lésés par quelque autorité que ce fût; et quiconque y a assisté sait avec quelle chaleur la cause des citoyens s'y trouvait défendue. Une commission de ce conseil recevait toutes les pétitions de l'empire, et mettait sous les yeux du souverain celles qui méritaient son attention. Je ne crois pas qu'il y ait un exemple que l'Empereur n'ait pas adopté l'avis de la majorité de la commission, même quand ce n'était pas son avis personnel.

II

Séances remarquables.

Il est étonnant combien, à l'exception des gens de lois et des employés de l'administration, le reste, parmi nous, et surtout ce qu'on appelle la société, était dans l'ignorance de notre propre législation politique; on n'avait point du tout d'idées justes du conseil d'État, du Corps législatif, du sénat. C'était un adage reçu, par exemple, que le Corps législatif, réunion de muets, adoptait passivement, sans opposition, toutes les lois qu'on lui présentait : on attribuait à la complaisance et à la servilité ce qui ne tenait qu'à la nature et à la bonté de l'institution.

L'Empereur me demandait si la discussion était bien libre au conseil d'État, si sa présence n'en gênait pas les délibérations. Je lui citai une séance fort longue où il était demeuré constamment seul de son avis, et avait en conséquence succombé. Je fus assez heureux pour lui en rappeler, tant bien que mal, le sujet. Il y fut aussitôt. « Oui, dit-il, ce doit être une femme d'Amsterdam, sous le coup de la peine de mort, trois fois acquittée par les cours impériales, et dont la cour de cassation réclamait encore la mise en jugement. »

L'Empereur voulait que cet heureux concours de la loi eût épuisé sa sévérité à l'égard de l'accusée, que cette heureuse fatalité des circonstances tournât à son profit. On lui répondait qu'il possédait la bienfaisante ressource de faire grâce, mais que la loi était inflexible et qu'il fallait qu'elle eût son cours. La discussion fut fort longue. M. Muraire parla beaucoup et très-bien ; il entraîna tout le monde. L'Empereur, qui était constamment demeuré seul, se rendit en prononçant ces paroles remarquables : « Messieurs, on prononce ici par la majorité, je demeure seul, je dois céder ; mais je déclare que, dans ma conscience, je ne cède qu'aux formes. Vous m'avez réduit au silence, mais nullement convaincu. »

Dans le monde, où l'on ne se doutait même pas de ce qu'était le conseil d'État, on était persuadé que personne n'osait y prononcer une parole en sens différent de l'Empereur ; et je surprenais fort dans nos salons, lorsque je racontais qu'un jour, dans une discussion assez animée, interrompu trois fois dans son opinion, l'Empereur, s'adressant à celui qui venait de lui couper assez impoliment la parole, lui dit avec vivacité : « Monsieur, je n'ai point encore fini, je vous prie de me laisser continuer. Après tout, il me semble qu'ici chacun a bien le droit de dire son opinion. » Sortie qui, malgré le lieu et le respect, fit rire tout le monde et l'Empereur lui-même.

« Toutefois, lui disais-je, on pouvait s'apercevoir que les orateurs cherchaient à deviner quelle serait l'opinion de Votre Majesté ; on se voyait heureux d'avoir rencontré juste, embarrassé de se trouver dans un sens opposé ; on vous accusait de nous tendre des piéges pour mieux connaître notre pensée. » Néanmoins, la question une fois lancée, l'amour-propre et la chaleur faisaient qu'on soutenait généralement sa véritable opinion, d'autant plus que l'Empereur excitait à la plus grande liberté. « Je ne me fâche point qu'on me contredise, disait-il, je cherche qu'on m'éclaire ; parlez hardiment, répétait-il souvent, quand on se rendait obscur ou que l'objet était délicat ; dites toute votre pensée ; nous sommes ici entre nous, nous sommes en famille. »

Rien n'égalait l'intérêt que la présence et les paróles de l'Empereur répandaient sur les séances du conseil d'État. Il le présidait régulièrement deux fois par semaine, tant qu'il se trouvait dans la capitale, et alors aucun de nous n'y eût manqué pour tout au monde.

Une séance, disais-je à l'Empereur, m'avait surtout laissé les plus vives impressions.

Un parti religieux soufflait les discordes civiles ; on colportait en secret et on faisait circuler des bulles et des lettres du pape. Elles furent montrées à un conseiller d'État chargé du culte, qui, s'il ne les propagea pas lui-même, du moins n'en arrêta pas la circulation. Cela se découvrit, et l'Empereur l'interpella subitement en plein conseil : « Quel a pu être votre motif, lui dit-il, monsieur? Seraient-ce vos principes religieux? Mais alors pourquoi vous trouvez-vous ici? Je ne violente la conscience de personne. Vous ai-je pris au collet pour vous faire mon conseiller d'État? C'est une faveur insigne que vous avez sollicitée. Vous êtes ici le plus jeune, et le seul peut-être qui y soyez sans des titres personnels; je n'ai vu en vous que l'héritier des services de votre père. Vous m'avez fait un serment personnel; comment vos sentiments religieux peuvent-ils s'arranger avec la violation manifeste que vous venez d'en faire? Toutefois, parlez : vous êtes ici en famille, vos camarades vous jugeront. Votre faute est grande, monsieur! Une conspiration matérielle est arrêtée dès qu'on saisit le bras qui tient le poignard, mais une conspiration morale n'a point de terme; c'est une traînée de poudre. Peut-être qu'à l'heure qu'il est des villes entières s'égorgent par votre faute. » L'accusé, confus, ne répondait rien; dès la première interpellation, il était convenu du fait. La presque totalité du conseil, pour laquelle cet événement était inattendu, gardait, dans son étonnement, le silence le plus profond. « Pourquoi, continuait l'Empereur, dans l'obligation de votre serment, n'êtes-vous pas venu me découvrir le coupable et sa machination? Ne suis-je pas abordable à chaque instant pour chacun de vous? — Sire, se hasarda de répondre l'interpellé, c'était mon cousin. — Votre faute n'en est que plus grande, monsieur, répliqua vivement l'Empereur. Votre parent n'a pu être placé qu'à votre sollicitation; dès lors vous avez pris toute la responsabilité. Quand je regarde que quelqu'un est tout à fait à moi, comme vous l'êtes ici, ceux qui leur appartiennent, ceux dont ils répondent sont, dès cet instant, hors de toute police. Voilà quelles sont mes maximes. » Et comme le coupable continuait à ne rien dire : « Les devoirs d'un conseiller d'État envers moi sont immenses, conclut l'Empereur, vous les avez violés, monsieur, vous ne l'êtes plus. Sortez, ne reparaissez plus ici! » En sortant, comme il passait assez près de la personne de l'Empereur, l'Empereur lui dit en jetant les yeux sur lui : « J'en suis navré, monsieur, car j'ai présents la mémoire et les services de votre père. » Et quand il fut sorti, l'Empereur ajouta : « J'espère qu'une pareille scène ne se renouvellera jamais ; elle m'a fait trop de mal. Je ne suis pas défiant, je pourrais le devenir! Je me suis entouré de tous les partis ; j'ai mis auprès de ma personne jusqu'à des émigrés, des soldats de l'armée de Condé ; bien qu'on voulût qu'ils m'eussent assassiné, je dois être juste, tous m'ont été fidèles. Depuis que je suis au gouvernement, voilà le premier individu auprès de moi qui m'ait trahi. » Et se tournant vers M. Locré, qui rédigeait les séances du conseil d'État : « Vous écrirez *trahi*, entendez-vous? »

Mais voici d'autres sujets, les uns plaisants, d'autres plus graves. Un jour le conseiller d'État général Gassendi, se trouvant prendre part à la discussion du moment, s'y appuya de la doctrine des économistes ; l'Empereur, qui l'aimait beaucoup à titre d'ancien camarade de l'artillerie, l'arrêtant, lui dit : « Mais, mon cher, qui vous a rendu si savant, où avez-vous pris de tels principes? » Gassendi, qui parlait rarement, après s'être défendu de son mieux, se trouvant dans ses derniers retranchements, répondit qu'après tout c'était de lui, Napoléon, qu'il tenait cette opinion. « Comment, s'écria l'Empereur avec chaleur, que dites-vous là? est-ce bien possible? comment! de moi qui ai toujours pensé que, s'il existait une monarchie de granit, il suffirait des idéalités des économistes pour la réduire en poudre! » Et après quelques autres développements, partie ironiques, partie sérieux, il conclut: « Allons, mon cher, vous vous serez endormi dans vos bureaux, et vous y aurez rêvé tout cela. » Gassendi, qui se fâchait aisément, lui riposta : « Oh! pour nous endormir dans nos bureaux, sire, c'est une autre affaire, j'en défierais bien avec vous; vous nous y tourmentez trop pour cela. » Et tout le conseil de rire, et l'Empereur plus fort que les autres.

Une autre fois on s'occupait d'organiser les provinces Illyriennes, acquises depuis peu. La partie de ces provinces limitrophe des Turcs avait des régiments croates dont l'organisation était toute particulière; c'étaient de vraies colonies militaires : elles avaient été imaginées, il y avait plus d'un siècle, par le grand Eugène, pour servir de barrière contre les incursions et les brigandages des Turcs, et avaient toujours depuis fort bien rempli leur destination. La commission chargée de ce travail proposait la dissolution de ces régiments croates, et les remplaçait par une garde nationale à l'instar de la nôtre. « Est-on fou? s'écria l'Empereur à cette lecture, des Croates sont-ils des Français et a-t-on bien compris l'excellence de l'institution, son utilité, son importance? — Sire, répondit celui qui se trouvait dans l'obligation de défendre le rapport, les Turcs n'oseraient pas aujourd'hui recommencer leurs excès. — Et pourquoi cela? — Sire, parce que Votre Majesté est devenue leur voisin. — Eh bien? — Sire, ils auraient trop de respect pour votre puissance. — Ah! oui, sire, sire, reprit vertement l'Empereur, des compliments à présent! Eh bien, monsieur, allez les porter aux Turcs, qui vous répondront par des coups de fusil, et vous viendrez m'en donner des nouvelles. » Et il prononça dès cet instant que les régiments croates seraient conservés.

Un jour, on nous proposa un projet de décret touchant les ambassadeurs. Ce projet était fort remarquable; je ne pense pas qu'on en ait eu connaissance dans le monde. La froideur du conseil à ce sujet le fit disparaître, ainsi que beaucoup d'autres qui ont éprouvé le même sort; ce qui, pour le dire en passant, donne une preuve de plus d'une certaine indépendance dans le conseil, et montre dans l'Empereur plus de modération qu'on ne lui en croyait.

L'Empereur, qui semblait seul appuyer ce décret et y tenir beaucoup, dit, dans sa défense, des choses très-curieuses. Il prétendait que les ambassadeurs n'eussent ni prérogatives ni priviléges qui pussent les mettre à l'abri des lois du pays; tout au plus accordait-il qu'ils fussent soumis seulement à une juridiction plus relevée. « Je ne m'opposerais pas, par exemple, disait-il, à ce qu'ils ne devinssent justiciables qu'après une décision préalable d'une réunion des ministres et des hauts dignitaires de l'empire, à ce qu'ils ne fussent jugés que par un tribunal spécial, composé des premiers magistrats et des premiers fonctionnaires de l'État. M'objecteriez-vous que les souverains, se trouvant compromis dans la personne de leurs représentants, ne m'enverraient plus d'ambassadeurs? Où serait le malheur? Je retirerais les miens, et l'État y gagnerait d'immenses salaires fort onéreux, et souvent au moins très-inutiles. Pourquoi voudrait-on soustraire les ambassadeurs à toute juridiction? Ils ne doivent être envoyés que pour être agréables, pour entretenir un échange de bienveillance et d'amitié entre les souverains respectifs. S'ils sortent de ces limites, je voudrais qu'ils rentrassent dans la classe de tous, dans le droit commun. Je ne saurais admettre tacitement qu'ils pussent être auprès de moi à titre d'espions à gages; ou bien alors je suis un sot et je mérite tout le mal qu'il peut m'en arriver. Seulement il s'agit de s'entendre et de le proclamer d'avance, afin de ne pas tomber dans l'inconvénient de violer ce qu'on est convenu d'appeler jusqu'ici le droit des gens et les habitudes reçues.

« Au plus fort d'une crise célèbre, disait-il, on vint m'avertir qu'un grand personnage (M. le comte d'Artois), venu furtivement de Londres, s'était réfugié chez M. de Cobentzel, et s'y croyait à l'abri sous les immunités de cet ambassadeur d'Autriche. Je mandai M. de Cobentzel pour connaître le fait, et lui déclarer qu'il serait malheureux qu'il en fût ainsi; car un puéril usage ne serait rien à mes yeux contre le salut d'une nation; que je n'hésiterais pas à faire saisir le coupable et son recéleur privilégié, à les livrer tous deux à un tribunal, et à les faire exécuter : et je l'aurais fait, messieurs, ajouta-t-il fièrement, en élevant la voix. On le savait bien, aussi on ne s'y frottait pas. » Ces paroles me parurent terribles alors; mais aujourd'hui que je connais si bien Napoléon, je suis sûr qu'elles étaient prononcées bien moins pour le personnage qu'elles concernaient que pour nous tous qui écoutions.

L'Empereur, longtemps avant son expédition de Russie, un ou deux ans peut-être, avait voulu établir dès lors un classement militaire de la nation. Il fut lu au conseil d'État jusqu'à quinze ou vingt rédactions de l'organisation de trois bans de la garde nationale en France. Le premier, celui des jeunes gens, était d'aller jusqu'à la frontière; le second, celui de l'âge mitoyen et des hommes mariés, ne sortait pas du département; enfin le dernier, celui des hommes âgés, demeurait uniquement à la défense de la ville. L'Empereur qui y tenait beaucoup, y revint souvent, et dit de très-belles choses extrêmement patriotiques; mais il y eut constamment dans tout le conseil une défaveur marquée, une opposition sourde et inerte. Les affaires marchaient, et l'Empereur, attiré par d'autres objets, vit échapper ce plan que sa prévoyance calculait sans doute pour notre salut, et qui l'eût été en effet! Par ce plan, plus de deux millions d'individus se seraient trouvés classés, armés lors des désastres; qui alors eût osé nous aborder? Dans une de ces séances, l'Empereur eut un mouvement fort chaud, fort remarquable. Un membre (M. Malouet) employait beaucoup de circonlocutions peu favorables à cette organisation. L'Empereur lui adressa sa phrase habituelle. « Parlez hardiment, monsieur; ne mutilez pas votre pensée, dites-la tout entière; nous sommes ici entre nous. » L'orateur alors déclara que cette mesure alarmait tout le monde, que chacun frémissait de se voir classé, dans la persuasion que, sous le prétexte de la défense intérieure, on ne s'occupait que du moyen de les transporter au dehors. « Eh bien! à la bonne heure, dit l'Empereur, je vous comprends à présent. Mais, messieurs, dit-il en s'adressant à tout le conseil, vous êtes tous pères de famille, jouissant d'une grande fortune, exerçant des emplois importants; vous devez avoir une immense clientèle; vous devez être bien gauches ou bien peu soigneux, si, avec tous ces avantages, vous n'exercez pas une grande influence d'opinion. Or, comment se fait-il que vous, qui me connaissez si bien, me laissiez si peu connu? Et depuis quand m'avez-vous vu employer la ruse et la fraude dans mon système de gouvernement? Je ne suis point timide, et n'ai point l'usage des voies obliques. Si j'ai un défaut c'est de m'expliquer trop vertement, trop laconiquement peut-être; je me contente de prononcer; j'ordonne, parce que je m'en repose ensuite, pour les formes et les détails, sur les intermédiaires qui exécutent; et Dieu sait si, sur ce point, j'ai beaucoup à me louer! Si donc j'avais besoin de monde, je le demanderais hardiment au sénat qui me l'accorderait; et si je ne l'obtenais de lui, je m'adresserais au peuple même, que vous verriez marcher avec moi. Je vous étonne peut-être, car vous semblez parfois ne pas vous douter du véritable état des choses. Sachez que ma popularité est immense, incalculable; car, quoi qu'on en veuille dire, partout le peuple m'aime et m'estime; son gros bon sens l'emporte sur toute la malveillance des salons et la métaphysique des niais. Il me suivrait en opposition de vous tous. Cela vous étonne encore, et pourtant il en serait ainsi: c'est qu'il ne connaît que moi; c'est par moi qu'il jouit sans crainte de tout ce qu'il a acquis; c'est par moi qu'il voit ses frères, ses fils, indistinctement avancés, décorés, enrichis; c'est par moi qu'il voit ses bras facilement et toujours employés, ses sueurs accompagnées de quelques jouissances. Il me trouve toujours sans injustice, sans préférence. Or, il voit, il touche, il comprend tout cela et rien de plus, rien surtout de la métaphysique; non que je repousse les vrais, les grands principes, le ciel m'en préserve! on me les voit pratiquer autant que nos circonstances extraordinaires me le permettent; mais je veux dire que le peuple ne les comprend pas encore, au lieu qu'il me comprend tout à fait et s'en fie à moi. Croyez donc qu'il fera toujours ce que nous réglerons pour son bien. Ne vous en laissez pas surtout imposer par l'opposition que vous mentionnez: elle n'existe que dans les salons de Paris, nullement dans la nation; et, dans le projet qui nous occupe en cet instant, je n'ai nulle vue ultérieure au dehors, je le déclare; je ne pense qu'à la sûreté, au repos, à la stabilité de la France au dedans. Poursuivez donc les bans de la garde nationale; que chaque citoyen connaisse son parti au besoin ; que M. Cambacérès, que voilà, soit dans le cas de prendre son fusil si le danger le requiert, et alors vous aurez vraiment une nation maçonnée à chaux et à sable, capable de défier les siècles et les hommes. Je relèverai, du reste, cette garde nationale à l'égal de la ligne; les vieux officiers retirés en seront les chefs et les pères ; j'en ferai solliciter les grades à l'égal des faveurs de là cour, etc., etc. »

On doit retrouver tout cela dans les registres de M. Locré, partie au sujet des bans de la garde nationale, partie encore, autant que je puis me le rappeler, au sujet d'une des conscriptions annuelles. Je me souviens aussi qu'il fut particulièrement question, un jour, de l'Université. L'Empereur se fâchait sur le peu de progrès et la mauvaise direction de sa marche. M. de Ségur fut chargé de présenter un rapport à ce sujet, et le fit avec sa franchise et sa loyauté accoutumées. Il abordait franchement la question, trouvait que la création de l'Empereur était mal comprise, mal exécutée; que la science ne devait y être que secondaire; que les principes et la doctrine nationale devaient y passer avant tout, et que c'était pourtant ce dont on semblait s'y occuper le moins. L'Empereur ne se trouvait pas à la séance. Le travail de M. de Ségur déplut sans doute aux amis du principal intéressé. Nous avions le tort de sacrifier beaucoup à l'esprit des coteries. Ce rapport ne reparut jamais; on le retira de nos cartons, et l'on y mit même assez d'importance pour le redemander à ceux de nous qui l'avaient emporté chez eux.

Toutefois, à quelque temps de là, les grands dignitaires de l'Université furent mandés à la barre du conseil. L'Empereur se fâcha, parla de la mauvaise organisation, du mauvais esprit qui semblait présider à cette institution importante, dit qu'on gâtait toutes ses idées, qu'on n'exécutait jamais bien ses intentions. Le grand maître courba devant l'orage, et n'en continua pas moins son train accoutumé; et l'Empereur dit qu'à son retour de l'île d'Elbe on l'a assuré que ce même grand maître de l'Université s'était vanté, auprès du gouvernement qui succédait, d'avoir gêné, dénaturé, autant qu'il avait été en son pouvoir, l'impulsion que Napoléon avait prétendu imprimer aux générations qui s'élevaient, et d'avoir par là empêché bien du mal.

Je pourrais multiplier à l'infini des citations pareilles : elles doivent être demeurées dans le souvenir de tous les membres du conseil comme dans le mien. A présent l'on s'étonnera peut-être qu'ayant si souvent vu l'Empereur, qu'en ayant entendu de telles paroles, j'aie dit que je ne le connaissais pas encore quand je me suis déterminé à le suivre. Ma réponse est que dans les temps dont je parle j'avais à son sujet encore plus d'admiration et d'enthousiasme que de véritable conviction. Nous étions assaillis, dans le palais même, de tant de bruits absurdes sur sa personne et son petit intérieur, nous avions si peu de communication directe avec lui, qu'à force d'avoir entendu répéter les mêmes choses, il me restait peut-être, à l'insu de moi-même, une espèce de défiance et de doute. On nous le disait si dissimulé, si astucieux, si rusé, qu'il était possible, après tout, qu'il prononçât en public d'aussi magnifiques paroles dans quelque vue particulière et sans conviction de sa part; il en est tant qui pensent si mal et qui s'expriment si bien ! Aussi ce n'est qu'ici, à Longwood, et depuis que j'ai appris à le connaître à fond par une vie d'intimité qu'il daigna me permettre, que je sais combien il était là réellement et naturellement lui-même. Jamais peut-être sur la terre nul n'aima la France et son lustre comme lui; il n'est pas de sacrifice qui lui eût coûté pour elle. Il l'a prouvé à Châtillon, il l'a prouvé au retour de Waterloo, et il l'exprimait énergiquement quand sur son roc il me disait ces paroles mémorables que j'ai déjà citées : « Non, mes véritables souffrances ne sont point ici ! »

III

Intérieur du conseil d'État.

On me pardonnera d'ajouter quelques détails d'intérieur. Napoléon est si grand que tout de lui intéresse. Il semble qu'on veuille savoir tout ce qui le concerne.

La salle du conseil d'État aux Tuileries, lieu ordinaire des séances, était une pièce latérale à la chapelle et de toute sa longueur; le mur mitoyen présentait plusieurs portes pleines, qui, ouvertes le dimanche, formaient les travées de la chapelle; c'était une très-belle pièce allongée. A l'une de ses extrémités, vers l'intérieur du palais, était une grande et belle porte qui servait de passage à l'Empereur, lorsque, suivi de sa cour, il se rendait le dimanche à sa tribune pour y entendre la messe. Cette porte ne s'ouvrait le reste de la semaine que pour l'Empereur, quand il arrivait à son conseil d'État. Les membres de ce conseil n'entraient que par deux petites portes pratiquées à l'extrémité opposée.

Dans toute la longueur de la salle, à droite et à gauche, était établie accidentellement et pour le temps du conseil seulement, une longue file de tables assez éloignées du mur pour y admettre un siége et une libre circulation extérieure. Là s'asseyaient hiérarchiquement les conseillers d'État, dont la place d'ailleurs se trouvait désignée par un carton portant leur nom et renfermant leurs papiers. A l'extrémité de la salle, vers la grande porte d'entrée et transversalement à ces deux files de tables, il en était placé de semblables pour les maîtres des requêtes; les auditeurs prenaient place sur des tabourets ou des chaises, en arrière des conseillers d'État.

A l'extrémité supérieure de la salle, en face de la grande porte d'entrée, se trouvait la place de l'Empereur, sur une estrade élevée d'une ou deux marches. Là étaient son fauteuil et une petite table recouverte d'un riche tapis et garnie de tous les accessoires nécessaires, ainsi qu'en avaient devant eux tous les membres du conseil : papier, plumes, encre, canifs, etc.

A la droite de l'Empereur, mais au-dessous de lui et à notre niveau, le prince archichancelier, sur sa petite table séparée; à sa gauche, le prince architrésorier, qui y assistait fort rarement; enfin, à la gauche encore de celui-ci, M. Locré, rédacteur des procès-verbaux du conseil.

Quand il venait accidentellement des princes de la famille, ils avaient une pareille table placée sur le même alignement, et selon leur rang hiérarchique. Si c'étaient seulement des ministres, qui tous d'ailleurs avaient faculté de se présenter au conseil quand bon leur semblait, ceux-ci prenaient place sur les files latérales, en tête des premiers conseillers d'État. Une grande enceinte intérieure restait vide; elle n'était jamais traversée que par l'Empereur ou les membres du conseil quand ils allaient lui prêter serment.

C'est dans cet endroit que, durant près de dix-huit mois, j'ai joui de la satisfaction inappréciable d'assister régulièrement deux fois la semaine à des séances si précieuses par leur intérêt spécial, et bien plus encore par la présence de l'Empereur, qui n'y manquait jamais, et semblait en être réellement l'âme et la vie. C'est là que je l'ai vu prolonger quelquefois les séances depuis onze heures du matin jusqu'à neuf heures du soir, et montrer à la fin autant de facilité, d'abondance, de fraîcheur, d'esprit et de tête qu'en commençant, lorsque nous autres nous tombions tous de lassitude et de fatigue.

L'heure de la séance du conseil était indiquée chaque fois dans nos lettres de convocation; en général c'était pour onze heures.

Quand un nombre suffisant de membres était arrivé, l'archichancelier, qu'on y trouvait toujours le premier, et qui présidait le conseil en l'absence de l'Empereur, ouvrait la séance, et entamait alors ce qu'on appelait *le petit ordre du jour*, ne contenant que les affaires de simples localités et de pure forme.

Une heure plus tard, d'ordinaire, le tambour battant aux champs dans l'intérieur du palais nous annonçait l'arrivée de l'Empereur. La grande porte s'ouvrait, on annonçait Sa Majesté : tout le conseil se levait, et l'Empereur entrait, précédé de son chambellan et de son aide de camp de service qui lui présentaient son fauteuil, recevaient son chapeau, et demeuraient à la séance en arrière de lui, prêts à recevoir et à exécuter ses ordres.

L'archichancelier présentait alors à l'Empereur *le grand ordre du jour*, contenant la série des objets en délibération. L'Empereur les parcourait, et nommait tout haut l'objet qu'il lui plaisait de déterminer. Le conseiller d'État chargé de ce rapport en faisait lecture, et la délibération commençait.

Chacun pouvait prendre la parole : si plusieurs se présentaient à la fois, l'Empereur en désignait l'ordre; on parlait de sa place et assis; on ne pouvait pas lire, il fallait improviser. Quand l'Empereur jugeait la discussion, à laquelle d'ailleurs il prenait beaucoup de part lui-même, suffisamment éclaircie, il faisait un résumé toujours lumineux, souvent neuf et piquant, concluait et mettait aux voix.

J'ai dit ailleurs de quelle liberté on jouissait dans ces délibérations. L'ardeur, s'animant par degrés, devenait parfois extrême, et souvent les discussions se prolongeaient outre mesure, surtout lorsque l'Empereur, s'occupant probablement d'autre chose, semblait, par distraction ou autrement, y être devenu étranger; alors d'ordinaire il promenait sur la salle un œil incertain, ou mutilait les crayons avec son canif, ou piquait avec ce même canif le tapis de sa table, ou les bras de son fauteuil, ou bien encore usait son crayon ou sa plume à des griffonnages ou à des traits bizarres, qui, à son départ, devenaient l'objet de la convoitise des jeunes gens, qui se les arrachaient; et il fallait voir alors, si par hasard il y avait tracé quelque nom de pays ou de capitale, les inductions à perte de vue qu'on cherchait à en tirer.

Quelquefois aussi, comme l'Empereur venait au conseil après de grandes fatigues du matin, il lui arrivait d'arrondir son bras sur la table, d'y poser la tête et de s'endormir. L'archichancelier se saisissait, dès cet instant, de la délibération, qui allait toujours son train, et que l'Empereur, à son réveil, reprenait au point où elle se trouvait, si même elle n'était terminée et remplacée par une nouvelle. Il arrivait encore quelquefois à l'Empereur de demander un verre d'eau et du sucre; et à cet effet, et pour son usage, il se trouvait sur l'une des tables de la chambre voisine, et hors de toute précaution, tout ce qui était nécessaire.

IV.

Éloquence de l'Empereur.

Napoléon savait mieux que personne parler au soldat. Familier avec lui dans le bivouac, il l'enthousiasmait, au moment de la bataille, par quelques paroles pleines d'entraînement et de génie. Ses harangues militaires sont dans tous les souvenirs. Ce que l'on sait moins, c'est que son éloquence ne lui faisait pas défaut dans des circonstances fort différentes. Il présida constamment les séances de la confection du code civil. Tronchet en était l'âme, disait-il, et lui, Napoléon, le démonstrateur. Tronchet avait un esprit éminemment profond et juste, mais il sautait par-dessus les développements, parlait fort mal, et ne savait pas se défendre. Tout le conseil, disait l'Empereur, était d'abord contre ses énoncés; mais lui, Napoléon, dans son esprit vif et sa grande facilité de saisir et de créer des rapports lumineux et nouveaux, prenait la parole, et, sans autre connaissance de la matière que les bases justes fournies par Tronchet, développait ses idées, écartait les objections et ramenait tout le monde.

Dans une séance sur les décès des militaires, quelques difficultés s'élevant sur ceux mourant en terre étrangère, le premier consul reprit vivement : « Le militaire n'est jamais chez l'étranger lorsqu'il est sous le drapeau; où est le drapeau, là est la France! »

Les premiers légistes du conseil étaient pour que la mort civile entraînât la dissolution du contrat civil du mariage. La discussion fut très-vive. Le premier consul, dans un beau mouvement, s'y opposa en ces termes :

« Il serait donc défendu à une femme profondément convaincue de l'innocence de son mari de suivre dans sa déportation l'homme auquel elle est le plus étroitement unie; ou si elle cédait à sa conviction, à son devoir, elle ne serait plus qu'une concubine! Pourquoi ôter à ces infortunés le droit de vivre l'un auprès de l'autre sous le titre honorable d'époux légitimes?

« Si la loi permet à la femme de suivre son mari sans lui accorder le titre d'épouse, elle permet l'adultère.

« La société est assez vengée par la condamnation, lorsque le coupable est privé de ses biens, séparé de ses amis, de ses habitudes; faut-il encore étendre la peine jusqu'à la femme, et l'arracher avec violence à une union qui identifie son existence avec celle de son époux? Elle vous dirait : Mieux valait lui ôter la vie; du moins il me serait permis de chérir sa mémoire; mais vous ordonnez qu'il vive, et vous ne voulez pas que je le console! Eh! combien d'hommes ne sont coupables qu'à cause de leur faiblesse pour leurs femmes! Qu'il soit donc permis à celles qui ont causé leurs malheurs de les adoucir en les partageant. Si une femme satisfait à ce devoir, vous estimez sa vertu, et cependant vous ne mettez aucune différence entre elle et l'être infâme qui se prostitue, etc., etc.» On pourrait faire des volumes de pareilles citations.

Un jour l'Empereur, parlant des droits politiques à accorder à des étrangers d'origine française, disait : « Le plus beau titre sur la terre est d'être né Français; c'est un titre dispensé par le ciel, qu'il ne devrait être donné à personne sur la terre de pouvoir retirer. Pour moi, je voudrais qu'un Français d'origine, fût-il à sa dixième génération d'étranger, se trouvât encore Français s'il le réclamait. Je voudrais, s'il se présentait sur l'autre rive du Rhin disant : « Je veux être Français, » que sa voix fût plus forte que la loi, que les barrières s'abaissassent devant lui, et qu'il rentrât triomphant au sein de la mère commune. »

Une autre fois il disait, je ne sais plus précisément à quel sujet : « L'Assemblée constituante fut bien gauche d'abolir jusqu'à la noblesse purement titulaire, ce qui humilia beaucoup de monde. Moi, je fais mieux, j'anoblis tous les Français ; chacun peut être fier. »

Une autre fois il disait : « Je veux élever la gloire du nom français si haut qu'il devienne l'envie des nations ; je veux un jour, Dieu aidant, qu'un Français voyageant en Europe croie se trouver toujours chez lui. »

Enfin, une autre fois encore, et au sujet d'un projet de décret dont je ne me rappelle pas quel a été le résultat, mais qui avait pour objet de déterminer que les rois de la famille impériale occupant des trônes étrangers laisseraient leurs titres et leur étiquette de roi à la frontière, pour ne les reprendre qu'en sortant, l'Empereur, répondant à quelques objections et exposant les motifs, dit : « Du reste, je leur réserve en France un bien plus beau titre encore ; ils y seront plus que rois, ils seront princes français. »

Je me rappelle une autre occasion où l'éloquence de Napoléon le servit merveilleusement. Lorsqu'il fut visiter Amsterdam, la population, dit-il, était très-montée contre lui ; mais à peine avait-il paru, qu'il avait remué les cœurs les plus froids. Il ne voulut d'autre garde que la garde d'honneur de la ville, et ce trait de confiance lui ramena aussitôt tous les sentiments hollandais. Il était sans cesse au milieu d'eux tous. Dans une certaine occasion, il aborda vis-à-vis d'eux franchement la question : « On vous dit mécontents ; mais pourquoi ? La France ne vous a pas conquis, elle vous a adoptés ; il n'est aucune exclusion pour vous, vous partagez toutes les faveurs de la famille. Considérez-vous : j'ai pris parmi vous des préfets, des chambellans, des conseillers d'État, dans le juste rapport de votre population, et j'ai accru ma garde de votre garde hollandaise. Vous vous plaignez de souffrir? mais en France on souffre davantage; nous souffrons tous, et cela durera tant que l'ennemi commun, le tyran des mers, le vampire de votre commerce, ne sera pas ramené à la raison. Vous vous plaignez de vos sacrifices? Mais venez en France, et vous verrez tout ce qu'il vous reste encore au-dessus de nous; alors vous vous estimerez moins malheureux peut-être.... Mais pourquoi ne vous féliciteriez-vous pas plutôt de la fatalité qui amène votre réunion avec nous?... Dans la composition nouvelle de l'Europe, que seriez-vous désormais, laissés à vous-mêmes?... Les esclaves de tout le monde; au lieu qu'identifiés à la France, vous êtes appelés à faire un jour avec éclat tout le commerce du grand empire. » Puis, prenant le ton de la gaieté, il leur dit : « J'ai fait tout pour vous plaire et vous accommoder. Ne vous ai-je pas envoyé pour vous gouverner justement l'homme qu'il vous fallait, le bon et pacifique Lebrun? Vous pleurez avec lui, il pleure avec vous, vous pleurez ensemble; que pouvais-je faire de mieux? » Et à ces mots le flegme hollandais disparut; tout l'auditoire se mit à rire aux éclats, et l'Empereur put compter sur eux. « Du reste, ajouta-t-il, espérons que ce ne sera pas long; croyez que je le désire autant que vous. Ceux d'entre vous qui voient loin vous diront que rien de tout ceci n'est dans mon caprice ni dans mes intérêts. »

Je ne puis résister, comme contraste, au désir de citer encore cet admirable ordre du jour du premier consul, adressé à la garde consulaire.

Ordre du..... floréal an x.

« Le grenadier Gobain s'est suicidé par amour : c'était d'ailleurs un très-bon sujet. C'est le second événement de cette nature qui arrive au corps depuis un mois.

« Le premier consul ordonne qu'il soit mis à l'ordre de la garde :

« Qu'un soldat doit savoir vaincre la douleur et la mélancolie des passions ; qu'il y a autant de vrai courage à souffrir avec constance les peines de l'âme qu'à rester fixe sous la mitraille d'une batterie.

« S'abandonner au chagrin sans résister, se tuer pour s'y soustraire, c'est abandonner le champ de bataille avant d'avoir vaincu. »

V

Le cabinet de l'Empereur.

L'Empereur était la plus grande partie du temps dans son cabinet ; on eût pu dire qu'il y passait le jour et souvent une partie de la nuit. Il se couchait à dix ou onze heures, et se relevait vers minuit pour travailler de nouveau quelques heures. Il faisait parfois appeler M. Méneval, le plus souvent non ; et comme il arrivait à celui-ci de s'y rendre de lui-même, l'Empereur connaissant tout son zèle, répondait d'ordinaire à cet empressement : « Il ne faut pas vous tuer. »

L'Empereur, en reparaissant le matin au cabinet, y trouvait des liasses mises en ordre à l'avance par M. Méneval, qui l'avait précédé. S'il y manquait parfois vingt-quatre heures ou deux jours, son secrétaire le prévenait qu'il allait se laisser encombrer et que le cabinet serait bientôt plein ; ce à quoi l'Empereur répliquait d'ordinaire gaiement : « Ne vous effrayez pas, cela sera bientôt net. » Et en effet, en peu d'heures, l'Empereur s'était mis au courant. Il est vrai qu'il liquidait beaucoup de choses en ne répondant pas, en jetant tout ce qu'il jugeait inutile, même de ses ministres, ce à quoi ils étaient faits. Ne voyant pas arriver de réponse, ils savaient à quoi s'en tenir. Il lisait lui-même toutes les lettres, répondant par un mot à la marge de certaines, et dictant la réponse à d'autres. Celles qui étaient d'une haute importance étaient toujours mises de côté, relues deux fois, et jamais répondues qu'après quelque intervalle. Il avait pour principe qu'il fallait laisser passer une nuit sur les choses qui pouvaient donner de l'humeur.

Il avait pour coutume, en sortant du cabinet, de rappeler les objets essentiels et de dire qu'ils devaient être prêts à heure fixe ; et ils l'étaient toujours. Si, à cette heure, l'Empereur ne venait point, M. Méneval le pourchassait dans le palais, souvent à différentes reprises, pour les lui rappeler. Parfois l'Empereur terminait, parfois encore il répondait : *A demain, la nuit porte conseil.* C'était sa phrase habituelle ; aussi disait-il avoir plus travaillé la nuit que le jour. Ce n'est pas que les affaires lui causassent des insomnies, mais seulement parce qu'il dormait à heures interrompues, suivant son besoin, et que peu lui suffisait.

Il arrivait souvent à l'Empereur, dans le cours de ses campagnes, qu'on le réveillait subitement pour des circonstances instantanées ; il se levait aussitôt ; on n'eût pas deviné à ses yeux qu'il venait de dormir : il donnait ses décisions ou dictait des réponses avec la même clarté, la même fraîcheur d'esprit que si c'eût été en tout autre moment. C'est ce qu'il appelait *la présence d'esprit d'après minuit;* elle était complète et extraordinaire chez lui. Il est arrivé, dans ces circonstances, qu'on l'a réveillé peut-être jusqu'à dix fois dans la même nuit, et on le trouvait toujours rendormi, parce qu'il n'avait pas encore satisfait tout son besoin de sommeil. Se vantant un jour de cette facilité de sommeil, et du peu qu'il lui en fallait, à un de ses ministres, celui-ci lui répondit plaisamment : « C'est bien ce qui nous désole, sire, car c'est souvent à nos dépens ; il nous en descend parfois quelque chose. »

L'Empereur faisait tout par lui-même, et presque tout par la voie de son cabinet. Il nommait à toutes les places, substituant souvent de nouveaux noms à ceux dont ses ministres lui adressaient la proposition. Il lisait leurs projets, les adoptait, les rayait ou les modifiait. Il faisait jusqu'aux notes mêmes de son ministre des relations extérieures, qu'il dictait à son secrétaire Méneval, pour lequel il n'avait nul secret. C'était encore par l'intermédiaire de celui-ci qu'il écrivait aux souverains, observant avec eux un formulaire qu'il lui avait fait rédiger sur les protocoles du passé, et à la rigueur duquel il attachait beaucoup d'importance. Les ministres travaillaient tous en commun avec l'Empereur un jour fixe de la semaine, à moins de cas particuliers ou accidentels dans les affaires ou dans un des ministères. Le travail de chacun se faisait en présence de tous les autres, qui pouvaient y prendre part. Chacun vidait de la sorte son portefeuille. Un registre consacrait les délibérations, il doit en exister un grand nombre de volumes. Les objets arrêtés demeuraient pour la signature, qui se faisait par l'intermédiaire du ministre secrétaire d'État, qui la certifiait. Parfois quelques-uns de ces objets, bien qu'arrêtés, passaient au cabinet avant la signature, pour y être revus et modifiés. Le ministre des relations extérieures était le seul qui, prenant part au travail général des autres ministres, avait en outre, par la nature secrète de ses fonctions, un travail particulier avec l'Empereur. L'Empereur confiait le travail du personnel de la guerre à un de ses aides de camp de prédilection. Duroc a joui longtemps de cette confiance, puis Bertrand et Lauriston ; le comte de Lobau a été le dernier.

VI

La centralisation.

Napoléon, parlant de son organisation impériale, disait qu'il en avait fait le gouvernement le plus compacte de la circulation la plus rapide et des efforts les plus nerveux qui eût jamais existé : « Et il ne fallait rien moins que tout cela, remarquait-il, pour pouvoir triompher des immenses difficultés dont nous étions entourés, et produire toutes les merveilles que nous avons accomplies ; l'organisation des préfectures, leur action, les résultats étaient admirables et prodigieux. La même impulsion se trouvait donnée au même instant à plus de quarante millions d'hommes ; et, à l'aide de ces centres d'activité locale, le mouvement était aussi rapide à toutes les extrémités qu'au cœur même.

« Les étrangers qui nous visitaient, et qui savaient voir et juger, en étaient émerveillés. Et c'est à cette uniformité d'action sur un aussi grand terrain qu'ils attribuaient surtout ces prodigieux efforts, ces immenses résultats, qu'ils avouaient n'avoir pas pu comprendre jusque-là.

« Les préfets, avec toute l'autorité et les ressources

locales dont ils se trouvaient investis, ajoutait l'Empereur, étaient eux-mêmes *des empereurs aux petits pieds;* et, comme ils n'avaient de force que par l'impulsion première dont ils n'étaient que les organes, que toute leur influence ne dérivait que de leur emploi du moment, qu'ils n'en avaient point de personnelle, qu'ils ne tenaient nullement au sol qu'ils régissaient, ils avaient tous les avantages des anciens grands agents absolus, sans aucun de leurs inconvénients. Il avait bien fallu leur créer toute cette puissance, disait l'Empereur. Je me trouvais dictateur, la force des circonstances le voulait ainsi; il fallait donc que tous les filaments issus de moi se trouvassent en harmonie avec la cause première, sous peine de manquer le résultat. Le réseau gouvernant dont je couvris le sol requérait une furieuse tension, une prodigieuse force d'élasticité, si l'on voulait pouvoir faire rebondir au loin les terribles coups dont on nous ajustait sans cesse: aussi la plupart de ces ressorts n'étaient-ils, dans ma pensée, que des institutions de dictature, des armes de guerre. Quand le temps fut venu pour moi de relâcher les rênes, tous mes filaments aussi se seraient sympathiquement détendus, et nous aurions alors procédé à notre établissement de paix, à nos institutions locales. Si nous n'en avions encore aucune, c'est que la crise ne les admettait pas. Nous eussions infailliblement succombé tout d'abord, si nous en eussions été pourvus dès le principe; et puis, il faut le dire, nous n'étions pas mûrs pour en faire un bon usage. Il ne faut pas croire que la nation fût déjà prête pour manier dignement sa liberté. La masse avait encore, dans l'éducation et le caractère, trop de préjugés du temps passé. Cela serait venu; nous nous formions chaque jour, mais nous avions encore beaucoup à gagner. Lors de l'explosion de la Révolution, les patriotes en général se trouvèrent tels par nature, par instinct. Ce sentiment se trouva dans leur sang, ce fut chez eux une passion, une frénésie; et de là, l'effervescence, les excès, l'exagération de l'époque. Mais ce n'est pas à coups de massue et par soubresauts qu'on peut naturaliser le système moderne, en jouir; il faut l'implanter dans l'éducation, et que ses racines s'embranchent avec la raison, la conviction même, ce qui doit infailliblement avoir lieu avec le temps, parce qu'il repose sur des vérités naturelles. Mais ceux qui composaient les générations de nos jours, ajoutait-il, demeuraient si naturellement dominateurs, si avides du pouvoir, l'exerçaient avec tant d'importance, pour ne pas dire plus, et pourtant en même temps étaient si près, d'un autre côté, à courir au-devant de la servitude!... Nous étions toujours entre ces deux vices. Dans tous mes voyages, disait-il, j'étais constamment obligé de dire à mes premiers officiers placés à mes côtés : « Mais laissez donc parler M. le préfet. » Allais-je à quelque subdivision du département, c'était alors au préfet que j'étais obligé de dire : « Mais laissez donc répondre M. le sous-préfet ou M. le maire ; » tant chacun s'empressait d'éclipser le voisin, et comprenait peu le bien qui pouvait dériver d'une communication directe avec moi! Envoyais-je mes grands officiers, mes ministres, présider des colléges électoraux, et leur recommandais-je de ne pas se faire nommer candidats au sénat, parce que cette place leur était assurée par une autre route, et qu'il fallait laisser cette satisfaction aux notables des provinces, ils n'en revenaient pas moins toujours désignés. » Et ceci me rappelle que, dans le temps, un des ministres (De Crès) me racontait avoir eu une prise avec l'Empereur précisément à ce sujet. Il le grondait de sa nomination : « Mais, sire, lui répondit-il plaisamment, votre influence est plus forte que votre volonté; j'ai beau dire que je n'en veux pas, que cela vous déplaît, que vous voulez qu'ils se réservent ces nominations entre eux, ils ne connaissent que votre choix, et je serai renommé tant que vous m'y enverrez. »

VII

Traitement des fonctionnaires.

« J'avais, disait encore l'Empereur, donné des traitements énormes aux préfets et autres; mais, en fait de prodigalité de ma part, faudrait-il encore savoir distinguer ce qui est de système ou de circonstances. Celles-ci me forçaient à donner de gros appointements, l'autre m'eût conduit à obtenir gratuitement. A l'origine, lorsqu'il s'agissait d'attacher des individus, de recomposer une société et des mœurs à l'avenant, de gros traitements, une véritable fortune étaient indispensables; mais le résultat obtenu, et avec le temps rentré dans l'ordre naturel, mon intention, au contraire, eût été de rendre la plupart des hautes fonctions à peu près gratuites. J'eusse élagué les nécessiteux, qui jamais ne s'appartiennent à eux-mêmes, dont les besoins pressants créent l'immoralité politique; j'eusse amené l'opinion à solliciter ces emplois pour la pure considération; ils fussent devenus d'honorables magistratures, d'immenses justices de paix remplies par les plus grandes fortunes, chez qui la vocation, la philanthropie, une honnête ambition, eussent été les premiers guides et le gage assuré d'une noble indépendance. Et c'est là ce qui compose vraiment la dignité, la majesté d'une nation, ce qui en élève la renommée et ramène la morale publique. Or notre changement de mœurs à cet égard était devenu indispensable, et c'est le dégoût des places qui eût signalé notre véritable retour à la haute morale. On m'a dit ici que cette avidité des places a passé la mer pour aller infecter nos voisins : autrefois les vieux Anglais les dédaignaient. Voyez si aux États-Unis on en est avide ! Cet amour dans un peuple est le plus grand échec que puisse éprouver sa moralité. Quand on veut absolument des places, on se trouve déjà vendu d'avance. Aujourd'hui les plus grands personnages en Angleterre courent après ; les grandes familles, toute la pairie, les recherchent. Ils se rejettent sur ce que l'énormité des taxes ne leur permet pas de vivre sans salaire. Pitoyable excuse ! c'est que leurs mœurs publiques sont encore plus altérées que leurs fortunes. Quand on en est arrivé, dans une certaine classe, à solliciter les emplois pour de l'argent, il n'est plus pour une nation de véritable indépendance, de noblesse, de dignité dans le caractère. Notre excuse à nous pouvait être dans les bouleversements et les commotions de notre révolution : chacun avait été déplacé, chacun se sentait dans la nécessité de se rasseoir ; et c'est pour aider à cette nécessité générale, et pour que les sentiments délicats se détruisissent le moins possible, que j'ai cru devoir doter toutes les places de tant d'argent, de lustre et de considération ; mais avec le temps j'eusse changé tout cela par la seule force de l'opinion. Et qu'on ne croie pas la chose impossible : tout devient facile à l'influence du pouvoir, quand il veut diriger dans le juste, l'honnête et le beau, etc. »

SEPTIÈME PARTIE

SOUVENIRS DE LA COUR IMPÉRIALE

I

Rétablissement de l'étiquette royale.

La conversation de l'Empereur est souvent tombée sur sa cour et sur son étiquette; il s'y est arrêté fort longtemps. Voici ce que j'en ai recueilli :

« Au moment de la Révolution, disait-il, la cour d'Espagne, celle de Naples, reposaient encore sur l'importance et la grandeur de Louis XIV, mêlées à la boursouflure et a l'exagération des Castillans et des Maures. Elles étaient tristes et ridicules; celle de Pétersbourg avait pris la couleur et les formes des salons; à Vienne, elle était devenue bourgeoise; et il ne restait pas de vestiges du bel esprit, des grâces et du bon goût de celle de Versailles. »

Napoléon, arrivant à la souveraine puissance, trouva donc, ainsi qu'on le dit vulgairement, *terre rase et maison nette*, et put composer une cour tout à fait à son gré. Il rechercha, dit-il, un milieu raisonnable, voulant accorder la dignité du trône avec nos mœurs nouvelles, et surtout faire servir cette création à l'amélioration des manières des grands et à l'industrie du peuple. Certes, ce n'était pas une petite affaire que de relever un trône sûr le terrain même où l'on avait juridiquement exécuté le monarque régnant, et où chaque année l'on avait juré constitutionnellement la haine des rois. Ce n'était pas une petite affaire que de rétablir les dignités, les titres, les décorations, au milieu d'un peuple qui combattait et triomphait depuis quinze ans pour les proscrire. Toutefois Napoléon, qui semblait toujours faire ce qu'il voulait, disait-il, parce qu'il avait l'air de vouloir juste et à propos, enleva de haute lutte ces difficultés. On le fit empereur, il créa des grands et se composa une cour. Bientôt la victoire sembla prendre le soin elle-même d'affermir et d'illustrer subitement ce nouvel ordre de choses. Toute l'Europe le reconnut, et il fut même un moment où l'on eût dit que toutes les cours du continent étaient accourues à Paris pour composer celle des Tuileries, qui devint la plus brillante et la plus nombreuse que l'on eût jamais vue. Elle eut des cercles, des ballets, des spectacles; on y étala une magnificence et une grandeur extraordinaires. La seule personne du souverain conserva toujours une extrême simplicité, qui servait même à le faire reconnaître. C'est que ce luxe, ce faste, qu'il encourageait autour de lui, étaient dans ses combinaisons, disait-il, non dans ses goûts. Ce luxe, ce faste, étaient calculés pour exciter et payer nos manufactures et notre industrie nationale. Les cérémonies et les fêtes du mariage de l'Impératrice, et celles du baptême du roi de Rome, ont laissé bien loin derrière elles tout ce qui les a devancées, et ne se renouvelleront probablement jamais.

L'Empereur prit à tâche de rétablir au dehors tout ce qui pouvait le mettre en harmonie avec les autres cours de l'Europe; mais au dedans il eut le soin constant d'ajuster les formes anciennes avec nos nouvelles mœurs.

Ainsi il rétablit les levers et les couchers de nos rois; mais, au lieu qu'ils étaient réels alors, ils ne furent plus que nominaux. Au lieu de présenter les plus petits détails d'une vraie toilette et les saletés qui pouvaient en être la suite, ces instants, sous l'Empereur, n'étaient réellement consacrés qu'à recevoir le matin ou congédier le soir ceux de sa maison qui avaient des ordres directs à prendre de lui, et dont la prérogative était de pouvoir lui faire leur cour à ces heures privilégiées.

Il rétablit des présentations spéciales de sa personne, des admissions à sa cour ; mais, au lieu de ne se décider que sur la naissance, ce ne fut plus que sur la base combinée de la fortune, de l'influence et des services.

Il créa des titres dont la qualification donnait la main à l'ancienne féodalité, mais sans valeur réelle et d'un but purement national sans prérogative, sans priviléges; ils allaient atteindre toutes les naissances, tous les services, toutes les professions. Il les disait un rapprochement utile avec les mœurs de la vieille Europe au dehors, et un hochet innocent pour bien des vanités du dedans. « Car, observait-il, combien d'hommes supérieurs sont enfants plus d'une fois dans la journée ! »

Il fit reparaître des décorations, et distribua des croix et des cordons ; mais au lieu de ne les répandre que sur des classes spéciales et privilégiées, il les étendit à toute la société, à tous les genres de services, à tous les genres de talents ; et, par un privilége exclusif peut-être en la personne de Napoléon, plus il en accorda, plus ils acquirent de prix. Il estime à vingt-cinq mille peut-être le nombre des décorations de la Légion d'honneur qu'il a distribuées, et le désir de les obtenir, disait-il, allait toujours croissant : c'était devenu une espèce de fureur. Après la campagne de Wagram, il l'adressa à l'archiduc

Charles; et, par un raffinement de galanterie qui n'appartenait qu'à Napoléon, ce fut la croix d'argent, précisément celle du simple soldat, qu'il lui envoya.

« C'était, disait l'Empereur, la pratique fidèle et volontaire des maximes qu'on vient de voir qui faisait de lui le monarque vraiment national, et qui aurait rendu la quatrième dynastie la dynastie vraiment constitutionnelle. Aussi, remarquait-il, le peuple du plus bas étage en avait-il l'instinct secret. » Et à ce sujet il racontait qu'en revenant de son couronnement d'Italie, et dans les environs de Lyon, la population accourant sur les routes, il lui prit fantaisie de monter seul et à pied la montagne de Tarare. Il avait défendu que personne ne le suivît; se mêlant à la foule, il accosta une bonne vieille à qui il demanda ce que cela signifiait : elle lui répondit que c'était l'Empereur qui allait passer. Sur quoi, après quelques paroles de politique, il lui dit : « Mais la bonne, autrefois vous aviez *le tyran Capet,* à présent vous avez *le tyran Napoléon;* que diable avez-vous gagné à tout cela? » La force de l'argument, disait Napoléon, déconcerta la vieille pour un moment. Mais cependant elle se remit et lui répondit : « Mais, pardonnez-moi, monsieur; après tout, il y a une grande différence : nous avons choisi celui-ci, et nous avions l'autre par hasard; l'un était le roi des nobles, l'autre est celui du peuple, c'est le nôtre. » « Et la bonne vieille avait raison, ajoutait l'Empereur, et elle découvrait là plus d'instinct et de bon sens que bien des gens de beaucoup d'instruction et de beaucoup d'esprit. »

L'Empereur s'entoura de grands officiers de la couronne, il se composa une nombreuse maison d'honneur en chambellans, écuyers et autres; il les prit et parmi les personnes nouvelles que la Révolution avait élevées, et dans les familles anciennes qu'elle avait dépouillées.

Les premiers se regardaient sur un terrain qu'ils avaient acquis, les autres sur un terrain qu'ils croyaient recouvrer. Pour l'Empereur, il ne cherchait dans ce mélange que l'extinction des haines et la fusion des partis. Toutefois il était aisé, dit-il, d'apercevoir des mœurs et des manières bien différentes : les anciens mettaient bien plus d'empressement et de grâce dans leur service ; une Mme de Montmorency se serait précipitée pour renouer les souliers de l'impératrice ; une dame nouvelle y eût répugné ; celle-ci eût craint d'être prise pour une femme de chambre ; Mme de Montmorency n'avait nullement cette crainte. Ces emplois d'honneur étaient pour la plupart sans émoluments, ils portaient même à de grandes dépenses ; mais ils mettaient chaque jour sous les yeux du maître, d'un maître tout-puissant, source des honneurs et des grâces, et qui avait dit hautement qu'il ne voulait pas qu'un officier de sa maison s'adressât à d'autres qu'à lui.

Au moment du mariage de l'impératrice, l'Empereur fit une recrue nombreuse de chambellans dans les premiers rangs de l'ancienne aristocratie, tout à la fois pour montrer à l'Europe qu'il n'existait plus qu'un parti en France, et pour entourer l'impératrice de noms qui eussent pu lui être familiers peut-être. L'Empereur balança même à prendre dans cette classe la dame d'honneur ; la crainte que l'impératrice, dont il ne connaissait pas le caractère, n'arrivât avec des préjugés de naissance qui enfleraient trop l'ancien parti, lui fit faire un autre choix.

Depuis cet instant jusqu'au moment de nos revers, les plus anciennes, les plus illustres familles sollicitaient avec ardeur d'entrer dans la maison de l'Empereur : et comment ne l'eussent-elles pas fait ? L'Empereur avait élevé la France et les Français au-dessus des nations ;

la puissance, la gloire, la force, étaient son cortége ; on était heureux d'entrer dans l'atmosphère d'un tel lustre; appartenir directement à sa personne était, au dedans et au dehors, un titre à la considération, aux hommages, aux respects.

Lors de la restauration, un royaliste de distinction, qui s'était conservé pur et devant lequel j'avais trouvé grâce, me disait le plus sérieusement du monde (car quelle différence d'idées n'amène point la différence des partis !) qu'avec mon nom et la conduite franche que j'avais tenue, je ne devais pas désespérer de pouvoir me placer encore auprès du roi, ou dans la maison de quelque prince ou princesse du sang. Quel fut le renversement de ses idées quand je lui répondis : « Mon cher, je me le suis rendu impossible ; j'ai servi le maître le plus puissant de la terre, je ne saurais désormais prendre rien de pareil auprès de qui que ce soit ici-bas. Sachez que quand nous allions transmettre au loin les ordres de l'Empereur, dans les cours étrangères, en portant sa couleur, nous nous considérions et nous étions considérés partout à l'égal des princes. Il nous a fait voir jusqu'à sept rois attendant dans ses salons, au milieu de nous et avec nous. Lors de son mariage, quatre reines portaient le manteau de l'impératrice, dont un de nous pourtant était le chevalier d'honneur et un autre l'écuyer. Croyez donc, mon cher, qu'une ambition généreuse se trouve rassasiée après de telles grandeurs. »

Du reste, la magnificence et la splendeur qui composaient cette cour sans exemple reposaient sur un ordre et une régularité d'administration qui ont fait l'étonnement et l'admiration de ceux qui sont venus en fouiller les débris. L'Empereur en inspectait plusieurs fois lui-même les comptes dans l'année. On a trouvé tous ses châteaux réparés et embellis ; ils renfermaient plus de vingt millions de mobilier et quatre millions de vaisselle. S'il eût joui de quelques années de paix, l'imagination a de la peine à s'arrêter sur ce qu'il aurait pu faire[1].

La présence des rois, qui venaient en solliciteurs à la cour de Napoléon, lui donnait un éclat incomparable. A ce propos je me souviens qu'un jour, à un de ses levers, l'Empereur s'étant trouvé dans le cas d'attendre un de ses grands officiers, il s'en montra choqué, et le lui dit à son arrivée en présence de tous. Or, c'était le moment où cinq ou six rois, entre autres ceux de Bavière, de Saxe, de Wurtemberg, se trouvaient à Paris. « Sire, répondit le coupable, j'ai des excuses sans doute à présenter à Votre Majesté; mais aujourd'hui on n'est pas toujours maître de circuler dans les rues : je viens d'avoir le malheur de donner dans un *embarras de rois* dont je n'ai pas pu sortir plus tôt ; voilà la cause de ma négligence. » Chacun sourit, et l'Empereur, d'une voix fort radoucie, se contenta de dire : « Quoi qu'il en soit, monsieur, prenez dorénavant vos précautions, et surtout ne me faites plus attendre. »

1. J'ai dans mes mains l'inventaire du mobilier de la couronne, arrêté au 1er janvier 1813. Il s'élève à une valeur de vingt millions sept cent cinquante mille francs. J'ai aussi le budget de la liste civile de l'Empereur, exercice 1811. La recette passe trente-six millions de francs; la dépense totale, ordinaire et extraordinaire, est de vingt millions cent trois mille francs ; économie sur cet exercice, *seize millions*. La dépense de cet exercice est, je crois, la plus forte qu'il y ait eu. On comprend dès lors comment, en 1814, Napoléon Ier a pu laisser d'aussi énormes économies, qui étaient bien réellement sa propriété privée, accumulée pendant treize ans. Ce dont nous parlons ici n'a aucun rapport avec le *domaine extraordinaire*.

(Note de M. Emmanuel de Las Cases, fils de l'auteur.)

II

Rétablissement de la noblesse. — L'égalité.

L'Empereur disait un jour aux Tuileries, au comte de Ségur : « Pourquoi croyez-vous que je cherche à m'entourer des grands noms de l'ancienne monarchie? — Sire, mais peut-être pour la splendeur de votre trône, et pour ménager certaines apparences aux regards de l'Europe. — Ah! vous y voilà bien avec votre orgueil et vos préjugés de classe. Eh bien! sachez que mes victoires et ma force me recommandent en Europe bien autrement que ne pourraient le faire tous vos grands noms, et qu'au dedans ma prédilection apparente pour eux me fait beaucoup de tort, me dépopularise infiniment. Vous attribuez à de petites vues ce qui tient à de fort larges. Je constitue une société, une nation, et je me trouve sous la main des éléments tout à fait antipathiques. Les nobles et les émigrés ne sont qu'un point dans la masse, et cette masse leur est hostile et demeure fort ulcérée; elle me pardonne avec peine de les avoir rappelés. Pour moi, je l'ai cru un devoir; mais si je les laisse demeurer formant un corps, ils peuvent un jour servir à l'étranger, nous devenir nuisibles et courir eux-mêmes de grands périls. Je ne cherche donc qu'à les dissoudre et à les isoler. Si j'en place autour de moi, dans les administrations, dans l'armée, c'est afin de les incruster dans la masse, et pour faire en sorte que le tout ne fasse plus qu'un; car je suis mortel, et si je venais à vous quitter avant que cette fusion se fût opérée, vous verriez quels inconvénients entraîneraient ces partis hétérogènes, et le terrible danger dont certaines personnes pourraient être victimes ! Ainsi donc, monsieur, mes vues tiennent toutes à l'humanité et à la haute politique, nullement à de vains et sots préjugés. »

L'Empereur avait rétabli les anciennes formules de respect pour les hauts dignitaires de l'État. Il tenait la main à l'exécution de ses volontés à cet égard. Voici cependant ce qui fait voir que Napoléon n'était pas disposé à sévir trop promptement contre une certaine indépendance, même déraisonnable.

Je tiens de M. de Montalivet, alors ministre de l'intérieur, que, demeuré seul avec l'Empereur après un conseil des ministres, il lui dit : « Sire, ce n'est pas sans un grand embarras que j'ose entretenir Votre Majesté d'une circonstance vraiment ridicule ; mais un préfet, jeune auditeur, s'obstine ouvertement à me refuser un titre que l'usage a consacré pour tous vos ministres. Des subalternes de mes bureaux s'étant aperçus qu'il ne me donnait jamais le *monseigneur*, et croyant y voir de l'affectation, ont eu la gaucherie de le lui réclamer en mon nom ; à quoi il a répondu péremptoirement qu'il n'en ferait rien. Je suis tout honteux qu'on ait élevé cette difficulté ; mais pourtant la chose en est venue à un point qui ne permet pas de reculer. » Une telle obstination parut d'abord incroyable à l'Empereur ; il ne revenait pas, disait-il, d'une pareille folie dans le jeune préfet. Cependant, après quelques instants de méditation, il répondit à M. de Montalivet en riant : « Mais c'est qu'après tout une telle obligation n'est pas dans le Code, et ce jeune homme est peut-être un bon fruit qui n'est pas mûr. Toutefois un tel scandale ne doit pas se prolonger, et il faut en finir : faites-moi venir son père ; je suis sûr que le jeune homme ne résistera pas à un ordre de sa part. » Tournure remarquable de la plus délicate morale.

Au fond, en établissant une noblesse à laquelle tous pouvaient prétendre, loin de continuer l'ancienne aristocratie essentiellement exclusive, il lui portait le dernier coup. Il était plus que tout autre attaché à l'égalité. C'était un des grands traits du caractère de Napoléon, inné en lui, tout à fait dans sa propre nature. « Je n'ai pas toujours régné, disait-il ; avant d'avoir été souverain, je me souviens d'avoir été sujet, et je n'ai pas oublié tout ce que ce sentiment de l'égalité a de fort sur l'imagination et de vif dans le cœur. » Il en disait de même de la liberté.

Donnant un jour un projet à rédiger à un de ses conseillers d'État, il lui disait : « Surtout n'y gênez pas la liberté, et bien moins encore l'égalité ; car, pour la liberté, à toute rigueur, serait-il possible de la froisser : les circonstances le veulent et nous excuseront ; mais, pour l'égalité, à aucun prix. Dieu m'en garde ! elle est la passion du siècle, et je suis, je veux demeurer l'enfant du siècle ! »

Le mérite était *un* à ses yeux, et récompensé de même ; aussi voyait-on les mêmes titres, les mêmes décorations atteindre également l'ecclésiastique, le militaire, l'artiste, le savant, l'homme de lettres ; et il est vrai de dire que jamais nulle part, chez aucun peuple, à aucune époque, le mérite ne fut plus honoré, ni le talent plus magnifiquement récompensé. Ses intentions là-dessus étaient sans bornes. Il dit un jour : « Si Corneille vivait, je le ferais prince. »

III

L'Empereur et ses grands officiers.

On a dit que l'Empereur traitait durement ses grands officiers, et même les personnages les plus éminents. Rien n'est plus faux. Jamais souverain ne fut mieux servi et ne reçut le service avec une politesse plus attentive.

L'Empereur avait l'habitude, comme l'on sait, de prendre du tabac à chaque instant; c'était en lui une espèce de manie, exercée la plupart du temps par distraction. Sa tabatière se trouvait bientôt vide, et il n'en continuait pas moins d'y puiser souvent, ou de la porter toute ouverte à son nez, surtout quand il avait lui-même la parole. C'était alors aux chambellans qui s'étaient faits le plus à son service, ou qui y mettaient le plus de recherche, à lui soustraire cette tabatière vide pour y en substituer une pleine; car il existait une grande émulation de soins, de galanterie parmi les chambellans favorisés du service habituel près de l'Empereur, service extrêmement envié. C'étaient du reste à peu près toujours les mêmes, soit qu'ils s'intriguassent beaucoup pour y demeurer, soit qu'il fût naturellement plus agréable à l'Empereur de voir continuer un service déjà goûté. Au demeurant, c'était le grand maréchal Duroc qui arrêtait toutes ces dispositions.

Au sujet de ces soins et de cette galanterie, l'un d'eux, qui s'était aperçu que l'Empereur, allant au théâtre, oubliait parfois sa lorgnette, dont il faisait un grand usage au spectacle, avait imaginé d'en faire faire une toute semblable et de verres pareils, si bien que la première fois qu'il vit l'Empereur en être privé, il la lui présenta comme la sienne. De retour dans son intérieur, l'Empereur se trouva donc avoir deux lorgnettes, sans qu'on pût lui dire comment. Le lendemain il s'enquit du chambellan dont il l'avait reçue, qui lui répondit simplement que c'en était une en réserve pour son besoin.

L'Empereur ne laissait pas d'être fort sensible à ces soins, innocents en eux-mêmes, l'on pourrait même dire touchants, s'ils ne venaient que du cœur et s'ils n'avaient d'autre guide qu'une véritable affection; car alors on ne se montrait pas par là un courtisan servile, mais bien un serviteur tendrement dévoué; d'autant plus que Napoléon, de son côté, quoi qu'on en ait voulu dire dans les salons de Paris, était plein de véritables égards pour les personnes de son service. Quand il quittait Paris pour Saint-Cloud, la Malmaison ou autres lieux, en un mot ce qu'on appelait à la cour être à la campagne, il admettait d'ordinaire son service au nombre des réceptions privées qui composaient le soir son cercle familier, et dont la faveur était tenue à si haut prix. Dans ces circonstances encore, il faisait manger avec lui ses chambellans. Aussi un jour, à Trianon, à table, et fort enrhumé du cerveau, il eut besoin d'un mouchoir; et comme on courait le chercher, le chambellan de service, assis à ses côtés, et parent de Marie-Louise, s'empressa de lui en présenter un dont il avait eu soin de se précautionner, et voulait reprendre l'autre. « Je vous remercie, dit l'Empereur; mais je ne me pardonnerais pas qu'on pût dire que j'ai laissé M. un tel toucher mon mouchoir sale. » Et il le jeta par terre. Tel était pourtant l'homme que dans certains cercles l'on disait si grossier, si brutal, maltraitant tout son service, et même jusqu'aux dames du palais. Le fait est que l'Empereur, au contraire, était des plus scrupuleusement attaché aux convenances, et fort sensible aux petits soins qu'il recevait, bien qu'il n'en témoignât jamais rien, il est vrai : c'était manie ou système chez lui ; il fallait savoir le deviner, et l'on s'en apercevait à son œil devenu plus attentif, au son de sa voix plus radouci. Au rebours d'autres qui accablent d'expressions touchantes, qu'ils ne sentent souvent pas, Napoléon semblait s'être fait la loi de contenir ou de déguiser les sensations bienveillantes qu'on lui inspirait. Je crois l'avoir déjà dit ailleurs; en voici quelques preuves nouvelles qui me reviennent en cet instant : quelques-unes seront d'autant plus caractéristiques, qu'elles appartiendront à Longwood même, où Napoléon néanmoins devait avoir plus d'abandon et se tenir moins en garde.

J'étais d'ordinaire assis auprès de mon fils Emmanuel, quand l'Empereur lui dictait, tout en marchant dans son appartement; or, il lui arrivait souvent de s'arrêter derrière moi pour voir où en était la dictée. Combien de fois, dans cette situation, il me serrait la tête de ses deux bras ! Souvent alors une légère pression me rapprochait d'abord de lui; mais presque aussitôt réprimant ce mouvement, il ne semblait plus qu'avoir voulu s'accouder sur mes épaules, ou bien encore essayer, comme par jeu, de me faire plier, se récriant alors sur ma force.

A mon fils, qu'il aimait beaucoup, je l'ai vu souvent faire de la main ce qu'on eût pu appeler une caresse; et comme pour annuler tout aussitôt ce geste, l'accompagner à l'instant de paroles dites d'une voix relevée, approchant fort de la brusquerie. Enfin, je l'ai vu entrant un jour au salon, dans des dispositions de contentement et de distraction, prendre affectueusement la main de madame Bertrand, l'élever pour la porter à ses lèvres, et s'arrêter subitement par un mouvement qui eût eu de la gaucherie, si madame Bertrand elle-même n'y eût pourvu en s'empressant, avec cette grâce parfaite qui la caractérise, de baiser elle-même cette main qui lui avait été tendue.

L'Empereur, à son arrivée de la désastreuse campagne de Leipsick, reçut à une heure inusitée les officiers de sa maison ; il se présenta à nous avec un air de tristesse. Arrivé à M. de Beauvau, qui était à côté de moi, et dont le fils, encore très-jeune, était parti pour cette campagne dans les gardes d'honneur ou autrement, Napoléon lui dit : « Votre fils s'est conduit à merveille ; il a fait honneur à son nom, il est blessé, mais ce n'est rien. Toutefois il pourra se vanter avec orgueil d'avoir vu couler son sang de bonne heure pour la patrie. »

A la même époque, à un de ses levers, après avoir donné quelques ordres à mon voisin, le général Gérard, dont la réputation commençait à attirer tout à fait l'attention, il termina par quelques phrases évidemment bienveillantes, mais au fait assez obscures ; et après avoir fait quelques pas pour continuer sa tournée, il revint tout à coup au général Gérard, ayant lu apparemment sur sa figure qu'il ne l'avait pas compris, prononçant distinctement cette fois : « Je disais que si j'avais bon nombre de gens comme vous, je croirais nos pertes réparées, et me considérerais comme au-dessus de mes affaires. »

C'est à la même époque que j'ai vu quel pouvait être l'ascendant moral de l'Empereur sur certains esprits, et l'espèce de culte qu'on pouvait lui porter. Un officier général dont je ne sais pas le nom, grièvement blessé à la jambe, s'était traîné au lever de l'Empereur, qui vers ce temps en avait étendu de beaucoup la faveur. Apparemment qu'on avait instruit Napoléon que l'amputation était absolument indispensable, et que ce malheureux officier s'y refusait tout à fait; car, arrivé à lui, il dit : « Comment pouvez-vous vous refuser à une opération qui doit vous conserver la vie? Ce ne saurait être la crainte qui vous arrête; vous vous êtes exposé si souvent dans les batailles! Serait-ce le mépris de la vie? Mais comment votre cœur ne vous dit-il pas qu'avec une jambe de moins on peut encore être utile à la patrie, rendre de grands services à son pays? » L'officier gardait le silence; sa figure, sa contenance étaient calmes, douces, mais négatives, et l'Empereur, attristé, avait déjà passé plusieurs personnes, quand l'officier, semblant avoir recueilli ses forces et pris une résolution soudaine, s'avança vers l'Empereur et lui dit : « Sire, si Votre Majesté m'en donne l'ordre, j'y vais en sortant d'ici. » A quoi l'Empereur répliqua : » Mon cher, mon autorité ne s'étend pas jusque-là; c'est la persuasion dont j'aurais souhaité vous pénétrer; mais de commandement, le ciel m'en préserve! » Et le bruit fut alors que le malheureux officier, en sortant, avait été se soumettre à l'opération fatale.

Au retour de l'île d'Elbe, l'Empereur étant entré le soir du 20 mars fort tard aux Tuileries, son premier lever, le lendemain, fut, comme on suppose, des plus nombreux. Quand la porte s'ouvrit, à son apparition devant nous, il me serait difficile de rendre le vague de mes idées et la nature de mes sensations. Il apparaissait là comme de coutume, comme s'il n'y avait pas eu d'intervalle; il me semblait le même que si je l'avais vu la veille: la même figure, le même costume, la même attitude, les mêmes manières. Je me sentais vivement remué, et je crois que chacun partageait les mêmes sensations. Toutefois, à sa vue, le sentiment l'emportant sur le respect, on se précipita vers lui; lui-même se montrait visiblement ému, et il embrassa plusieurs des plus distingués. Puis commença, comme de coutume, sa tournée ordinaire; sa voix était douce, sa figure satisfaite, ses manières affectueuses; il parlait successivement avec bienveillance à chacun. « Ah! monsieur le major général de l'armée blanche, » dit-il à deux pas de moi à quelqu'un avec un mélange visible de plaisanterie et d'affection. Plusieurs des assistants n'étaient pas sans quelque embarras par suite des divers grands événements qui s'étaient passés; pour Napoléon, il semblait n'en vouloir connaître aucun: il n'oubliait pas qu'il avait dégagé chacun de son serment à Fontainebleau.

IV

L'Empereur et le pape.

« Avant mon couronnement, disait l'Empereur, le pape voulut me voir, et tint à se rendre lui-même chez moi. Il avait fait bien des concessions. Il était venu à Paris me couronner, il consentait à ne pas me poser la couronne, il me dispensait de communier en public avant la cérémonie, il avait donc, selon lui, bien des récompenses à attendre en retour; aussi avait-il rêvé d'abord la Romagne, les légations, et il commençait à soupçonner qu'il faudrait renoncer à tout cela. Il se rabattit alors sur une bien petite grâce, disait-il, seulement à voir signer un titre ancien, un chiffon bien usé qu'il tenait de Louis XIV. « Faites-moi ce plaisir, di-
« sait-il; au fond cela ne signifie rien. — Volontiers,
« très saint-père, et la chose est faite si elle est fai-
« sable. » Or c'était une déclaration dans laquelle Louis XIV, sur la fin de ses jours, séduit par Mme de

Maintenon ou gagné par ses confesseurs, désapprouvait les fameux articles de 1682, base des libertés de l'Église gallicane. L'Empereur répondit malignement qu'il n'avait, pour son compte, aucune objection personnelle, mais qu'il fallait toutefois, pour la règle, qu'il en parlât avec ses évêques ; sur quoi le pape se tuait de répéter que cela n'était nullement nécessaire, que cela ne méritait pas tant de bruit. « Je ne montrerai jamais cette si-« gnature, disait-il, pas plus qu'on n'a montré celle de « Louis XIV. — Mais si cela ne signifie rien, disait « Napoléon, à quoi bon ma signature? et si cela peut « signifier quelque chose, il faut bien que décemment « je consulte mes docteurs. »

Toutefois, pour ne pas refuser sans cesse, l'Empereur voulut paraître n'en être pas éloigné. Alors l'évêque de Nantes et les vrais évêques français accoururent aussitôt. « Ils étaient furieux; et me gardaient, disai l'Empereur, comme ils eussent gardé Louis XIV au lit de mort, pour l'empêcher de se faire protestant. »

L'Empereur a terminé en disant : « Le pape m'avait dispensé de la communion publique, et c'est sur cette détermination de sa part que je juge de la sincérité de sa croyance religieuse. Il avait tenu une congrégation de cardinaux pour arrêter le cérémonial. La plus grande partie avait insisté fortement pour que je communiasse en public, soutenant que l'exemple serait d'un grand poids sur les peuples, et qu'il fallait que je le donnasse. Le pape, au contraire, craignant que je n'accomplisse cet acte que comme un des articles du programme de M. de Ségur, n'y voyait qu'un sacrilége, et s'y opposa inflexiblement. « Napoléon ne croit peut-être pas, di-« sait-il : un temps viendra sans doute où il croira : en « attendant, ne chargeons pas sa conscience ni la « nôtre. »

« Dans sa charité chrétienne, car c'est véritablement un bon, doux et brave homme, disait l'Empereur, il n'a jamais désespéré de me tenir pénitent à son tribunal; il en a laissé souvent échapper l'espoir et la pensée. Nous en causions quelquefois gaiement et de bonne amitié. « Vous y reviendrez tôt ou tard, me disait-il avec une « innocente douceur, je vous y tiendrai, ou d'autres, si « ce n'est pas moi; et vous verrez alors quel contente- « ment, quelle satisfaction pour vous-même, etc., etc. » En attendant, mon influence sur lui était telle que je lui arrachai, par la seule force de ma conversation privée, ce fameux concordat de Fontainebleau, dans lequel il a renoncé à la souveraineté temporelle, acte pour lequel il a fait voir depuis qu'il redoutait le jugement de la postérité, ou plutôt la réprobation de ses successeurs. Il n'eut pas plutôt signé qu'il s'en repentit. Il devait, le lendemain, dîner en public avec moi; mais dans la nuit il fut malade ou feignit de l'être. C'est qu'immédiatement après que je l'eus quitté il retomba dans les mains de ses conseillers habituels, qui lui firent un épouvantail de ce qu'il venait d'arrêter. Si nous eussions été laiésss à nous seuls, j'en eusse fait ce que j'aurais voulu; j'eusse gouverné alors le monde religieux avec la même facilité que je gouvernais le monde politique. Pie VII est vraiment un agneau, tout à fait un bon homme, un véritable homme de bien que j'estime, que j'aime beaucoup, et qui, de son côté, me le rend un peu, j'en suis sûr. Vous ne le verrez pas trop se plaindre de moi, ni porter surtout aucune accusation directe et personnelle. Vous ne verrez pas non plus les autres souverains le faire davantage. Peut-être des déclamations vagues et banales d'ambition et de mauvaise foi; mais rien de positif et de direct, parce que les hommes d'Etat savent bien que, l'heure des libelles passée, on ne saurait se permettre d'accusation publique sans des preuves à l'appui; or ils n'auraient rien à produire en ce genre: telle sera l'histoire.

« Quand on connaîtra la vérité de mes querelles avec le pape, on s'étonnera de tout ce qu'il fit souffrir à ma patience, car on sait que je n'étais pas endurant. Lorsqu'il me quitta, après mon couronnement, il partit avec le secret dépit de n'avoir pas obtenu de moi les récompenses qu'il croyait avoir méritées. Mais, quelque reconnaissance que je lui eusse portée d'ailleurs, je ne pouvais, après tout, trafiquer des intérêts de l'empire pour l'acquit de mes propres sentiments; et puis j'étais trop fier pour sembler avoir acheté ses complaisances. A peine eut-il le pied sur le sol italien, que les intrigants, les brouillons, les ennemis de la France profitèrent de ses dispositions pour s'en saisir, et dès cet instant tout fut hostile de sa part. Ce n'était plus le doux, le paisible Chiaramonti, ce bon évêque d'Imola, qui s'était proclamé de si bonne heure digne des lumières de son siècle. Sa signature n'était plus apposée qu'à la suite d'actes tenant bien plus des Grégoire et des Boniface que de lui. Rome devint le foyer de tous les complots tramés contre nous. J'essayai vainement de le ramener par la raison ; il ne m'était plus possible d'arriver jusqu'à ses sentiments. Les torts devinrent si graves, les insultes si patentes, qu'il me fallut bien agir à mon tour. Je me saisis donc de ses forteresses, je m'emparai de quelques provinces, je finis même par occuper Rome, tout en lui déclarant et en observant strictement qu'il demeurait sacré pour moi dans ses attributions spirituelles, ce qui était loin de faire son compte. Cependant il se présenta une crise, on crut que la fortune m'abandonnait à Essling; et aussitôt on fut prêt à Rome pour soulever la population de cette grande capitale.

L'officier qui y commandait ne crut pouvoir échapper au danger qu'en se défaisant du pape, qu'il mit en route pour la France. Un tel événement s'était opéré sans ordres, et même il me contrariait fort. J'expédiai donc sur-le-champ pour qu'on fît demeurer le pape où on le rencontrerait, et on l'établit à Savone, où on l'entoura de soins et d'égards ; car je voulais bien me faire craindre, mais non l'avilir : j'avais bien d'autres vues ! Ce déplacement ne fit qu'accroître le ressentiment et les intrigues. Jusque-là, la querelle n'avait été que temporelle; les meneurs du pape, dans l'espoir de relever leurs affaires, la compliquèrent de tout le mélange du spirituel. Alors il me fallut le combattre aussi sur ce point : j'eus mon conseil de conscience, mes conciles, et j'investis mes cours impériales de l'appel comme d'abus ; car mes soldats ne pouvaient plus rien à tout ceci : il me fallait bien combattre le pape avec ses propres armes. A ses érudits, à ses ergoteurs, à ses légistes, à ses scribes, je devais opposer les miens.

« Il y eut une trame anglaise pour l'enlever de Savone ; elle me servait. Je le fis transporter à Fontainebleau ; mais là devait être le terme de ses misères et la régénération de sa splendeur. Toutes mes grandes vues s'étaient accomplies sous le déguisement et le mystère ; j'avais amené les choses au point que le développement en était infaillible, sans nul effort et tout naturel : aussi voit-on le pape le consacrer dans le fameux concordat de Fontainebleau, en dépit même de mes revers de Moscou. Qu'eût-ce donc été si je fusse revenu victorieux et triomphant ? J'avais donc enfin obtenu la séparation tant désirée du spirituel d'avec le temporel, dont le mélange est si préjudiciable à la sainteté du premier, et porte le trouble dans la société au nom et par les mains mêmes de celui qui doit en être le centre d'harmonie; et dès lors j'allais relever le pape outre mesure, l'entourer de pompe et d'hommages. Il fût demeuré près de moi; Paris fût devenu la capitale du monde chrétien : c'était un moyen de plus de resserrer toutes les parties fédératives de l'empire et de contenir en paix tout ce qui demeurerait en dehors. »

V

L'Empereur et le peuple.

Napoléon, au retour de la désastreuse campagne de Moscou et de Leipsick, pour maintenir la confiance, affecta de se placer souvent et presque seul au milieu de la multitude. Il parcourait, lui troisième ou quatrième, les marchés, les faubourgs et toutes les parties populeuses de la capitale, où il causait familièrement : et partout il fut bien reçu, bien traité.

Un jour, à la halle, après quelques mots échangés, une femme se hasarda à lui dire qu'il fallait faire la paix. « La bonne, vendez vos herbes, reprit l'Empereur, et laissez-moi faire ce qui me regarde; chacun son métier. » Et tous les assistants de rire et d'applaudir à son opinion.

Un autre jour, au faubourg Saint-Antoine, entouré d'une immense multitude, parmi laquelle il se montrait très-bon homme, un des assistants osa l'interpeller : « Est-il vrai, comme on dit, que les affaires vont si mal? — Mais, répondit l'Empereur, je ne peux pas dire qu'elles aillent trop bien. — Mais comment cela finira-t-il donc? — Ma foi, Dieu le sait. — Mais comment? est-ce que les ennemis pourraient entrer en France? — Cela pourrait bien être, et venir même jusqu'ici, si l'on ne m'aide pas : je n'ai pas un million de bras ; je ne puis pas faire tout à moi seul. — Mais nous vous soutiendrons, dirent un grand nombre de voix. — Alors je saurai bien battre encore l'ennemi et conserver toute notre gloire. — Mais que faut-il donc que nous fassions? — Vous enrôler et vous battre. — Nous le ferions bien, dit un autre, mais nous voudrions y mettre quelques conditions ! — Eh bien, lesquelles? dites. — — Nous ne voudrions pas passer la frontière. — Vous ne la passerez pas. — Nous voudrions, dit un troisième, être de la garde. — Eh bien! va pour la garde! » Et les acclamations de retentir. Des registres furent ouverts sur-le-champ, et plus de deux mille individus s'enrôlèrent dans la journée. En les quittant, Napoléon regagnait lentement les Tuileries, pressé par cette multitude en désordre qui faisait retentir l'air de ses cris; lorsqu'il vint à déboucher sur le Carrousel, le tout fut pris pour une insurrection, si bien que l'on s'empressa de fermer les grilles.

A son retour de l'île d'Elbe, l'Empereur fit une pareille visite au faubourg Saint-Antoine, et y fut reçu avec un enthousiasme sans égal : il fut reconduit de même. Traversant le faubourg Saint-Germain, la rage de la multitude s'exhalait contre ses beaux hôtels et en montrait les fenêtres d'une main furieuse. L'Empereur disait s'être trouvé bien rarement dans une situation aussi délicate. « Que de maux, disait-il, n'eussent pas pu produire une seule pierre lancée du milieu de cette multitude, ou une seule parole imprudente, ou même une expression seulement équivoque de mon visage! Le faubourg malveillant pouvait disparaître dans son entier, et je crois bien que ce ne fut qu'au calme de ma personne, au respect que me portait cette multitude, que fut due sa conservation. »

L'Empereur, dans son consulat, et même sous l'empire, le jour des fêtes publiques, allait parfois très-tard se mêler dans la foule, voir les illuminations et entendre les propos du peuple. Cela lui est arrivé même avec Marie-Louise. L'un et l'autre ont été bras à bras, le soir, sur les boulevards, et se sont donné le plaisir, disait l'Empereur, moyennant leur petite rétribution, de contempler, dans les lanternes magiques, Leurs Majestés l'Empereur et l'Impératrice des Français, toute leur cour, etc.

Dans un de ces demi-déguisements, sous le consulat, Napoléon, dans une des embrasures de l'hôtel de la marine, considérait une illumination publique. Il était à côté d'une dame anciennement considérable, à ce qu'il paraît, qui nommait à sa fille, vraiment charmante, les personnes qui défilaient dans les appartements. A l'une d'elles, elle ajouta : « Fais-moi rappeler, ma fille, que nous devons l'aller voir ; elle nous a rendu service. — Mais, ma mère, répondit la jolie personne, je ne croyais pas qu'avec ces gens-là on fût tenu à reconnaissance ; je croyais qu'ils étaient déjà assez heureux d'obliger des personnes comme nous. » La Bruyère assurément, disait l'Empereur, eût fait son profit de telles paroles.

L'Empereur, déguisé, parcourait souvent la capitale : il sortait surtout de très-grand matin, seul, à pied dans les rues, se mêlait aux ouvriers, dont il cherchait à connaître la situation et l'esprit.

Plus d'une fois je l'ai entendu au conseil d'État recommander au préfet de police d'en faire autant : c'était ce qu'il appelait *la police du cadi*, celle qui s'exerce en personne, et qu'il estimait de beaucoup la meilleure.

L'Empereur me racontait que, voyageant avec l'Impératrice, il se trouvait un jour à déjeuner dans une des îles du Rhin. Une petite ferme était dans le voisinage; pendant qu'il était à table, il en fit venir le paysan, le questionna sur tout ce qui pouvait le rendre heureux, lui dit de le demander hardiment, et pour lui donner plus de confiance, il lui fit boire, disait-il, plusieurs verres de vin. Le paysan, moins circonscrit et mieux avisé que dans les *Trois Souhaits*, parcourut le maximum de tous ses besoins. L'Empereur commanda au préfet d'y pourvoir sur-le-champ. On fit le compte, et la somme ne s'élevait pas au-dessus de 6 à 7,000 francs.

Une autre fois, en Hollande, disait-il encore, faisant une traversée en yacht, et causant avec celui qui tenait le gouvernail, il lui demandait ce que pouvait valoir son bâtiment. « Mon bâtiment! il n'est pas à moi, dit l'homme; je serais trop heureux, il ferait ma fortune. — Eh bien! je te le donne, » dit l'Empereur à cet homme qui y parut fort peu sensible. On prit sa froide indifférence pour le flegme naturel du pays; mais ce n'était pas cela. « Quelle faveur m'a-t-il donc faite? dit-il à un de ses camarades qui le félicitait; il m'a parlé, et voilà tout; il m'a donné ce qui ne lui appartient pas : quel diable de présent! » Cependant Duroc avait été payer le maître du bâtiment : il en tenait la quittance de vente qu'on remit à l'homme. Dès qu'il commença à comprendre, sa joie fut jusqu'au délire; il fit des folies. La somme était encore à peu près la même que ci-dessus. « Ainsi, disait l'Empereur, on voit que les désirs des hommes ne sont pas aussi immodérés qu'on le pense, et qu'il est plus facile de les rendre heureux qu'on ne le croit; car assurément ces deux hommes trouvèrent le bonheur. »

VI

Encouragements aux beaux-arts. — Commerce. — Industrie. Travaux publics.

L'Empereur aimait et protégeait tous les arts : la peinture, que Louis David illustra sous son règne; la musique, qui compta les Lesueur, les Spontini, les Cherubini; en littérature, il était passionné pour Corneille. Il n'aimait pas le drame, qu'il appelait *la tragédie des femmes de chambre*. Il avait pour le talent et la personne de Talma une affection particulière.

« Dans mon système, disait-il, de mêler tous les genres de mérites, et de rendre une seule et même récompense universelle, j'eus la pensée de donner la croix de la Légion d'honneur à Talma; toutefois je m'arrêtai devant le caprice de nos mœurs, de nos préjugés, et je voulus au préalable faire un essai perdu et sans conséquence : je donnai la couronne de fer à Crescentini. La décoration était étrangère, l'individu aussi; l'acte devait être moins aperçu et ne pouvait compromettre l'autorité, tout au plus que lui attirer quelques mauvaises plaisanteries. Eh bien, résumait l'Empereur, voyez pourtant quel est l'empire de l'opinion et sa nature : je distribuais des sceptres à mon gré, l'on s'empressait de venir se courber devant eux, et je n'aurais pas eu le pouvoir de donner avec succès un simple ruban! car je crois que mon essai tourna mal. — Oui, sire, ai-je répondu, très-mal. Il fit grand bruit dans tout Paris; il emporta l'anathème de tous les salons; la malveillance s'en donna à cœur joie et fit des merveilles. Cependant, dans une des belles soirées du faubourg Saint-Germain, l'indignation qu'elle avait créée se trouva noyée tout à coup par un bon mot. C'était une abomination, disait un beau parleur, une horreur, une véritable profanation. Et quel avait pu être le titre d'un Crescentini? s'écriait-il. Sur quoi la belle madame Grassini, se levant majestueusement de son siége, lui répliqua, avec son accent italien, du geste et du ton le plus théâtral : « *Et sa* « *blessoure* donc, monsieur, pour quoi la comptez-vous?» Ce fut alors un tel brouhaha de rires, d'applaudissements, que la pauvre madame Grassini se trouva fort embarrassée de son succès. »

L'Empereur, qui entendait cette anecdote pour la première fois, en a beaucoup ri; il y est revenu souvent depuis, et l'a parfois racontée à son tour.

A Sainte-Hélène, l'Empereur nous lisait souvent lui-même après dîner des tragédies. Il choisissait le plus souvent Corneille. Un jour il nous lut l'*Agamemnon* d'Eschyle, dont il a fort admiré l'extrême force jointe à la grande simplicité. Nous étions frappés surtout de la gradation de terreur qui caractérise les productions de ce père de la tragédie. Et c'est pourtant là, faisait-on observer, l'étincelle première à laquelle se rattache notre belle lumière moderne.

Après l'*Agamemnon* d'Eschyle, l'Empereur a fait venir l'*Œdipe* de Sophocle, qui nous a également fait le plus grand plaisir, et l'Empereur nous a dit qu'il regrettait fort de ne l'avoir point fait jouer de la sorte à Saint-Cloud.

Talma avait toujours combattu cette idée; mais l'Empereur disait être fâché de n'avoir point insisté : « Non que j'eusse voulu essayer, ajoutait-il, d'en ramener la mode ou de corriger notre théâtre, Dieu m'en garde! mais seulement parce que j'eusse aimé à juger des impressions de la facture antique sur nos dispositions modernes. » Il était persuadé qu'un tel spectacle eût fait grand plaisir, et il se demandait quel effet eussent pu produire, avec notre goût moderne, le coryphée et les chœurs grecs, etc.

L'Empereur, qui, par la création de l'Université, avait contribué plus que personne à relever en France les études, feuilletait souvent Strabon avec nous. C'était l'édition qu'il avait fait faire. Il en vantait le soigné, le fini, et disait que son projet avait été de nous donner ainsi avec le temps tous les anciens par la voie officielle de l'Institut.

Il nous disait à ce sujet qu'il regrettait bien de n'avoir pas construit à Paris un temple égyptien, que c'était un monument dont il eût voulu embellir la capitale.

L'Empereur nous parlait également de l'industrie.

Il l'avait portée, disait-il, à un degré inconnu jusqu'à lui ; et on ne le croyait pas en Europe, même en France. Les étrangers en ont été grandement surpris à leur arrivée. L'abbé de Montesquiou, disait-il, ne revenait pas d'en avoir les preuves en main lors de son ministère de l'intérieur.

L'Empereur était le premier en France qui eût dit : D'abord l'agriculture, puis l'industrie, c'est-à-dire les manufactures ; enfin le commerce, qui ne doit être que la surabondance des deux premiers. C'était encore lui qui avait défini et mis en pratique d'une manière claire et suivie les intérêts si divergents des manufacturiers et des négociants. C'était à lui qu'on devait la conquête du sucre, de l'indigo et du coton. Il avait proposé un million pour celui qui parviendrait à filer, par mécanique, le lin comme le coton, et il ne doutait pas que ce résultat n'eût été obtenu, et que la fatalité des circonstances n'eût seule empêché deconsacrer cette magnifique découverte, etc., etc.

Les ennemis de notre propre bien, la vieille aristocratie, disait-il, s'étaient perdus en mauvaises plaisanteries, en frivoles caricatures sur tous ces objets; mais les Anglais, qui sentaient le coup, n'en riaient point, et en demeurent encore affectés aujourd'hui.

Il nous parlait aussi très-souvent du commerce : « Je n'ai garde, disait l'Empereur, de tomber dans la faute des hommes à systèmes modernes; de me croire, par moi seul et par mes idées, la sagesse des nations. La vraie sagesse des nations, c'est l'expérience. Et voyez comme raisonnent les économistes : ils nous vantent sans cesse la prospérité de l'Angleterre, et nous la montrent constamment pour modèle. Mais c'est elle dont le système des douanes est le plus lourd, le plus absolu; et ils déclament sans cesse contre les douanes; ils voudraient nous les interdire. Ils proscrivent aussi les prohibitions; et l'Angleterre est le pays qui donne l'exemple des prohibitions; et elles sont en effet nécessaires pour certains objets; elles ne sauraient être suppléées par la force des droits : la contrebande et la fantaisie feraient manquer le but du législateur. Nous demeurons encore en France bien arriérés sur ces matières délicates : elles sont encore étrangères ou confuses pour la masse de la société. Cependant quel pas n'avons-nous pas fait, quelle rectitude d'idées n'avait pas répandue la seule classification graduelle que j'avais consacrée de l'agriculture, de l'industrie et du commerce! objets si distincts et d'une graduation si réelle et si grande!

« 1° *L'agriculture*, l'âme, la base première de l'empire;

« 2° *L'industrie*, l'aisance, le bonheur de la population;

« 3° *Le commerce extérieur*, la surabondance, le bon emploi des deux autres.

« L'agriculture n'a cessé de gagner durant tout le cours de la Révolution. Les étrangers la croyaient perdue chez nous. En 1814, les Anglais ont été pourtant contraints de confesser qu'ils avaient peu ou point à nous montrer.

« L'industrie ou les manufactures, et le commerce intérieur ont fait sous moi des progrès immenses. L'application de la chimie aux manufactures les a fait avancer à pas de géant. J'ai imprimé un élan qui sera partagé par toute l'Europe.

« Le commerce extérieur, infiniment au-dessous, dans ses résultats, aux deux autres, leur a été aussi constamment subordonné dans ma pensée. Celui-ci est fait pour les deux autres; les deux autres ne sont pas faits pour lui. Les intérêts de ces trois bases essentielles sont divergents, souvent opposés. Je les ai constamment servis dans leur rang naturel, mais je n'ai jamais pu ni dû les satisfaire à la fois. Le temps fera connaître ce qu'ils me doivent tous, les ressources nationales que je leur ai créées, l'affranchissement des Anglais que j'avais ménagé. Nous avons à présent le secret du traité de commerce de 1783. La France crie encore contre son auteur; mais les Anglais l'avaient exigé sous peine de recommencer la guerre. Ils voulurent m'en faire autant après le traité d'Amiens; mais j'étais puissant et haut de cent coudées. Je répondis qu'ils seraient maîtres des hauteurs de Montmartre, que je m'y refuserais encore; et ces paroles remplirent l'Europe. »

Enfin, depuis Anvers jusqu'à Cherbourg, l'Empereur avait prodigué les millions et multiplié les merveilles pour relever notre marine. Dans Paris, il avait créé des rues qui n'avaient pas d'égales en Europe, réparé, construit des palais, élevé des temples et des arcs de triomphe, creusé des canaux, décoré des promenades, coulé en bronze des colonnes et des statues. Il avait fait de notre Institut la métropole des sciences, des lettres et des arts. Il avait achevé le Louvre, rempli le musée des chefs-d'œuvre de tout l'univers, bâti les halles, qu'il appelait le Louvre du peuple; rectifié l'alignement des quais, nivelé des rues, planté des boulevards, fait sortir de terre des quartiers nouveaux. Si le temps ne lui avait manqué, il eût joint Paris à la mer; et cette capitale où il s'entourait de rois eût découragé la rivalité de tous les peuples.

HUITIÈME PARTIE

LE MARTYRE

I

Une journée de Sainte-Hélène. — Lettre officielle du comte de Montholon à sir Hudson Lowe.

Vendredi, 23 *août* 1816. — Le temps a continué d'être humide et pluvieux. Sur les trois heures et demie, l'Empereur m'a fait demander dans sa chambre : il faisait sa toilette. Il avait été fort incommodé ; mais, grâce à sa manière de se traiter, disait-il, grâce à son hermétique réclusion de la veille, c'était fini, il était bien.

J'ai osé lui témoigner ma véritable douleur ; j'avais inscrit, lui disais-je, un jour malheureux dans mon journal ; j'eusse dû le marquer à l'encre rouge. Et quand il a appris ce que c'était : « Comment ! vraiment, a-t-il dit, c'est le seul jour depuis la France que vous ne m'ayez pas vu !... » Et après quelques secondes de silence, il a ajouté avec un ton bien propre à me dédommager : « Mais, mon cher, si cela vous était d'un si grand prix, si vous y teniez tant, que n'êtes-vous venu frapper à ma porte ? Je ne suis point inabordable pour vous. »

Le docteur a été introduit ; il a dit que le gouverneur avait promis de ne plus mettre les pieds à Longwood. Un méchant qui était là a fait observer qu'il commençait à vouloir se rendre agréable.

L'Empereur a passé de là dans la bibliothèque ; il s'est fait lire par mon fils une longue lettre que j'écrivais à Rome. L'humidité l'a chassé, il a gagné le salon, la salle de billard ; arrivé au perron, il n'a pu résister au désir de marcher un peu. « Ce que je fais n'est pas sage, » a-t-il dit. Heureusement l'extrême humidité l'a forcé de rentrer presque aussitôt. Il s'est fixé dans le salon, où il y avait un grand feu, il a demandé de la tisane de feuilles d'oranger et a fait quelques parties d'échecs.

Plus tard, après dîner, l'Empereur a parcouru les contes de Marmontel, s'est arrêté sur *le Philosophe soi-disant*. Il toussait encore beaucoup, il a redemandé de la feuille d'oranger. Il a disserté longtemps et de la manière la plus intéressante sur Jean-Jacques, son talent, son influence, sa bizarrerie, ses turpitudes privées. Il s'est retiré à dix heures. Je suis bien fâché de ne pouvoir aujourd'hui me rappeler les détails de tous ces objets.

Dans la journée, M. de Montholon a adressé la réponse officielle suivante au gouverneur, qui avait demandé que les commissaires envoyés par les puissances fussent reçus par l'Empereur, et qui avait, en même temps, renouvelé ses éternelles plaintes sur les embarras de son budget. Cette réponse était dictée par l'Empereur lui-même.

Pièce officielle. — « Monsieur le général, j'ai reçu le traité du 2 août 1815, conclu entre Sa Majesté Britannique, l'empereur d'Autriche, l'empereur de Russie et le roi de Prusse, qui était joint à votre lettre du 23 juillet.

« L'empereur Napoléon proteste contre le contenu de ce traité : il n'est point prisonnier de l'Angleterre. Après avoir abdiqué entre les mains des représentants de la nation, au profit de la constitution adoptée par le peuple français et en faveur de son fils, il s'est rendu volontairement et librement en Angleterre, pour y vivre en particulier, dans la retraite, sous la protection des lois britanniques. La violation de toutes les lois ne peut pas constituer un droit. De fait, la personne de l'empereur Napoléon se trouve au pouvoir de l'Angleterre ; mais ni de fait ni de droit il n'a été ni n'est au pouvoir de l'Autriche, de la Russie et de la Prusse, même selon les lois et coutumes de l'Angleterre, qui n'a jamais fait entrer dans la balance des prisonniers les Russes, les Autrichiens, les Prussiens, les Espagnols, les Portugais, quoique unie à ces puissances par des traités d'alliance, et faisant la guerre conjointement avec elles. La convention du 2 août, faite quinze jours après que l'empereur Napoléon était en Angleterre, ne peut avoir en droit aucun effet ; elle n'offre que le spectacle de la coalition des quatre plus grandes puissances de l'Europe pour l'oppression d'un seul homme ; coalition que désavouent l'opinion de tous les peuples comme tous les principes de la saine morale. Les empereurs d'Autriche et de Russie, le roi de Prusse, n'ayant de fait ni de droit aucune action sur la personne de l'empereur Napoléon, ils n'ont pu rien statuer relativement à lui. — Si l'empereur Napoléon eût été au pouvoir de l'empereur d'Autriche, ce prince se fût ressouvenu des rapports que la religion et la nature ont mis entre un père et un fils, rapports qu'on ne viole jamais impunément. Il se fût ressouvenu que quatre fois Napoléon lui a restitué son trône : à Léoben en 1797, et à Lunéville en 1801, lorsque ses armées étaient sous les murs de Vienne ; à

Presbourg en 1806, et à Vienne en 1809, lorsque ses armées étaient maîtresses de la capitale et des trois quarts de la monarchie. Ce prince se fût ressouvenu des protestations qu'il lui fit au bivouac de Moravie en 1806, et à l'entrevue de Dresde en 1812. — Si la personne de l'empereur Napoléon eût été au pouvoir de l'empereur Alexandre, il se fût ressouvenu des liens d'amitié contractés à Tilsitt, à Erfurt, et pendant douze ans d'un commerce journalier; il se fût ressouvenu de la conduite de l'empereur Napoléon le lendemain de la bataille d'Austerlitz, où, pouvant le faire prisonnier avec les débris de son armée, il se contenta de sa parole, et lui laissa opérer sa retraite; il se fût ressouvenu des dangers que personnellement l'empereur Napoléon a bravés pour éteindre l'incendie de Moscou et lui conserver cette capitale; certes, ce prince n'eût pas violé les devoirs de l'amitié et de la reconnaissance envers un ami dans le malheur. — Si la personne de l'empereur Napoléon eût été même au pouvoir du roi de Prusse, ce souverain n'eût pas oublié qu'il a dépendu de l'Empereur, après Friedland, de placer un autre prince sur le trône de Berlin; il n'eût point oublié un ennemi désarmé, les protestations de dévouement et les sentiments qu'il lui témoigna en 1812, aux entrevues de Dresde. Aussi voit-on par les articles 2 et 5 dudit traité, que ne pouvant influer en rien sur le sort et la personne de l'empereur Napoléon, qui n'est pas en leur pouvoir, ces princes s'en rapportent à ce que fera là-dessus Sa Majesté Britannique, qui se charge de remplir toutes les obligations. Ces princes ont reproché à l'empereur Napoléon d'avoir préféré la protection des lois anglaises à la leur. Les fausses idées que l'empereur Napoléon avait de la libéralité des lois anglaises et de l'influence d'un peuple grand, généreux et libre sur son gouvernement, l'ont décidé à préférer la protection de ses lois à celle de son beau-père ou de son ancien ami. L'empereur Napoléon a toujours été le maître de faire assurer ce qui lui était personnel par un traité diplomatique, soit en se remettant à la tête de l'armée de la Loire, soit en se mettant à la tête de l'armée de la Gironde, que commandait le général Clausel; mais ne cherchant désormais que la retraite et la protection des lois d'une nation libre, soit anglaise, soit américaine, toutes stipulations lui ont paru inutiles. Il a cru le peuple anglais plus lié par sa démarche franche, noble et pleine de confiance, qu'il ne l'eût pu être par les traités les plus solennels. Il s'est trompé; mais cette erreur fera rougir à jamais les vrais Bretons; et dans les générations futures elle sera une preuve de la déloyauté de l'administration anglaise. Des commissaires autrichien et russe sont arrivés à Sainte-Hélène; si leur mission a pour but de remplir une partie des devoirs que les empereurs d'Autriche et de Russie ont contractés par le traité du 2 août, et de veiller à ce que les agents anglais, dans une petite colonie, au milieu de l'Océan, ne manquent pas aux égards dus à un prince lié avec eux par les liens de parenté et tant d'autres rapports, on reconnait dans cette démarche des marques du caractère de ces deux souverains. Mais vous avez, monsieur, assuré que ces commissaires n'avaient ni le droit ni le pouvoir d'avoir aucune opinion sur tout ce qui peut se passer sur ce rocher.

« Le ministère anglais a fait transporter l'empereur Napoléon à Sainte-Hélène, à deux mille lieues de l'Europe. Ce rocher, situé sous le tropique, à cinq cents lieues de tout continent, est soumis à la chaleur dévorante de cette latitude; il est couvert de nuages et de brouillard les trois quarts de l'année; c'est à la fois le pays le plus sec et le plus humide du monde. Ce climat est le plus contraire à la santé de l'Empereur. C'est la haine qui a présidé au choix de ce séjour comme aux instructions données par le ministère anglais aux officiers commandant dans ce pays : on leur a ordonné d'appeler l'empereur Napoléon général, voulant l'obliger à reconnaître qu'il n'a jamais régné en France, ce qui l'a décidé à ne pas prendre un nom d'incognito, comme il était résolu en sortant de France. Premier magistrat à vie de la république, sous le titre de premier consul, il a conclu les préliminaires de Londres et le traité d'Amiens avec le roi de la Grande-Bretagne. Il a reçu pour ambasseurs lord Cornwalis, M. Merry, lord Withworth, qui ont séjourné en cette qualité à sa cour. Il a accrédité auprès du roi d'Angleterre le comte Otho et le général Andréossi, qui ont résidé comme ambassadeurs à la cour de Windsor. Lorsque, après un échange de lettres entre les ministères des affaires étrangères des deux monarchies, lord Lauderbale vint à Paris muni des pleins pouvoirs du roi d'Angleterre, il traita avec les plénipotentiaires munis des pleins pouvoirs de l'empereur Napoléon, et séjourna plusieurs mois à la cour des Tuileries. Lorsque depuis, à Châtillon, lord Castlereagh signa l'ultimatum que les puissances alliées présentèrent aux plénipotentiaires de l'empereur Napoléon, il reconnut par là la quatrième dynastie. Cet ultimatum était plus avantageux que le traité de Paris; mais on exigeait que la France renonçât à la Belgique et à la rive gauche du Rhin, ce qui était contraire aux propositions de Francfort et aux proclamations des puissances alliées; ce qui était contraire au serment par lequel, à son sacre, l'Empereur avait juré l'intégrité de l'empire. L'Empereur pensait alors que ces limites naturelles étaient nécessaires à la garantie de la France comme à l'équilibre de l'Europe ; il pensait que la nation française, dans les circonstances où elle se trouvait, devait plutôt courir toutes les chances de la guerre que de s'en départir. La France eût obtenu cette intégrité, et avec elle conservé son honneur, si la trahison n'était venue au secours des alliés. Le traité du 2 août, le bill du parlement britannique appellent l'empereur Napoléon seulement *Bonaparte*, et ne lui donnent que le titre de *général*. Le titre de *général Bonaparte* est sans doute éminemment glorieux : l'Empereur le portait à Lodi, à Castiglione, à Rivoli, à Arcole, à Léoben, aux Pyramides, à Aboukir ; mais depuis dix-sept ans il a porté celui de premier consul et d'Empereur ; ce serait convenir qu'il n'a été ni premier magistrat de la république, ni souverain de la quatrième dynastie. Ceux qui pensent que les nations sont des troupeaux qui de droit divin appartiennent à quelques familles, ne sont ni du siècle ni même dans l'esprit de la législature anglaise, qui changea plusieurs fois l'ordre de sa dynastie, parce que les grands changements survenus dans les opinions, auxquels n'avaient pas participé les princes régnants, les avaient rendus ennemis du bonheur et de la grande majorité de cette nation. Car les rois ne sont que des magistrats héréditaires, qui n'existent que pour le bonheur des nations, et non les nations pour la satisfaction des rois. C'est le même esprit de haine qui a ordonné que l'empereur Napoléon ne pût écrire ni recevoir aucune lettre sans qu'elle soit ouverte et lue par les ministres anglais et les officiers de Sainte-Hélène. On lui a par là interdit la possibilité de recevoir des nouvelles de sa mère, de sa femme, de son fils, de ses frères ; et lorsque, voulant se soustraire aux inconvénients de voir ses lettres lues par des officiers subalternes, il a voulu envoyer des lettres cachetées au prince régent, on a répondu qu'on ne pouvait se charger que de laisser passer les lettres ouvertes; que telles étaient les instructions du ministère. Cette mesure n'a pas besoin de réflexion, elle donnera d'étranges idées de l'esprit de l'administration qui l'a dictée; elle serait désavouée à Alger même! — Des lettres sont arrivées par des officiers généraux de la suite de l'Empereur; elles étaient décachetées et vous furent remises; vous ne les avez pas communiquées parce qu'elles n'étaient pas passées par le canal du ministère anglais; il fallut leur faire refaire quatre mille lieues, et ces officiers eurent la douleur de savoir qu'il existait sur le rocher des nouvelles de leurs femmes, de leurs mères, de leurs enfants, et qu'ils ne pouvaient les connaître que dans six mois!!! Le cœur se soulève! On n'a pas pu obtenir d'être abonné au *Morning-Chronicle*, au *Morning-Post*, à quelques journaux français; de temps à autre on fait passer à Longwood quelques numéros dépareillés du *Times*. Sur la demande faite à bord du *Northumberland*, on a envoyé quelques livres; mais tous ceux relatifs aux affaires des dernières années ont été soigneusement écartés. Depuis on a voulu correspondre avec un libraire de Londres pour avoir directement des livres dont on pouvait avoir besoin et ceux relatifs aux événements du jour; on l'a empêché. Un auteur anglais, ayant fait un voyage en France et l'ayant imprimé à Londres, prit la peine de nous l'envoyer pour l'offrir à l'Empereur; mais vous n'avez pas cru pouvoir le lui remettre, parce qu'il ne vous était pas parvenu par la filière de votre gouvernement. On dit aussi que d'autres livres envoyés par leurs auteurs n'ont pu être remis, parce qu'il y avait sur l'inscription de quelques-uns : *A l'empereur Napoléon*, et sur d'autres : *A Napoléon le Grand*. Le ministère anglais n'est autorisé à ordonner aucune de ces vexations. La loi, quoique inique, considère l'empereur Napoléon comme prisonnier de guerre ; or, jamais on n'a défendu aux prisonniers de guerre de s'abonner aux journaux, de recevoir les livres qui s'impriment : une telle défense n'est faite que dans les cachots de l'inquisition.

L'île de Sainte-Hélène a dix lieues de tour, elle est inabordable de toutes parts, des bricks enveloppent la côte, les postes placés sur le rivage peuvent se voir de l'un à l'autre, et rendent impraticable la communication avec la mer. Il n'y a qu'un seul petit bourg, James-Town, où mouillent et d'où s'expédient les bâtiments. Pour empêcher un individu de s'en aller de l'île, il suffit d'exercer la surveillance de la côte par terre et par mer. En interdisant l'intérieur de l'île, on ne peut donc avoir qu'un but, celui de priver d'une promenade de huit ou dix milles qu'il serait possible de faire à cheval, et dont, d'après la consultation des hommes de l'art, la privation abrége les jours de l'Empereur.

« On a établi l'Empereur dans la position de Longwood, exposée à tous les vents ; terrain stérile, inhabité, sans eau, n'étant susceptible d'aucune culture. Il a une enceinte d'environ douze cents toises incultes. A onze ou douze cents toises, sur un mamelon, on a établi un camp ; on vient d'en placer un autre à peu près à la même distance, dans une direction opposée ; de sorte qu'au milieu de la chaleur du tropique, de quelque côté qu'on regarde, on ne voit que des camps. L'amiral Malcolm, ayant compris l'utilité dont, dans cette position, une tente serait pour l'Empereur, en a fait établir une par ses matelots à vingt pas de la maison : c'est le seul endroit où l'on puisse trouver de l'ombre. Toutefois l'Empereur n'a lieu que d'être satisfait de l'esprit qui anime les officiers et soldats du brave 53e, comme il l'avait été de l'équipage du *Northumberland*. La maison de Longwood a été construite pour servir de grange à la ferme de la compagnie; depuis, le sous-gouverneur de l'île y a fait établir quelques chambres : elle lui servait de maison de campagne, mais elle n'était en rien convenable pour une habitation. Depuis un an qu'on y est, on y a toujours travaillé, et l'Empereur a constamment eu l'incommodité et l'insalubrité d'habiter une maison en construction. La chambre dans laquelle il couche est trop petite pour contenir un lit d'une dimension ordinaire; mais toute bâtisse à Longwood prolongerait l'incommodité des ouvriers. Cependant, dans cette misérable île, il existe de belles positions offrant de beaux arbres, des jardins et d'assez belles maisons, entre autres Plantation-House; mais des instructions positives du ministère vous interdisent de donner cette maison, ce qui eût épargné beaucoup de dépenses employées à bâtir à Longwood des cahutes recouvertes de papier goudronné, et qui déjà sont hors de service. Vous avez interdit toutes correspondances entre nous et les habitants de l'île; vous avez mis de fait la maison de Longwood au secret; vous avez même entravé les communications avec les officiers de la garnison. On semble s'être étudié à nous priver des ressources qu'offre ce misérable pays, et nous y sommes comme nous serions sur le rocher de l'Ascension. Depuis quatre mois que vous êtes à Sainte-Hélène, vous avez, monsieur, empiré la position de l'Empereur. Le comte Bertrand vous a fait observer que vous violiez même la loi de votre législature, que vous fouliez aux pieds les droits des officiers généraux prisonniers de guerre; vous avez répondu que vous ne connaissiez que la lettre de vos instructions qu'elles étaient pires encore que nous paraissait votre conduite.

J'ai l'honneur, etc., etc.

« *Signé*, le comte de MONTHOLON. »

II

Description de Longwood.

Longwood, dans le principe, simple ferme de la compagnie, abandonné au sous-gouverneur pour lui tenir lieu de maison de campagne, se trouve dans une des parties les plus élevées de l'île. Le thermomètre centigrade marque dix et même vingt degrés de moins que dans la vallée où nous avions débarqué. C'est un plateau assez étendu, d'environ quatre kilomètres de tour, sur la côte orientale, et assez près du rivage. Des vents éternels, parfois violents et toujours de la même partie, en balayent constamment la surface; des nuages le couvrent presque toujours; le soleil, qui y paraît rarement, n'en a pourtant pas moins d'influence sur l'atmosphère : la grande évaporation humide qu'il provoque attaque le foie, si on ne s'en préserve avec soin. Des pluies abondantes et soudaines achèvent d'empêcher qu'on ne distingue ici aucune saison régulière; il n'en est point à Longwood : ce n'est qu'une continuité de vents, de nuages, d'humidité. L'herbe, en dépit des fortes pluies, disparaît rongée par le vent ou flétrie par la chaleur; l'eau y est amenée per un conduit, et se trouve si malsaine que le sous-gouverneur, que nous avons remplacé, n'en faisait usage, pour lui ou pour ses gens, qu'après l'avoir fait bouillir : nous avons été contraints d'en faire autant nous-mêmes. Les arbres qu'on y voit, et qui de loin lui prêtent un aspect riant, ne sont que des arbres à gomme, arbuste chétif et bâtard qui ne donne point d'ombre. Une partie de l'horizon présente au loin l'immense mer; le reste n'offre plus que d'énormes rochers stériles, des abîmes profonds, des vallées déchirées, et au loin la chaîne nuageuse et verdie du Pic-de-Diane. En résumé, l'aspect de Longwood ne saurait être agréable qu'au voyageur fatigué d'une longue navigation, pour qui toute terre a des charmes, quelque misérable qu'elle soit. S'il s'y trouve transporté un beau jour, frappé des objets bizarres qui s'offrent soudainement à sa vue, il peut s'écrier même : « Que c'est beau ! » Mais cet homme n'y est que pour un instant : et quel supplice sa fausse admiration ne fait-elle pas éprouver alors aux captifs condamnés à y demeurer toujours !

Quand nous vînmes à Longwood, depuis deux mois on n'avait pas cessé de travailler pour le mettre en état de nous recevoir ; toutefois les résultats étaient bien peu de chose.

On entre à Longwood par une pièce qui venait d'être bâtie, destinée à servir tout à la fois d'antichambre et de salle à manger ; de là on passe dans une pièce attenante, dont on avait fait le salon ; on entre ensuite dans une troisième fort obscure, en travers sur celle-ci ; on l'avait désignée pour recevoir les cartes et les livres de l'Empereur : elle est devenue plus tard la salle à manger. En tournant à droite, dans cette chambre, on trouvait la porte de l'appartement de l'Empereur ; cet appartement consistait en deux très-petites pièces égales, à la suite l'une de l'autre, formant son cabinet et sa chambre à coucher ; un petit corridor extérieur, en retour de ces deux pièces, lui servait de salle de bain. A l'opposite de l'appartement de l'Empereur, à l'autre extrémité du bâtiment, était le logement de Mme de Montholon, de son mari et de son fils, local qui a formé depuis la bibliothèque de l'Empereur. En dehors de tout cela, et au travers d'issues informes, une petite pièce carrée au rez-de-chaussée, contiguë à la cuisine, fut ma demeure. Au travers d'une trappe pratiquée au plancher, et à l'aide d'une échelle de vaisseau, on arrivait au gîte de mon fils Emmanuel, véritable grenier qui ne renfermait guère que la place de son lit. Nos fenêtres et nos lits demeuraient sans rideaux; le peu de meubles de nos chambres provenaient évidemment de ce dont les habitants s'étaient défaits dans cette circonstance : heureux, sans doute, de trouver cette occasion de les placer à profit pour les renouveler ensuite avec avantage.

Le grand maréchal, sa femme et ses enfants avaient été laissés à deux milles en arrière de nous, dans un abri tel que dans le pays même il porte le nom de *Hutte* (Hut's gate).

Le médecin et l'officier préposé à notre garde furent mis sous une tente, en attendant que l'on eût achevé leurs chambres, que construisaient à la hâte les matelots du *Northumberland.*

Une espèce de jardin régnait autour de nous; mais le défaut d'eau, la nature du climat, le peu de soin que nous pouvions lui donner, faisaient qu'il n'en avait réellement que le nom. En face de nous, et séparé par un ravin assez profond, était campé, à une assez petite distance, le 53e, dont divers postes couronnaient les sommités voisines. Tel était notre séjour à Sainte-Hélène.

III

L'appartement de l'Empereur.

Tout ce qui touche l'Empereur et le concerne semble devoir être précieux; des milliers de personnes le penseront ainsi. C'est dans ce sentiment, avec cette opinion, que je vais décrire minutieusement ici son appartement, l'ameublement qui s'y trouve, les détails de sa toilette, etc., etc. Et puis, avec le temps peut-être un jour son fils se plaira-t-il à reproduire les détails, la contexture de sa prison! Peut-être aimera-t-il à s'entourer d'objets éloignés, d'ombres fugitives, qui lui recomposeront une espèce de réalité!

L'appartement de l'Empereur est formé de deux pièces chacune de quinze pieds de long sur douze de large, et d'environ sept de haut. Un assez mauvais tapis en couvre le plancher; des pièces de nankin, tendues en guise de papier, les tapissent toutes deux.

Dans la chambre à coucher se voit le petit lit de campagne, où couche l'Empereur; le canapé, sur lequel il repose la plus grande partie du jour. Il est encombré de livres qui semblent lui en disputer l'usage. A côté est un petit guéridon, sur lequel il déjeune et dîne dans son intérieur, et qui, le soir, porte un chandelier à trois branches, recouvert d'un grand chapiteau.

Entre les deux fenêtres, à l'opposite de la porte, est une commode contenant son linge, et sur laquelle est son grand nécessaire.

La cheminée, ornée d'une fort petite glace, présente plusieurs tableaux. A droite est celui du roi de Rome sur un mouton, par Aimée Thibault; à gauche, en pendant, est un autre portrait du roi de Rome, assis sur un carreau, essayant une pantoufle, par le même auteur; plus bas, sur la cheminée, est un petit buste, en marbre, du même enfant. Deux chandeliers, deux flacons et deux tasses de vermeil, tirés du nécessaire de l'Empereur, achèvent l'ornement et la symétrie de la cheminée.

Enfin, au pied du canapé, et précisément en regard de l'Empereur quand il y repose étendu, ce qui a lieu la

16.

plus grande partie du jour, est le portrait de Marie-Louise, tenant son fils entre ses bras, par Isabey. Ce mauvais petit réduit est ainsi devenu un sanctuaire de famille.

Il ne faut pas oublier, sur la gauche de la cheminée et en dehors des portraits, la grosse montre d'argent du grand Frédéric, espèce de réveille-matin, prise à Postdam, et, en pendant, à droite, la propre montre de l'Empereur, celle qu'il portait à l'armée d'Italie et d'Égypte, recouverte des deux côtés d'une boîte en or portant son chiffre B. Voilà la première chambre.

La seconde pièce, servant de cabinet, présente le long des murs, du côté des fenêtres, des planches brutes posées sur de simples tréteaux, supportant un bon nombre de livres épars et les divers chapitres écrits par chacun de nous sous la dictée de l'Empereur.

Entre les deux fenêtres est une armoire, en forme de bibliothèque; à l'opposite, un second lit de campagne, semblable au premier, sur lequel l'Empereur repose parfois le jour et se couche même la nuit, après avoir quitté le premier dans ses fréquentes insomnies, et avoir travaillé ou marché dans sa chambre.

Enfin, dans le milieu est une table de travail.

IV

Insalubrité du climat.

Le temps est presque toujours pluvieux. Quand il y a du soleil, la chaleur est insupportable. Nous en souffrons tous, c'est un climat meurtrier. L'Empereur n'y résistera pas. On ne peut ni sortir ni se passer d'exercice. Au dedans l'humidité malsaine; au dehors la zone torride. Nous sommes littéralement infestés de rats, de puces, de punaises. Notre sommeil en est troublé ; de sorte que les peines de la nuit sont en parfaite harmonie avec les peines du jour.

15 *mars* 1816. — Nous avons failli n'avoir point de déjeuner : une irruption de rats qui avaient débouché de plusieurs points dans la cuisine durant la nuit avait tout enlevé. Nous en sommes littéralement infestés ; ils sont énormes, méchants et très-hardis ; il ne leur fallait que fort peu de temps pour percer nos murs et nos planchers. La seule durée de nos repas leur suffisait pour pénétrer dans le salon, où les attirait le voisinage des mets. Il nous est arrivé plus d'une fois d'avoir à leur donner bataille après le dessert ; et un soir, l'Empereur voulant se retirer, celui de nous qui voulut lui donner son chapeau en fit bondir un des plus gros. Nos palefreniers avaient voulu élever des volailles ; ils durent y renoncer, parce que les rats les leur dévoraient toutes. Ils allaient jusqu'à les saisir la nuit, perchées sur les arbres.

V

Nourriture.

1er *juillet*. — Sir Hudson Lowe est venu voir l'Empereur : il lui a dit que les dépenses de Longwood étaient trop fortes ; qu'il fallait que l'Empereur réduisît les dépenses de sa table, ou y concourût. L'Empereur a déclaré que si on voulait le laisser s'adresser à sa famille, il suffirait à tout ; que, dans le cas contraire, il refusait d'entendre parler de ces sortes d'affaires, et ne consentirait pas à descendre dans la fange de ces détails.

Le gouverneur s'est retiré près du comte Montholon, qui lui a fait la même réponse. Le fait est que l'Empereur n'avait que quatre mille louis à bord du *Northumberland*, et qu'on s'en est emparé. Il ne possède rien à Sainte-Hélène. Sir Hudson Lowe ne peut avoir d'autre but que de lui faire une ignoble injure.

Samedi 14 septembre. — Le temps continue toujours à être détestable et à nous confiner dans nos misérables cahutes : nous sommes tous malades.

L'Empereur a dicté pendant une partie du jour.

A dîner nous avions littéralement à peine de quoi manger. Le gouverneur opérait successivement ses réductions. L'Empereur a ordonné qu'on cherchât à acheter quelque chose de surplus, et qu'on le payât avec ce qui proviendra de la vente de l'argenterie.

Le gouverneur a signifié que le vin demeurait fixé à une bouteille par tête, l'Empereur compris. Cela se croira-t-il? *Une bouteille pour une mère et ses enfants.* C'est l'expression employée dans la note, etc.

Lundi 16. — Le matin, à l'heure accoutumée, mon domestique est venu me dire qu'il n'y avait ni café, ni sucre, ni lait, ni pain pour mon déjeuner. La veille, quelque temps avant l'heure du dîner, me sentant besoin, j'avais demandé une bouchée de pain, on n'avait pu me la donner. C'est ainsi qu'on nous dispute le boire et le manger. On aura de la peine à le croire au loin, sans doute, et pourtant je ne consigne littéralement ici que des faits.

L'Empereur n'ayant pas d'argent, et ne pouvant mourir de faim avec sa suite, a pris la résolution de vendre son argenterie.

On savait bien que des capitaines de la compagnie avaient offert jusqu'à cent guinées d'une seule assiette. Cette circonstance avait porté l'Empereur à ordonner qu'on limât les écussons, et qu'on brisât les pièces de manière à ce qu'elles ne présentassent aucun vestige qui pût montrer qu'elles lui avaient appartenu. De petits aigles massifs surmontaient tous les couvercles : c'est la seule chose qu'il a voulu qu'on épargnât, et il les a fait mettre de côté. Ces derniers débris étaient l'objet du désir de chacun de nous. Ils étaient des reliques à tous les yeux. Ce sentiment avait quelque chose de religieux et de touchant.

Lorsqu'il avait fallu porter le marteau sur cette argenterie, c'était devenu le sujet d'une grande émotion et d'une véritable douleur pour les gens. Ils avaient porté la main avec peine sur des objets qu'ils vénéraient tellement. Cet acte renversait leurs idées; c'était pour eux un sacrilége, une désolation; quelques-uns en pleuraient.

Lundi 28. — Je souffrais beaucoup à mon réveil; j'ai voulu mettre les pieds dans l'eau; impossible de m'en procurer. Je ne cite ceci que pour que l'on comprenne, si l'on peut, notre véritable situation à Longwood. L'eau en général y est assez rare; mais depuis quelque temps cette rareté a singulièrement augmenté, et c'est une grande affaire aujourd'hui que de pouvoir procurer un bain à l'Empereur. Nous ne sommes pas mieux sous tous les autres rapports de secours médical : hier le docteur parlait, devant l'Empereur, de drogues, d'instruments, de remèdes nécessaires; mais à chacun d'eux il ajoutait : « Malheureusement il n'y en a point dans l'île. — Mais, lui a dit l'Empereur, en nous envoyant ici, on a donc pris l'engagement que nous nous porterions bien, et toujours? » En effet, les plus petites choses et les plus nécessaires manquent. L'Empereur, pour faire bassiner son lit, n'a trouvé d'autre moyen que de faire percer une de ces grandes boules d'argent dont on se sert pour tenir les plats chauds à table, et d'y faire introduire des charbons. Depuis deux nuits, il sent inutilement le besoin d'esprit-de-vin qui pût lui tenir chaude quelque boisson nécessaire, etc.

L'Empereur a continué de souffrir tout le jour; il s'est vu forcé, comme hier, de se mettre au lit de bonne heure. Il devait avoir de la fièvre, car il souffrait du froid. Il n'avait mangé qu'une soupe depuis la veille, et se sentait des dispositions à des étourdissements. Il trouvait son lit mal fait, les couvertures mal arrangées; rien n'allait, disait-il; et il a essayé de faire raccommoder le tout tant bien que mal, remarquant à ce sujet que tout ce qui l'entourait n'était calculé que sur sa bonne santé, et que chacun se trouverait sans expérience et sans doute bien gauche, s'il venait jamais à être sérieusement malade, etc.

VI

L'Empereur séquestré et gardé à vue dans la ferme de Longwood.

Les instructions des ministres anglais étaient meurtrières : leur agent faisait de son mieux pour les dépasser.

Sir Hudson Lowe est un homme d'environ quarante-cinq ans, d'une taille commune, maigre, sec, rouge de visage et de chevelure, marqueté de taches de rousseur, des yeux obliques fixant à la dérobée et rarement en face, recouverts de sourcils d'un blond ardent, épais et fort proéminents. « Il est hideux ! a dit l'Empereur ; c'est une face patibulaire. »

Les instructions des ministres anglais, à l'égard de

l'Empereur à Sainte-Hélène, avaient été dictées avec cette dureté et ce scandale qui ont présidé en Europe à leur violation solennelle du droit des gens. Un officier anglais devait être constamment à la table de l'Empereur; mesure barbare qui nous eût privés de la douceur de nous trouver en famille : on ne s'en abstint que parce que l'Empereur n'eût jamais mangé que dans sa chambre. Peut-être se repentait-il, et j'ai de bonnes raisons pour le croire, de n'en avoir pas agi ainsi à bord du *Northumberland*.

Un officier anglais devait sans cesse accompagner l'Empereur à cheval; gêne cruelle qui tendait à ne pas lui permettre un moment de distraction dans sa malheureuse situation. On y renonça, du moins pour l'intérieur de certaines limites qu'on nous fixa à cet effet, parce que l'Empereur avait déclaré qu'autrement il ne monterait jamais à cheval.

Dans notre triste situation, chaque jour venait ajouter quelque chose à nos contrariétés; c'était sans cesse une piqûre nouvelle, d'autant plus cruelle que le mal s'établissait pour un long avenir.

Ulcérés comme il était permis de l'être, nous étions sensibles à tout; et trop souvent les motifs qu'on nous donnait prenaient encore les couleurs de l'ironie. Ainsi des sentinelles étaient mises à la nuit, sous les fenêtres de l'Empereur et jusqu'à nos portes; c'était, nous disait-on, pour notre propre sûreté. On gênait la libre communication avec les habitants, on nous mettait au secret, et l'on répondait que c'était pour que l'Empereur ne fût point importuné. Les consignes, les ordres variaient sans cesse; nous vivions dans la perplexité, dans l'hésitation, dans la crainte d'être exposés à chaque pas à quelque affront imprévu.

L'Empereur se proposait un matin de monter à cheval

à sept heures. Il avait fait préparer un petit déjeuner, et comptait aller, dans la direction de Sandy-Bay, chercher une source d'eau, et profiter de quelques belles végétations, dont on est privé à Longwood, pour y passer la matinée et y travailler quelques heures.

Nos chevaux étaient prêts. Au moment de monter, j'ai été prévenir le capitaine anglais, qui, à mon grand étonnement, a déclaré que son projet était de se mêler avec nous ; que l'Empereur ne pouvait trouver mauvais, après tout, qu'un officier ne jouât pas le rôle d'un domestique, en restant seul de l'arrière. J'ai répondu que l'Empereur approuverait sans doute ce sentiment, mais qu'il renoncerait dès l'instant à sa partie. « Vous devez trouver simple et souffrir sans en être offensé, lui ai-je dit, qu'il répugne à la présence de celui qui le garde. » L'officier se montrait fort peiné, et me disait que sa situation était des plus embarrassantes. Je l'assurai que, pour ce qui lui était personnel, il n'en dirait jamais autant à l'Empereur que j'en pourrais dire moi-même ; que, du reste, j'allais de ce pas lui rendre mot à mot notre conversation. Je suis revenu bientôt lui confier ce que je lui avais dit d'avance. L'Empereur avait dès l'instant renoncé à sa partie.

L'Empereur m'a fait appeler dans sa chambre. Dévorant en silence le contre-temps qu'il venait d'éprouver, il se trouvait déjà déshabillé et en robe de chambre. Il m'a retenu à déjeuner, et a fait observer que le temps tournait à la pluie, que nous aurions eu un mauvais jour pour notre excursion ; mais c'était un faible adoucissement à la contrainte aiguë qui venait de troubler un plaisir innocent.

Du *vendredi* 12 *au dimanche* 14 *janvier* 1817. — L'Empereur, depuis plusieurs jours, avait entièrement interrompu ses promenades à cheval. La reprise qu'il voulut en faire le 12 ne fut pas propre à lui en redonner le goût ni l'habitude : nous avions franchi notre vallée ordinaire, nous la remontions sur le revers opposé à Longwood, lorsque, d'une des crêtes où jusque-là il n'y avait eu aucun poste, un soldat nous fit beaucoup de cris et de gestes. Comme nous étions dans le bassin de notre enceinte, nous n'en tînmes aucun compte ; alors cet homme descendit hors d'haleine, chargeant son arme en courant. Le général Gourgaud resta de l'arrière pour voir ce qu'il voulait, tandis que nous continuâmes notre route. Je pus le voir, à l'aide de plusieurs tournants, colleter le soldat et le contenir ; puis il le fit suivre de force jusqu'au poste voisin du grand maréchal, où le général Gourgaud voulait le faire entrer ; mais il lui échappa. Il se trouva que c'était un caporal ivre qui avait mal entendu sa consigne ; il nous avait plusieurs fois couchés en joue. Cette circonstance, qui pouvait se répéter si facilement, nous fit frémir pour l'existence de l'Empereur ; lui n'y vit qu'un affront moral, un nouvel obstacle à son exercice du cheval.

VII

Les Anglais refusent à Napoléon le titre d'Empereur.

Dès que Napoléon fut à bord du *Northumberland*, on lui refusa le titre d'Empereur, et on ne l'appela plus que le général Bonaparte. Il en résulta mille difficultés à Sainte-Hélène. L'Empereur ne voulait pas accepter une dégradation qui eût été la condamnation de son passé. Il proposa inutilement de prendre le nom de *baron Duroc*, celui de *colonel Muiron*. Je trouve à ce sujet cette note qu'il me dicta :

« Il me revient que, dans la conversation qui a eu lieu entre le général Lowe et plusieurs de ces messieurs, il s'est dit des choses sur ma position qui ne sont pas conformes à mes pensées. J'ai abdiqué dans les mains des représentants de la nation et au profit de mon fils. Je me suis porté avec confiance en Angleterre, pour y vivre, là ou en Amérique, dans la plus profonde retraite, et sous le nom d'un colonel tué à mes côtés, *résolu de rester étranger à toute affaire politique, de quelque nature qu'elle puisse être.*

« Arrivé à bord du *Northumberland*, on me dit que j'étais prisonnier de guerre, qu'on me transportait au delà de la ligne, et que je m'appelais le général Bonaparte. Je dus porter ostensiblement mon titre d'empereur Napoléon, en opposition au titre de général Bonaparte qu'on voulait m'imposer.

« Il y a sept ou huit mois, un de mes officiers proposa de pourvoir à de petites difficultés qui naissent à chaque instant, en adoptant un nom ordinaire. L'amiral crut devoir en écrire à Londres ; cela en est resté là.

« On me donne aujourd'hui un nom qui a cet avantage qu'il ne préjuge pas le passé, mais qui n'est pas dans les formes de la société. *Je suis toujours disposé à prendre un nom qui entre dans l'usage ordinaire*, et réitère que, quand l'on jugera à propos de faire cesser ce cruel séjour, *je suis dans la volonté de rester étranger à la politique, quelque chose qui se passe dans le monde.* Voilà ma pensée : toute autre chose qui aurait été dite sur cette matière ne la serait pas. »

Sir Hudson Lowe ayant exigé plus tard de chacun de nous la déclaration que nous nous soumettions entièrement à son autorité, nous contraignit d'y désigner l'Empereur sous le nom de général Bonaparte. Nous l'aurions refusé au péril de notre vie, et plutôt que de nous le permettre, l'Empereur se résignait à rester seul sur le rocher.

« Les outrages, disait-il, dont on abreuve journellement ceux qui sont voués à ma personne ; ces outrages, qu'on semble vouloir multiplier bien davantage encore, forment un spectacle que je ne dois ni ne peux supporter plus longtemps. Messieurs, il faut me quitter, vous éloigner ; je ne saurais vous voir vous soumettre aux restrictions qu'on veut vous imposer, et qu'on accroîtra demain. Je veux demeurer seul. Allez en Europe, vous y ferez connaître les odieuses menées dont on use envers moi ; vous direz m'avoir vu descendre vivant dans le tombeau. Je ne veux pas qu'aucun de vous signe cette déclaration telle qu'on vous l'impose, je vous le défends. Il ne sera pas dit qu'on se sera servi des mains qui sont à moi, des mains dont je dispose, pour me dégrader. Si l'on vous renvoie pour le refus d'une pure et sotte formalité, c'est qu'on vous renverrait demain pour un motif aussi léger, c'est qu'on est résolu de vous éloigner en détail. Eh bien ! je préfère vous voir éloigner en masse ; peut-être puis-je, dans ce sacrifice, entrevoir quelque résultat. » Et il nous a congédiés. Nous sommes sortis consternés.

Peu d'instants après, l'Empereur m'a fait appeler. Il se promenait dans la longueur de ses deux petites pièces. Sa voix était devenue douce, même caressante. Jamais je ne lui avais vu plus d'abandon. Je m'en sentais ému. « Eh bien ! mon cher, m'a-t-il dit, je vais donc me faire ermite ? — Eh ! sire, ai-je répondu avec quelque attendrissement, ne l'êtes-vous pas déjà ? car de quelle utilité, de quelle ressource sommes-nous pour vous ? Nous n'avons ici que des vœux ; mais s'ils sont peu pour votre consolation, ils sont tout pour notre bonheur. Notre situation, en ce moment, est la plus affreuse qui se puisse concevoir, parce que, dans la question qui s'agite, et pour la première fois peut-être, nous ne nous trouvons plus du même côté que Votre Majesté; elle nous parle raison, et nous n'obéissons qu'au sentiment. Il n'y a rien à répondre à votre raisonnement de tout à l'heure. Votre détermination vous ressemble tout à fait, elle n'étonnera personne; mais l'exécution est au-dessus de nos forces. L'idée de vous laisser seul ici, de vous savoir seul dans la nature, dépasse en douleur toutes les bornes de notre imagination. »

Deux officiers anglais, sur le point de partir, étaient venus le voir à ce moment. « Vous verrez lord Bathurst, leur dit-il ; dites-lui qu'il me traite bien odieusement par ses instructions, et qu'il a ici un agent qui les exécute *bien fidèlement;* s'il voulait se défaire de moi, il aurait dû m'expédier d'un coup, et non pas me faire mourir à petit feu. Rien ne saurait être plus barbare; il n'y a rien d'anglais dans tout cela; je l'attribue à quelques personnalités. J'estime assez le prince régent, la masse des ministres, la nation anglaise pour ne pas les en rendre responsables. Quoi qu'il en soit, le corps seul est au pouvoir des méchants, l'âme règne partout; du fond des cachots même, elle peut s'élever jusqu'au ciel. »

Au retour, nous reçûmes une lettre du gouverneur, annonçant que, sur nos refus, il allait donner des ordres pour nous transporter immédiatement au Cap de Bonne-Espérance. Nous n'avons écouté que nos sentiments; nous séparer de l'Empereur était au-dessus de nos forces, au-dessus de son désir, de ses ordres même, à ce qu'il nous semblait. Nous nous sommes hâtés, d'un sentiment unanime, de signer nos déclarations telles qu'on nous les avait demandées, et avons été les remettre chez l'officier anglais de service à Longwood, avec une lettre pour le grand maréchal, dans laquelle nous lui marquions ce que nous venions de faire sans sa participation. Le cœur seul nous avait conduits ; et si l'Empereur devait s'en fâcher, notre cœur seul encore devait nous consoler.

Ainsi se trouva consommé notre véritable esclavage, notre entière dépendance aux volontés, aux caprices de sir Hudson Lowe, moins encore par la signature que nous venions de lui donner, que parce qu'il tenait notre secret, et qu'il connaissait désormais le moyen de nous faire supporter tout ce qu'il lui plairait.

VIII

Tyrannie de sir Hudson Lowe.

Sir Hudson Lowe fit entourer Longwood de fortifications. Il nous défendit de communiquer avec les habitants de l'île, même par lettres. Il vint jusque dans l'enceinte de Longwood arrêter de sa main un domestique. Quelques jours après, il mit aux arrêts un officier polonais qui avait suivi l'Empereur. Il choisissait exprès les heures les plus inconvenantes pour se présenter. Il déclara que l'Empereur ne pourrait plus recevoir de visites sans sa permission. Il se fit une étude de l'outrager, de le torturer. L'Empereur disait : « Qu'on m'envoie un bourreau, qu'on en finisse. »

Du samedi 6 *au lundi* 8. — Il y a longtemps que je n'ai parlé du gouverneur. Nous cherchions à l'éloigner le plus possible de notre pensée ; nous ne l'apercevions presque plus. Ses mauvaises manières, ses vexations me forcent d'y revenir aujourd'hui : elles semblent prendre une nouvelle activité. Il vient de nous garder des lettres d'Europe, bien qu'elles fussent venues ouvertes et de la manière la plus ostensible; mais seulement parce qu'elles n'avaient point passé par les mains du secrétaire d'État, sans faire attention qu'un manque de formalité peut se réparer facilement en Angleterre, mais qu'il demeure sans remède pour nous à deux mille lieues de distance. Si encore, en exécutant si rigoureusement la lettre de ses instructions, il avait l'humanité de nous laisser savoir qu'il a reçu ces lettres et de qui elles sont, il nous tranquilliserait sur des personnes dont nous pleurions la négligence ou la santé; mais il a la barbarie de nous en faire un mystère. Il y a peu de jours que la comtesse Bertrand ayant écrit à la ville, il a fait saisir le billet et le lui a renvoyé comme ayant été écrit sans son aveu. Il a accompagné cette injure d'une lettre officielle par laquelle il nous interdit dès à présent toute communication par écrit ou même verbale avec les habitants sans avoir été soumise à son visa; et, chose absurde et peu croyable, c'est qu'il nous a fait cette interdiction vis-à-vis de personnes qu'il nous laisse la liberté d'aller visiter à notre gré. Il a accompagné la publication du bill qui nous concerne de commentaires qui ont répandu la terreur parmi les habitants; il se récrie sur l'excessive dépense de la table de l'Empereur; il insiste sur de fortes diminutions. On n'avait point entendu que le général Bonaparte aurait autant de personnes autour de lui. Les ministres, nous dit-il ingénument, n'avaient point douté que la permission qu'il nous avait apportée de nous en aller ne nous eût décidés à quitter l'Empereur, etc. Toutes ces tracasseries ont amené un échange de notes assez vives. A un article du gouverneur, dans lequel il disait que si les restrictions qu'on nous impose nous semblaient trop dures, nous pourrions nous en affranchir en nous en allant, l'Empereur a dicté lui-même l'addition suivante à la réponse que nous avions déjà faite : « Qu'honorés par lui dans sa prospérité, nous placions notre plus douce jouissance à le servir, aujourd'hui qu'il ne pouvait rien pour nous ; et tant pis pour quiconque ne comprenait pas cette conduite. »

Du mardi 9 *au jeudi* 11. — Les vexations du gouverneur continuent, et il ne cesse de gagner du terrain sur notre malheureuse situation. Son parti semble pris de nous mettre au secret. Il a publié une proclamation en ville, ordonnant de lui envoyer, sous peine de châtiment, dans les vingt-quatre heures, tous billets ou lettres que nous pourrions adresser aux habitants, pour quelque motif que ce fût. Il a interdit à ceux-ci de visiter le grand maréchal et sa femme, qui se trouvent en tête de notre enceinte. Les premiers moments de ce nouveau blocus de Mme Bertrand ont été si sévères, que des médicaments envoyés d'ici, par le docteur à un des gens du grand maréchal qui était à la mort, n'ont pu y entrer, et que ce n'est que par accommodement que l'officier a pris sur lui de les faire parvenir par-dessus le mur.

Le gouverneur, ayant lu dans une de mes lettres pour l'Europe que je demandais plusieurs objets de vêtements et de toilette, est venu me dire que je pouvais prendre la plupart de ces objets parmi ce que le gouvernement avait envoyé ici pour Napoléon ; et comme je lui ai répondu que je préférais les acheter, ne voulant pas gêner mes sentiments d'aucune reconnaissance, le gouverneur a observé sèchement qu'il me serait loisible de les payer si j'en avais la fantaisie ; à quoi j'ai répliqué : « Pardonnez, monsieur, j'aime à choisir mes boutiques. » Il en est résulté que le gouverneur m'a fait dire plus tard par le docteur qu'il allait porter des plaintes contre moi aux ministres pour avoir refusé avec *mépris*, disait-il, les dons du gouvernement. A quoi je lui ai répondu aussitôt que je lui serais obligé, étant bien plus heureux qu'il eût à transmettre à ses ministres des refus que des demandes.

Au milieu des souffrances, jeté sur un roc brûlé, à mille lieues de sa patrie, manquant de tout, malade, torturé, obligé de défendre pied à pied sa dignité contre un misérable, la plus grande douleur de l'Empereur était d'être séparé de sa femme et de son fils. Quelques envois de sa mère et de ses frères lui parvinrent ; mais sir Hudson Lowe ne souffrait même pas qu'on lui donnât des nouvelles du roi de Rome. « Qu'en feront-ils? me disait-il souvent, où est-il? que devient-il? Si on allait lui inspirer l'horreur de son père? cette idée fait frémir. »

Il avait son buste sur sa cheminée et passait des heures à le contempler. Il écrivit pour demander qu'on lui donnât des nouvelles de sa femme et de son fils. Il n'obtint pas de réponse. Sir Hudson Lowe, ou le ministre Bathurst, gardèrent la lettre. Il dit au capitaine Hamilton, qui partait pour l'Europe : « On peut savoir ce que je désire; je demande ma liberté ou un bourreau? Rapportez ces paroles à votre prince régent. Je ne demande plus de nouvelles de mon fils, puisqu'on a eu la barbarie de laisser mes premières demandes sans réponse. »

IX

Protestations.

Sir Hudson Lowe est venu à Longwood avec l'amiral Malcolm. L'Empereur a cru à quelque communication de leur part; il est revenu dans le jardin, où il les a reçus.

Nous sommes demeurés en arrière avec les officiers du gouverneur. Bientôt la conversation a été vive de la part de l'Empereur, qui, se promenant entre le gouverneur et l'amiral, n'adressait guère la parole qu'à celui-ci, même en parlant de l'autre. Nous demeurions à une assez grande distance pour ne rien entendre distinctement; mais j'ai su plus tard qu'il lui a répété de nouveau, et avec plus de force et de chaleur peut-être, tout ce qu'il lui avait déjà dit dans les conversations précédentes.

Sur les bonnes interprétations que l'amiral, qui jouait le rôle de médiateur, s'efforçait de donner aux intentions du gouverneur, l'Empereur a dit : « Les fautes de M. Lowe viennent de ses habitudes dans la vie. Il n'a jamais commandé que des déserteurs étrangers, des Piémontais, des Corses, des Siciliens, et tous renégats, traîtres à leur patrie, la lie, l'écume de l'Europe. S'il eût commandé des hommes, des Anglais, s'il l'était lui-même, il aurait des égards pour ceux qu'on doit honorer. » Dans un autre moment, l'Empereur a dit qu'il était un courage moral aussi nécessaire que le courage du champ de bataille; que M. Lowe ne l'avait pas ici vis-à-vis de nous, en ne rêvant que notre évasion, plutôt que d'employer, pour l'empêcher, les seuls moyens vrais, sages, raisonnables, froids. L'Empereur lui a dit aussi que, du reste, son corps était entre les mains des méchants; mais que son âme demeurait aussi fière, aussi indépendante qu'à la tête de ses armées, ou que sur le trône quand il faisait des rois.

A l'article des réductions de nos dépenses et de l'argent qu'on demandait à l'Empereur, il a répondu : « Tous ces détails me sont trop pénibles, ils sont ignobles. Vous me mettriez sur les charbons ardents de Montézuma ou de Guatimozin, que vous ne tireriez pas de moi l'or que je n'ai pas. D'ailleurs qui vous demande quelque chose? qui vous prie de me nourrir? Quand vous discontinueriez vos provisions, si j'ai faim, ces braves soldats que voilà, en montrant de la main le camp du 53e, prendront pitié de moi; j'irai m'asseoir à leur table : ils ne repousseront pas, j'en suis sûr, le premier, le plus vieux soldat de l'Europe. » L'Empereur ayant reproché au gouverneur d'avoir gardé quelques ouvrages qui lui étaient adressés, il a répondu que c'était parce que l'adresse portait la qualification d'*empereur*. « Et qui vous a donné le droit, a répliqué l'Empereur, de me disputer ce titre? Dans peu d'années, votre lord Castlereagh, votre lord Bathurst et tous les autres, vous qui me parlez, vous serez ensevelis dans la poussière de l'oubli; ou, si on connaît vos noms, ce sera par les indignités que vous aurez exercées contre moi, tandis que l'empereur Napoléon demeurera toujours sans doute le sujet, l'ornement de l'histoire et l'étoile des peuples civilisés. Vos libelles ne peuvent rien contre moi; vous y avez dépensé des millions, qu'ont-ils produit? La vérité perce les nuages, elle brille comme le soleil; comme lui, elle est impérissable! »

L'Empereur avait perdu toute espérance. Cependant il y avait des moments où sa pensée se portait sur l'avenir.

Un jour, l'Empereur est passé aux différentes chances qui pouvaient amener sa sortie de Sainte-Hélène, et a dit ces paroles remarquables : « Si l'on est sage en Europe, si l'ordre s'établit partout, alors nous ne vaudrons plus ni l'argent ni les soins que nous coûtons ici : on se débarrassera de nous; mais cela peut se prolonger encore quelques années : trois, quatre ou cinq ans. Autrement, et à part les événements fortuits qu'il n'est pas donné à l'intelligence humaine de prévoir, je ne vois guère, mon ami, que deux grandes chances bien incertaines pour sortir d'ici : le besoin que pourraient avoir de moi les rois contre les peuples débordés, ou celui que pourraient avoir les peuples soulevés, aux prises avec les rois ; car, dans cette immense lutte du présent contre le passé, je suis l'arbitre et le médiateur naturel ; j'avais aspiré à en être le juge suprême ; toute mon administration au dedans, toute ma diplomatie au dehors, roulaient vers ce grand but. L'issue eût été plus facile et plus prompte ; mais le destin en a ordonné autrement. Enfin une dernière chance, et ce pourrait être la plus probable, ce serait le besoin qu'on aurait de moi contre les Russes ; car, dans l'état actuel des choses, avant dix ans toute l'Europe peut être *cosaque* ou toute en *république*. Voilà pourtant les hommes d'État qui m'ont renversé. »

Et puis revenant sur la décision des souverains à son égard, à son style, au fiel qu'elle témoigne : « Il est difficile de les expliquer, a-t-il dit.

« François ! Il est religieux, et je suis son fils.

« Alexandre ! Nous nous sommes aimés.

« Le roi de Prusse ! Je lui ai fait beaucoup de mal sans doute ; mais je pouvais en faire davantage ; et puis n'y a-t-il pas de la gloire, une véritable jouissance à s'agrandir par le cœur ?

« Pour l'Angleterre, c'est à l'animosité de ses ministres que je suis redevable de tout ce que je souffre ; mais encore serait-ce au prince régent à s'en apercevoir, à intervenir, sous peine d'être noté de fainéant ou de protéger une vulgaire méchanceté.

« Ce qu'il y a de sûr, c'est que tous ces souverains se compromettent, se dégradent, se perdent en moi... »

L'Empereur me dit un jour : « J'aurais dû mourir à

Moscou. — Non, sire, car le monde n'aurait pas vu le retour de l'île d'Elbe. — Eh bien! j'aurais dû mourir à Waterloo! » Et après une pause de quelques secondes, il reprit : « Mes véritables souffrances ne sont point ici!... Si je ne considérais que moi, peut-être aurais-je à me réjouir!... Les malheurs ont aussi leur héroïsme et leur gloire!... L'adversité manquait à ma carrière!... Si je fusse mort sur le trône, dans les nuages de ma toute-puissance, je serais demeuré un problème pour bien des gens; aujourd'hui, grâce au malheur, on pourra me juger à nu! »

X

Arrestation du comte de Las Cases.

Lundi 25. — Sur les quatre heures, l'Empereur m'a fait demander; il venait de finir son travail, et il s'en montrait tout content : « J'ai fait avec Bertrand de la fortification toute la journée, m'a-t-il dit; aussi m'a-t-elle paru très-courte. » J'ai dit que c'était dans l'Empereur un goût nouveau, tout à fait du moment; et Dieu sait comme ils sont précieux ici.

J'avais rejoint l'Empereur sur l'espèce de gazon qui avoisine la tente; de là nous avons gagné le tournant de l'allée qui conduit au bas du jardin. On a apporté cinq oranges dans une assiette, du sucre et un couteau. Elles sont fort rares dans l'île; elles viennent du Cap. L'Empereur les aime beaucoup; celles-ci étaient une galanterie de lady Malcolm. L'amiral répétait cette offrande toutes les fois qu'il en avait l'occasion. Nous étions trois en ce moment auprès de l'Empereur; il m'a donné une de ces oranges à mettre dans ma poche pour mon fils, et s'est mis à couper et à préparer lui-même les autres par tranches; et, assis sur le tronc d'un arbre, il les mangeait et en distribuait gaiement et familièrement à chacun de nous. Je rêvais précisément, par un instinct fatal, au charme de ce moment! Que j'étais loin, hélas! d'imaginer que ce devait être le dernier don que je pourrais tenir de sa main!...

L'Empereur s'est mis ensuite à faire quelques tours du jardin; le vent était devenu froid. Il est rentré, et je l'ai suivi dans le salon et la salle de billard, qu'il parcourait dans leur étendue. Il me parlait de nouveau de sa journée, me questionnait sur la mienne; puis, la conversation s'étant fixée sur son mariage, il s'étendait sur les fêtes qui avaient amené le terrible accident de celui de M. de Schwartzemberg, dont je me promettais intérieurement de faire un article intéressant dans mon journal, quand l'Empereur s'est interrompu tout à coup pour examiner, par la croisée, un groupe considérable d'officiers anglais qui débouchaient vers nous par la porte de notre enclos : c'était le gouverneur, entouré de beaucoup des siens. Or, le gouverneur était déjà venu le matin, a fait observer le grand maréchal qui entrait en ce moment; il l'avait eu chez lui assez longtemps. De plus, a-t-il ajouté, on parlait d'un certain mouvement de troupes. Ces circonstances ont paru singulières. Et ce que c'est pourtant qu'une conscience coupable! l'idée de ma lettre clandestine me revint à l'instant, et un secret pressentiment m'avertit aussitôt que tout cela me regardait. En effet, peu d'instants après, on vint me dire que le colonel anglais, la créature de sir Hudson Lowe, m'attendait chez moi. J'ai fait signe que j'étais avec l'Empereur, qui m'a dit quelques minutes après : « Allez voir, mon cher, ce que vous veut cet animal. » Comme je m'éloignais déjà, il a ajouté : *Et surtout revenez promptement*. Et voilà pour moi les dernières paroles de Napoléon. Hélas! je ne l'ai pas revu! Son accent, le son de sa voix, sont encore à mes oreilles. Que de fois depuis je me suis complu à y arrêter ma pensée! et quel charme, quelle peine peut tout à la fois renfermer un douloureux souvenir!

Celui qui m'avait fait demander était le complaisant dévoué, l'homme d'exécution du gouverneur, avec lequel je communiquais, du reste, assez souvent à titre d'interprète. A peine il m'aperçut que, d'une figure bénigne et toute souriante, d'une voix mielleuse, il s'enquit avec un intérêt tendre de l'état de ma santé: c'était le baiser de Judas: car, lui ayant fait signe de la main de prendre place sur le canapé, et m'y asseyant moi-même, il saisit cet instant pour se placer entre la porte et moi, et, changeant subitement de figure et de langage, il me signifia qu'il m'arrêtait au nom du gouverneur sir Hudson Lowe, sur une dénonciation de mon domestique, pour correspondance clandestine. Des dragons cernaient déjà ma chambre, toute observation devint inutile, il fallut céder à la force; je fus emmené sous une nombreuse escorte. L'Empereur a écrit depuis, ainsi qu'on le verra plus bas, qu'en me voyant de sa fenêtre entraîné dans la plaine au milieu de ces gens armés, l'alacrité de ce nombreux état-major caracolant autour de moi, la vive ondulation de leurs grands panaches, lui avait donné l'idée de la joie féroce des sauvages de la mer du Sud, dansant autour du prisonnier qu'ils vont dévorer.

J'avais été séparé de mon fils, qu'on avait retenu prisonnier dans ma chambre pour qu'il vît apposer les scellés, et qui me rejoignit peu de temps après, aussi sous escorte; si bien qu'à dater de cet instant comptent pour nous l'interruption soudaine et le terme final de toute communication avec Longwood. On nous enferma tous les deux dans une misérable cahute voisine de l'ancienne habitation de la famille Bertrand. Il me fallut coucher sur un mauvais grabat, mon fils à mes côtés, sous peine de le laisser étendu par terre. Je le croyais à cet instant en danger de mort menacé d'un anévrisme. On nous tint jusqu'à onze heures sans manger; et quand, cherchant à pourvoir aux besoins de mon fils, je voulus demander un morceau de pain aux gens qui nous entouraient, à la porte et à chaque fenêtre où je me présentai, il me fut répondu tout d'abord par autant de baïonnettes.

XI

Lettre du comte Bertrand au comte de Las Cases.

Après avoir été gardé près de six semaines au secret, je fus envoyé au Cap de Bonne-Espérance, sans avoir pu revoir l'Empereur. Là j'eus à subir une longue et dure détention de plus de huit mois. Arrivé enfin en Europe, on refusa de me laisser débarquer en Angleterre. Je dus gagner le continent, où je me vis encore traité en prisonnier, et chassé de royaume en royaume. A peine eus-je enfin trouvé un asile, que je me hâtai d'écrire à Sainte-Hélène, pour avoir des nouvelles du grand captif, et me mettre à sa disposition. La réponse suivante du grand maréchal pourra donner quelque idée des tortures subies par l'empereur Napoléon après mon départ de l'île, et jusqu'à sa mort.

Longwood, 18 janvier 1818.

« J'ai reçu le 7 juin, mon cher Las Cases, la lettre que vous m'avez fait l'honneur de m'écrire le 15 janvier dernier, et depuis j'ai reçu, le 13 de ce mois, celles des 15 février, 15 mars et 15 avril, que j'ai communiquées, et qui ont décidé l'Empereur à me dire de vous écrire. J'ai reçu il y a quatre mois une caisse de livres et de brochures qui m'était adressée par M. Goulburn, et depuis une offre extrêmement obligeante d'envoyer un tableau qui se trouvait dans la chambre de Saint-Cloud, relatif au baptême du petit Napoléon : M. Henri Goulburn avait eu la complaisance de débattre le prix de ce tableau avec le propriétaire et d'en réduire le prix à moitié. On n'a pas voulu répondre à cette offre, parce que cela a paru tellement contraster avec ce qui se passait ici, qu'on l'a prise pour une démarche tenant à des discussions parlementaires, à peu près comme celles relatives à la maison de bois[1]. Cependant l'honnête procédé qu'on a tenu à votre égard, et tout ce que vous me dites dans votre dernière lettre, me frappe si vivement ! Serait-il possible que les horribles vexations que nous éprouvons ne fussent pas faites de l'aveu du gouvernement anglais, et que l'Empereur mourût ici victime de la haine particulière du gouverneur ! Les gouvernements et les princes peuvent si facilement être trompés que, dans ce doute, je vous écris cette lettre.

« Les choses sont bien changées depuis votre départ : en l'année 1817 et celle-ci 1818, les vexations envers l'Empereur sont devenues telles, qu'on doit les caractériser d'un attentat contre sa vie. Vous allez en juger par le détail : il ne se peut que vous n'ayez lu dans les journaux du mois de mars des observations sur le dis-

1. Le gouvernement anglais avait fait construire à Londres un palais de bois, qui fut envoyé à Sainte-Hélène. On avait fait grand bruit de cette munificence britannique ; mais, arrivé sur les lieux, il se trouva que ce palais prétendu ne pouvait pas servir d'habitation, et on renonça même à en utiliser les matériaux.

cours de lord Bathurst; mais depuis, les choses ont bien empiré, et la haine du gouverneur de ce pays n'a plus connu de bornes.

« Quand vous êtes parti, l'Empereur avait renoncé de monter à cheval, pour se soustraire aux piéges et aux insultes dont on voulait le rendre l'objet, en le faisant insulter par les sentinelles. Depuis, il a dû se priver de la promenade à pied, pour éviter les mêmes inconvénients. Pendant les mois de mars et d'avril, l'Empereur sortait quelquefois pour venir chez ma femme, et quelquefois aussi il s'asseyait à cinquante pas de la maison, sur le banc que vous connaissez, où il restait une demi-heure ou une heure. On a trouvé le moyen de l'en empêcher et de l'obliger à ne plus sortir de la chambre. On savait que cela n'était pas très-difficile; on mit pour jardinier un soldat du 66e; on avait stationné chez moi un sergent d'ouvriers, l'un et l'autre fort utiles à la maison, soit pour ôter quelques mauvaises herbes qui pouvaient empester l'air (car aucun jardin n'est possible dans cette localité), soit pour raccommoder la maison qui est en ruines et fait eau à chaque pluie. Cela paraît fort raisonnable. Mais le gouverneur a investi ces deux soldats du droit d'arrêter qui leur plaît, aux portes mêmes et sous les fenêtres de l'Empereur. Dès ce moment il n'est plus sorti, et voilà plus de cent jours qu'il n'a pas même mis la tête à la fenêtre.

« Ce climat, ce défaut absolu d'exercice, cette mauvaise habitation, ont altéré sa santé, de manière que vous ne le reconnaîtriez plus. Depuis la fin de septembre 1817, il a eu les premiers symptômes d'une hépatalgie chronique, que vous savez être mortelle en ce pays. Il avait pour le soigner le bon O'Méara, en qui vous savez qu'il a confiance. Sir Hudson Lowe, dans le mois d'avril, au moment où ce médecin lui était le plus nécessaire, l'a forcé de donner sa démission, voulant lui imposer M. Baxter, que vous connaissez. L'Empereur a refusé de voir aucun médecin. Il a été depuis le 10 avril jusqu'au 10 mai sans médecin ; et enfin les commissaires russe et autrichien qui étaient ici, indignés, ont fait connaître que si, dans cette circonstance, l'Empereur mourait, eux-mêmes ne sauraient que dire, si l'opinion se répandait en Europe qu'il avait été assassiné. »

XII

Le cinq mai.

Depuis longtemps je n'osais plus ouvrir une gazette dans la crainte d'apprendre la mort de l'Empereur. Je renonce à décrire mes sentiments lorsque j'appris que c'en était fait.

Je reçus une lettre de Londres, avec les détails circonstanciés et les conjectures auxquelles certains de ces détails pouvaient donner matière ; et cette lettre se terminait disant : « C'est le 5 mai, vers les six heures du soir, à l'instant même où le coup de canon annonçait le coucher du soleil, que sa grande âme a quitté la terre..... »

Au bruit de la mort de Napoléon, on doit le dire, ce ne fut partout qu'un seul cri, un même sentiment, dans les rues, dans les boutiques, sur les places publiques ; les salons même témoignèrent quelque chose ; les cabinets seuls se montrèrent insensibles. Que dis-je, insensibles !... Mais, après tout, c'était naturel : ils respiraient enfin à leur aise !...

Il ne restait plus désormais qu'à rentrer dans la patrie. Traversant la frontière, après cette seconde émigration, je ne pus m'empêcher de songer aux circonstances de mon retour lors de la première ; et quelle différence de sentiments les distinguait ! Alors il me semblait à chaque pas marcher au milieu d'une population hostile ; à présent je ne croyais que rentrer dans la famille. Bientôt je revis tous mes compagnons de Longwood ; et, les embrassant, je ne pouvais me défendre d'une douloureuse réflexion. Nous nous retrouvions tous ; mais celui pour lequel nous avions couru sur ce roc fatal, celui-là seul y était demeuré, et je me rappelais qu'il me l'avait dit ainsi, et tant d'autres choses encore ! J'appris de tous ces témoins oculaires les détails et les circonstances des mauvais traitements qui, depuis moi, avaient toujours été croissants, et je vis que les temps que j'avais connus n'avaient point été encore les moments les plus malheureux.

Je lus ses dernières volontés ; j'y trouvai mon nom trois ou quatre fois, et de sa propre main !... Quelles émotions en moi !... Assurément je n'avais pas besoin de cela pour ma récompense : depuis longtemps je la portais au dedans de moi ; mais que ces ressouvenirs pourtant m'étaient chers et doux !...

Enfin, je reçus, grâce à l'entremise zélée d'un des plus beaux caractères de la pairie anglaise, les papiers qui m'avaient été retenus à Sainte-Hélène, et sur lesquels, en dépit de toute la force des lois, je ne comptais plus. Dans la situation où je m'étais trouvé, avec les sentiments qu'elle m'avait laissés, je me crus dans l'obligation indispensable d'aider, puisque j'en avais quelques moyens, à faire mieux connaître celui qu'on avait tant méconnu : et, en dépit de mon état, je me mis à l'ouvrage. Le ciel a béni mes efforts en me permettant d'aller jusqu'au bout, et de terminer tant bien que mal ce que j'ai le bonheur de faire en cet instant. Si j'ai réussi à ramener des cœurs justes et droits, si j'ai détruit des préjugés, vaincu des préventions, j'ai atteint mon but le plus cher, le plus doux : ma mission est accomplie.

APPENDICE

I

Détails sur la mort de Napoléon, extraits de la relation du docteur Antomarchi.

1° *Dernières journées.*

21 avril 1821. — L'Empereur n'a presque pas dormi ; cependant il est un peu mieux qu'hier ; il a pris de la nourriture sans éprouver de vomissements, et au point du jour il s'est trouvé assez de forces pour se lever et passer trois heures partie à dicter et partie à écrire. Ce travail n'a d'abord été suivi d'aucun inconvénient ; mais vers les neuf heures le vomissement s'est déclaré ; Napoléon s'est trouvé fort incommodé le reste de la journée. A une heure et demie il mande Vignali. « Savez-vous, abbé, ce que c'est qu'une chambre ardente ? — Oui, sire. — En avez-vous desservi ? — Aucune. — Eh bien ! vous desservirez la mienne. » Il entre à cet égard dans les plus grands détails, et donne au prêtre de longues instructions. Sa figure était animée, convulsive ; je suivais avec inquiétude les contractions qu'elle éprouvait, lorsqu'il surprit sur la mienne je ne sais quel mouvement qui lui déplût. « Vous êtes au-dessus de ces faiblesses ; mais que voulez-vous ? je ne suis ni philosophe ni médecin. Je crois à Dieu, je suis de la religion de mon père : n'est pas athée qui veut. » Puis revenant au prêtre : « Je suis né dans la religion catholique, je veux remplir les devoirs qu'elle impose et recevoir les secours qu'elle administre. Vous direz tous les jours la messe dans la chapelle voisine, et vous exposerez le saint sacrement pendant les quarante heures. Quand je serai mort, vous placerez votre autel à ma tête, dans la chambre ardente; vous continuerez à célébrer la messe, vous ferez toutes les cérémonies d'usage, vous ne cesserez que lorsque je serai en terre. » L'abbé se retira ; je restai seul. Napoléon me reprit sur ma prétendue incrédulité. « Pouvez-vous la pousser à ce point? Pouvez-vous ne pas croire à Dieu ? Car enfin tout proclame son existence, et puis les plus grands esprits l'ont cru. — Mais, sire, je ne la révoquai jamais en doute. Je suivais les pulsations de la fièvre. Votre Majesté a cru trouver dans mes traits une expression qu'ils n'avaient pas. — Vous êtes médecin, docteur, me répondit-il en riant. Ces gens-là, ajouta-t-il à demi-voix, ne brassent que de la matière; ils ne croiront jamais rien. »

28 *avril* 1821. — L'Empereur a passé une très-mauvaise nuit.

L'Empereur m'adresse des paroles pleines de bonté ; puis, avec un calme parfait, une tranquillité inaltérable, il me donne les instructions suivantes : « Après ma mort, qui ne peut être éloignée, je veux que vous fassiez l'ouverture de mon cadavre ; je veux aussi, j'exige que vous me promettiez qu'aucun médecin anglais ne portera la main sur moi. Si pourtant vous aviez indispensablement besoin de quelqu'un, le docteur Arnott est le seul qu'il vous soit permis d'employer. Je souhaite encore que vous preniez mon cœur, que vous le mettiez dans l'esprit-de-vin, et que vous le portiez à Parme, à ma chère Marie-Louise. Vous lui direz que je l'ai tendrement aimée, que je n'ai jamais cessé de l'aimer; vous lui raconterez tout ce que vous avez vu, tout ce qui se rapporte à ma situation et à ma mort. Je vous recommande surtout de bien examiner mon estomac, d'en faire un rapport précis, détaillé, que vous remettrez à mon fils... Les vomissements qui se succèdent presque sans interruption me font penser que l'estomac est celui de mes organes qui est le plus malade, et je ne suis pas éloigné de croire qu'il est atteint de la lésion qui conduisit mon père au tombeau, je veux dire d'un squirrhe au pylore. » Il continua : « Je m'en suis douté dès que j'ai vu les vomissements devenir fréquents et opiniâtres. Il est pourtant bien digne de remarque que j'ai toujours eu un estomac de fer, que je n'ai souffert de cet organe que dans ces derniers temps, et que, tandis que mon père aimait beaucoup les substances fortes et les liqueurs spiritueuses, je n'ai jamais pu en faire usage. Je vous prie, je vous charge de ne rien négliger dans un tel examen, afin qu'en voyant mon fils vous puissiez lui communiquer vos observations et lui indiquer les remèdes les plus convenables.... Quand je ne serai plus, vous vous rendrez à Rome ; vous irez trouver ma mère, ma famille ; vous leur rapporterez tout ce que vous avez observé relativement à ma situation, à ma maladie et à ma mort, sur ce triste et malheureux rocher. Vous leur direz que le grand Napoléon est expiré dans l'état le plus déplorable, manquant de tout, abandonné à lui-même et à sa gloire ; vous leur direz qu'en expirant il lègue à toutes les familles régnantes l'horreur et l'opprobre de ses derniers moments ! »

Il est dix heures du matin. La fièvre cesse tout à coup ; le malade tombe dans une adynamie extrême ; il parle beaucoup encore, mais ses paroles sont coupées, incohérentes, et ne présentent, pour ainsi dire, plus de suite.

Le malade est fort agité ; il essaye à diverses reprises d'achever le huitième codicille de son testament ; mais il ne peut écrire, ni même se tenir assis.

2 *mai.* — La fièvre redouble. Délire. L'Empereur ne parle que de la France, de son fils, de ses compagnons d'armes. « Steingel ! Desaix ! Masséna ! Ah ! la victoire se décide. Allez ! courez ! pressez la charge !.. ils sont à nous. » J'écoutais, je suivais les progrès de cette pénible agonie. J'étais accablé, déchiré, lorsque tout à coup Napoléon recueille ses forces, saute à terre et veut absolument descendre se promener dans le jardin. J'accours le recevoir dans mes bras, mais ses jambes plient sous le fardeau, il tombe en arrière, il ne connaît plus personne, il s'emporte, il s'irrite, sa tête n'y est plus, il demande toujours à se promener au jardin.

La fièvre diminue. L'Empereur me donne quelques instructions et ajoute : « Rappelez-vous ce que je vous ai chargé de faire lorsque je ne serai plus. Faites avec soin l'examen anatomique de mon corps, de l'estomac surtout. Les médecins de Montpellier avaient annoncé que le squirrhe au pylore serait héréditaire dans ma famille. Leur rapport est, je crois, dans les mains de Louis ; demandez, comparez-le avec ce que vous aurez observé vous-même : que je sauve du moins mon fils de cette cruelle maladie. Vous le verrez, docteur ; vous lui indiquerez ce qu'il convient de faire ; vous lui épargnerez les angoisses dont je suis déchiré : c'est un dernier service que j'attends de vous. »

Sa fin approchait ; nous allions le perdre, chacun redoublait de zèle, de prévenances, voulait lui donner une dernière marque de dévouement. Ses officiers, Marchand, Saint-Denis et moi, nous nous étions exclusivement réservé les veilles ; mais Napoléon ne pouvait supporter la lumière ; nous étions obligés de le lever, de le changer, de lui donner tous les soins au milieu d'une profonde obscurité. Le grand maréchal était à bout, le général Montholon n'en pouvait plus, je ne valais pas mieux ; nous cédâmes aux pressantes sollicitations des Français qui habitent Longwood, nous les associâmes aux tristes devoirs que nous remplissions. MM. Piéron, Coursot, tous veillèrent avec quelqu'un de nous. Le zèle, la sollicitude qu'ils montraient, touchèrent l'Empereur ; il les recommandait à ses officiers, voulait qu'ils fussent aidés, soutenus, qu'on ne les oubliât pas. « Et mes pauvres Chinois ! qu'on ne les oublie pas non plus, qu'on leur donne quelques vingtaines de napoléons ; il faut bien aussi que je leur fasse mes adieux. »

3 *mai*. — La nuit a été meilleure que de coutume. Les symptômes alarmants d'hier ont diminué, le malade a reposé quelques instants.

La fièvre diminue. Nous nous retirons. M. l'abbé Vignali reste seul, et nous rejoint quelques instants après, dans la pièce voisine, où il nous annonce qu'il a administré le viatique à l'Empereur.

La fièvre se renouvelle avec violence. Anxiété générale. Face hippocratique. Napoléon jouit encore de l'usage de ses sens. Il recommande à ses exécuteurs testamentaires, dans le cas où il viendrait à perdre connaissance, de ne permettre de l'approcher à aucun médecin anglais autre que le docteur Arnott. « Je vais mourir, vous allez repasser en Europe, je vous dois quelques conseils sur la conduite que vous avez à tenir. Vous avez partagé mon exil, vous serez fidèles à ma mémoire, vous ne ferez rien qui puisse la blesser. J'ai sanctionné tous les principes ; je les ai infusés dans mes lois, dans mes actes, il n'y en a pas un seul que je n'aie consacré. Malheureusement les circonstances étaient sévères ; j'ai été obligé de sévir, d'ajourner ; les revers sont venus, je n'ai pu débander l'arc, et la France a été privée des institutions libérales que je lui destinais. Elle me juge avec indulgence, elle me tient compte de mes intentions, elle chérit mon nom, mes victoires ; imitez-la, soyez fidèles aux opinions que nous avons défendues, à la gloire que nous avons acquise ; il n'y a hors de là que honte et confusion. »

Un ordre du gouverneur nous enjoint de tenir une consultation avec les docteurs Schort et Mitchell.

4 mai. — Les mêmes symptômes ont duré pendant toute la nuit. L'Empereur n'a pris de l'eau de fleur d'oranger qu'en petite quantité et à des intervalles éloignés. Le temps était affreux, la pluie tombait sans interruption, et le vent menaçait de tout détruire. Le saule sous lequel Napoléon prenait habituellement le frais avait cédé ; nos plantations étaient déracinées, éparses ; un seul arbre à gomme résistait encore, lorsqu'un tourbillon le saisit, l'enlève et le couche dans la boue. Rien de ce qu'aimait l'Empereur ne devait lui survivre.

2° *Agonie.*

5 mai 1821. — La nuit est extrêmement agitée. Napoléon est toujours dans le délire ; il parle avec peine, profère des mots inarticulés, interrompus, laisse échapper ceux de : « Tête.... armée. » Ce furent les derniers qu'il prononça. Il ne les avait pas fait entendre qu'il perdit la parole.

Je croyais le principe de vie échappé, mais peu à peu le

pouls se relève ; l'oppression diminue, de profonds soupirs s'échappent : Napoléon vit encore.

Ce fut alors que se passa la plus déchirante peut-être de toutes les scènes dont fut accompagnée sa longue agonie. Mme Bertrand, qui, malgré ses souffrances, n'avait pas voulu quitter le lit de l'auguste malade, fit appeler d'abord sa fille Hortense, et ensuite ses trois fils, pour leur faire voir une dernière fois celui qui avait été leur bienfaiteur. Rien ne saurait exprimer l'émotion qui saisit ces pauvres enfants à ce spectacle de mort. Il y avait environ cinquante jours qu'ils n'avaient été admis auprès de Napoléon, et leurs yeux pleins de larmes cherchaient avec effroi sur son visage pâle et défiguré l'expression de grandeur et de bonté qu'ils étaient accoutumés à y trouver. Cependant, d'un mouvement commun, ils s'élancent vers le lit, saisissent les deux mains de l'Empereur, les baisent en sanglotant et les couvrent de pleurs. Le jeune Napoléon Bertrand ne peut supporter plus longtemps ce cruel spectacle, il cède à l'émotion qu'il éprouve ; il tombe, il s'évanouit. On est obligé d'arracher du lit les jeunes affligés et de les conduire dans le jardin. Sans doute le souvenir de cette scène est resté dans leurs cœurs pour n'en jamais sortir, et leurs larmes couleront plus d'une fois quand ils se rappelleront qu'ils ont contemplé le corps de Napoléon au moment où sa grande âme allait en sortir. Pour nous tous qui assistions à ce lugubre adieu des enfants à leur auguste protecteur, l'impression que nous en reçûmes est au-dessus de toutes les paroles humaines ; ce ne fut qu'un même gémissement, une même angoisse, un même pressentiment de l'instant fatal que chaque minute approchait de nous.

Pouls anéanti. J'en suivais avec anxiété les pulsations, je cherchais si le principe de vie était éteint, lorsque je vis Noverras pâle, échevelé, tout hors de lui. Ce malheureux, affaibli par quarante-huit jours d'une hépathie aiguë accompagnée d'une fièvre synoque, entrait à peine en convalescence ; mais il avait appris le fâcheux état de l'Empereur, il voulait voir encore, contempler une dernière fois celui qu'il avait si longtemps servi ; il s'était fait descendre et arrivait fondant en larmes. J'essaye de le renvoyer, mais son émotion croît à mesure que je lui parle; il s'imagine que l'Empereur est menacé, qu'il appelle au secours; il ne peut l'abandonner, il veut combattre, mourir pour lui. Sa tête était perdue; je flattai son zèle, je le calmai et revins à mon poste.

Tiraillements spasmodiques marqués de l'épigastre et de l'estomac, profonds soupirs, cris lamentables, mouvements convulsifs qui se terminent par un bruyant et sinistre sanglot. Les paupières restent fixes, les yeux se meuvent, se renversent sous les paupières supérieures, le pouls tombe, se ranime. Il est six heures moins onze minutes, Napoléon touche à sa fin, ses lèvres se couvrent d'une légère écume : il n'est plus!

Tout s'écoule aussitôt; ce n'est que pleurs, que sanglots; chacun est accablé d'une perte aussi cruelle. Nous étions dans le premier saisissement de la douleur, deux Anglais en profitent et se glissent au milieu de nous; ils pénètrent dans le salon, découvrent, palpent l'Empereur et se retirent comme ils sont venus. Cette profanation nous rend à nous-mêmes, nous rentrons, nous veillons sur le cadavre; des mains anglaises ne doivent pas le souiller.

3° *La veillée du cadavre.*

Il y avait six heures qu'il était sans vie; je le fis raser, laver, et le plaçai sur un autre lit : de leur côté, les exécuteurs testamentaires avaient pris connaissance de deux codicilles qui devaient être ouverts immédiatement après la mort de l'Empereur : l'un était relatif aux gratifications qu'il accordait sur sa cassette à toutes les personnes de sa maison et aux aumônes qu'il faisait distribuer aux pauvres de Sainte-Hélène; l'autre contenait des instructions sur ses funérailles. Il était ainsi conçu :

Le 16 avril 1821. Longwood.

Ceci est un codicille de mon testament.

1° Je désire que mes cendres reposent sur les bords de la Seine, au milieu de ce peuple français que j'ai tant aimé.

2° Je lègue aux comtes Bertrand, Montholon, et à Marchand, l'argent, bijoux, argenterie, porcelaine, meubles, livres, armes; et généralement tout ce qui m'appartient dans Sainte-Hélène.

Ce codicille, tout entier écrit de ma main, est signé et scellé de mes armes.

(*Sceau.*) NAPOLÉON.

Les exécuteurs testamentaires notifièrent cette pièce au gouverneur, qui se récria sur cette prétention et déclara qu'elle était inadmissible, qu'il s'y opposait, que le cadavre devait rester dans l'île; que l'Angleterre ne s'en dessaisirait pas. On chercha à désarmer sa haine, on essaya les représentations, les prières : tout fut inutile; on choisit un lieu dont l'Empereur, qui pourtant ne l'avait vu qu'une fois, parlait toujours avec satisfaction, celui où jaillissait cette eau bienfaisante qui avait si souvent adouci les maux qu'il endurait. Sir Hudson y consentit; il avait depuis 1820 l'ordre de retenir les dépouilles de Bonaparte, mais il lui était indifférent qu'elles fussent dans tel ou tel endroit de l'île; et, montant aussitôt à cheval, il accourut à la tête de son état-major, des membres de son conseil, du général Coffin, du contre-amiral Lambert, du marquis de Montchenu et de ce qu'il y avait de médecins, de chirurgiens dans l'île. Il voulait s'assurer par lui-même que Napoléon était bien mort, que le corps qu'il voyait était bien celui de l'Empereur. Il demandait aussi qu'on procédât à l'ouverture du cadavre, mais je lui fis observer qu'il y avait trop peu de temps qu'il était sans vie; il n'insista pas. « Vous m'avez fait demander du plâtre pour prendre le masque du défunt; un de mes chirurgiens est fort habile dans ces sortes d'opérations, il vous aidera. » Je remerciai Son Excellence; le moulage est une chose si facile que je pouvais me passer d'aide. Mais je manquai de plâtre; Mme Bertrand n'avait reçu, malgré ses instances, qu'une espèce de chaux. Je ne savais comment faire, lorsque le docteur Burton nous indiqua un gisement où se trouvait du gypse. Le contre-amiral donna aussitôt des ordres, une chaloupe mit en mer et rapporta quelques heures après des fragments qu'on fit calciner. J'avais du plâtre, je moulai la figure et procédai à l'autopsie.

Les généraux Bertrand et Montholon, Marchand, exécuteurs testamentaires, assistaient à cette opération pénible, où se trouvaient aussi sir Thomas Read, quelques officiers d'état-major, les docteurs Thomas Schort, Arnott, Charles Mitchell, Mathieu Livington, chirurgien de la compagnie des Indes, et autres médecins, au nombre de huit, que j'avais invités.

Napoléon avait destiné ses cheveux aux divers membres de sa famille ; on le rasait ; je vérifiai quelques remarques que j'avais déjà faites.

L'Empereur avait considérablement maigri depuis son arrivée à Sainte-Hélène ; il n'était pas en volume le quart de ce qu'il était auparavant.

Le visage et le corps étaient pâles, mais sans altération, sans aspect cadavéreux. La physionomie était assez belle, les yeux fermés, et on eût dit, non que l'Empereur était mort, mais qu'il dormait d'un profond sommeil. Sa bouche conservait l'expression du sourire, à cela près que, du côté gauche, elle était légèrement contractée par le rire sardonique.

Napoléon fut exposé dans sa petite chambre à coucher, qu'on avait convertie en chambre ardente. Elle était tendue en drap noir que l'on avait tiré du magasin de la Compagnie des Indes, à James-Town. Ce fut cette circonstance qui fit connaître la maladie et la mort de Napoléon dans l'île. Étonnés de voir transporter tant d'étoffes, les habitants et les employés eux-mêmes cherchaient quel pouvait être l'usage auquel on les destinait. Ils n'en voyaient aucun. La curiosité s'accrut et devint générale à mesure que l'on connut ce qui l'avait fait naître. Les idées les plus étranges, les bruits les plus bizarres, commençaient à se propager, lorsqu'un Chinois révéla le mystère. Ce ne fut qu'un cri de surprise ; chacun était étonné, confondu. « Comment ! le général Bonaparte était sérieusement malade ! on nous disait qu'il se portait si bien ! »

Le cadavre, qui n'avait pu être embaumé faute des substances nécessaires, et dont la blancheur était vraiment extraordinaire, fut déposé sur un des lits de campagne, surmonté de petits rideaux blancs, qui servaient de sarcophage. Le manteau de drap bleu que Napoléon avait porté à la bataille de Marengo servait de couverture. Les pieds et les mains étaient libres ; l'épée au côté gauche et un crucifix sur la poitrine. A quelque distance du corps était le vase d'argent qui contenait le cœur et l'estomac qu'on m'avait forcé d'y déposer. Derrière la tête était un autel où le prêtre, en surplis et en étole, récitait des prières. Toutes les personnes de la suite de Napoléon, officiers et domestiques, en habit de deuil, se tenaient debout, à gauche. Le docteur Arnott veillait sur le cadavre, qui avait été mis sous sa responsabilité personnelle.

Depuis quelques heures la foule obstruait les avenues et se pressait à la porte de la chambre ardente. On ouvrit ; elle entra, contempla ces restes inanimés, sans confusion, sans tumulte, avec un silence religieux. Le capitaine Croquat, officier d'ordonnance de Longwood, réglait l'ordre dans lequel chacun se présentait. Les officiers et les sous-officiers du 20e et du 66e furent admis les premiers ; les autres ensuite. Tous éprouvaient cette émotion que le courage malheureux éveille toujours dans le cœur des braves.

L'affluence fut encore plus grande le lendemain. Les troupes, la population, tout accourt, tout se presse ; il n'y a pas jusqu'aux dames qui ne bravent l'autorité et la fatigue pour contempler une dernière fois les restes inanimés de l'Empereur. Un ordre ridicule leur défend de paraître à Longwood ; elles se mêlent à la foule, aux transports ; elles arrivent et n'en font que mieux éclater les sentiments qui les animent. Chacun répudie la complicité d'une mort cruelle : c'est une consolation pour nous.

Je la goûtais, lorsque je vis venir à moi les docteurs Schort, Mitchell et Burton, qui sortaient de chez l'officier d'ordonnance. Ces messieurs avaient, comme je l'ai dit, assisté d'office à l'autopsie, mais n'y avaient pris aucune part. Cependant, ils s'étaient tout à coup avisés que c'était à eux à dresser le procès-verbal. Ils l'avaient écrit, rédigé, et me l'apportaient à signer : je refusai.

Nous étions accablés, nous nous retirions, lorsque sir Hudson Lowe nous rejoignit. Toujours feignant d'être humain, compatissant et vrai, cet hypocrite déplora la perte que nous avions faite et nous annonça qu'elle était d'autant plus fâcheuse que son gouvernement revenait à bien. « Il l'avait chargé de faire connaître au général Bonaparte que l'instant approchait où la liberté pourrait lui être rendue, et que Sa Majesté Britannique ne serait pas la dernière à accélérer le terme de sa captivité. Il est mort, tout est fini, nous lui rendrons demain les derniers devoirs. Les troupes ont ordre de prendre le deuil et les armes dès la pointe du jour. »

4° *Les funérailles.*

8 *mai.* — Elles les prirent en effet ; le gouverneur arriva, le contre-amiral suivit, et bientôt toutes les autorités civiles et militaires se trouvèrent réunies à Longwood. La journée était magnifique, la population couvrait les avenues, la musique couronnait les hauteurs : jamais spectacle aussi triste, aussi solennel, n'avait été étalé dans ces lieux. Midi et demi sonne, les grenadiers saisissent le cercueil, le soulèvent avec peine et parviennent cependant, à force de constance et d'efforts, à le transporter dans la grande allée du jardin, où les attend le corbillard. Ils le placent sur le char, le couvrent d'un drap de velours violet et du manteau que Napoléon portait à Marengo. La maison de l'Empereur est en deuil. Le cortége se range conformément au programme arrêté par le gouverneur, et se met en marche dans l'ordre qui suit :

L'abbé Vignali, revêtu des ornements sacerdotaux avec lesquels on célèbre la messe, ayant à ses côtés le jeune Henri Bertrand, portant un bénitier d'argent avec son goupillon. Le docteur Arnott et moi. Les personnes chargées de surveiller le corbillard, traîné par quatre chevaux conduits par des palefreniers et escorté par douze grenadiers sans armes, de chaque côté. Les derniers doivent porter le cercueil sur leurs épaules dès que le mauvais état du chemin empêchera le char d'avancer.

Le jeune Napoléon Bertrand et Marchand, tous les deux, à pied et sur les côtés du corbillard. Les comtes Bertrand et Montholon, à cheval, immédiatement derrière le corbillard.

Une partie de la suite de l'Empereur.

La comtesse Bertrand avec sa fille Hortense, dans une calèche attelée de deux chevaux conduits à la main par ses domestiques, qui marchent du côté du précipice.

Le cheval de l'Empereur, conduit par son piqueur Archambaud.

Les officiers de marine à pied et à cheval. Les officiers d'état-major à cheval. Les membres du conseil de l'île, à cheval.

Le général Coffin et le marquis de Montchenu, à cheval. Le contre-amiral et le gouverneur, à cheval. Les habitants de l'île.

Le cortége sortit dans cet ordre de Longwood, passa devant le corps de garde, et trouva la garnison de l'île, au nombre de deux mille cinq cents hommes environ, rangée sur la gauche de la route, qu'elle occupait jusqu'à Hut's-Gate. Des corps de musiciens, placés de distance en distance, ajoutaient encore par leurs sons lugubres à la tristesse et à la solennité de la cérémonie. Lorsque le cortége eut défilé, ces troupes le suivirent et l'accompagnèrent vers le lieu de la sépulture. Lady Lowe et sa fille étaient sur le chemin, à Hut's-Gate, dans une calèche à deux chevaux. Elles étaient accompagnées de quelques domestiques en deuil, et suivaient de loin le cortége. Les quinze pièces d'artillerie de campagne étaient placées le long de la route, et les canonniers se tenaient à leurs pièces prêts à faire feu.

Parvenu à un quart de mille environ au delà de Hut's-Gate, le corbillard s'arrêta, les troupes firent halte et se rangèrent en bataille le long de la route. Les grenadiers prirent alors le cercueil sur leurs épaules, et le portèrent ainsi jusqu'au lieu de la sépulture, par la nouvelle route qui avait été pratiquée exprès sur les flancs de la montagne. Tout le monde met pied à terre ; les dames descendent de calèche, et le cortége accompagne le corps sans observer aucun ordre. Les comtes Bertrand et Montholon,

Marchand et le jeune Napoléon Bertrand portent les quatre coins du drap. Le cercueil est déposé sur les bords de la tombe, que l'on avait tendue en noir. Tout présente un aspect lugubre, tout concourt à augmenter la tristesse et la douleur dont nos cœurs sont remplis. Notre émotion est profonde, mais concentrée et silencieuse. On découvre le cercueil. L'abbé Vignali récite les prières accoutumées, et le corps est descendu dans la tombe, les pieds vers l'orient et la tête à l'occident. L'artillerie fait aussitôt entendre trois salves consécutives de quinze coups chacune. Le vaisseau amiral tire pendant la marche vingt-cinq coups de canon de minute en minute. Une énorme pierre, qui devait être employée dans la construction de la nouvelle maison de l'Empereur, est destinée à fermer sa tombe. Les cérémonies religieuses terminées, on recouvre la maçonnerie d'une couche de ciment.

Pendant que l'on achevait ces travaux, la foule se jetait sur les saules, dont la présence de Napoléon avait déjà fait un objet de vénération. Chacun voulait avoir des branches ou des feuillages de ces arbres qui devaient ombrager la tombe de ce grand homme, et les garder comme un précieux souvenir de cette scène imposante de tristesse et de douleur. Sir Hudson et l'amiral Lambert, que blesse cet élan, cherchent à l'arrêter ; ils s'emportent, ils menacent. Les assaillants se hâtent d'autant plus, et les saules sont dépouillés jusqu'à la hauteur où la main peut atteindre. Sir Hudson était pâle de colère ; mais les coupables étaient nombreux, de toutes les classes : il ne put sévir. Il s'en vengea en interdisant l'accès du tombeau, qu'il fit entourer d'une barricade, et auprès duquel il plaça deux factionnaires et un poste de douze hommes avec un officier. Cette garde, disait-il, devait être maintenue *à perpétuité*.

Sir Hudson Lowe avait mis Napoléon au tombeau ; sa tâche était finie.....

II

Le gouvernement français fait rapporter en France
les cendres de Napoléon.

CHAMBRE DES DÉPUTÉS

Séance du 12 mai 1840.

M. le Président : La parole est à M. le ministre de l'intérieur pour une communication du gouvernement.

M. de Rémusat, ministre de l'intérieur : « Messieurs, le roi a ordonné à Son Altesse Royale monseigneur le prince de Joinville (mouvement d'attention et de curiosité) de se rendre avec sa frégate, à l'île de Sainte-Hélène (nouveau mouvement), pour y recueillir les restes mortels de l'empereur Napoléon. (Explosion d'applaudissements prolongés dans toutes les parties de l'assemblée).

« Nous venons vous demander les moyens de les recevoir dignement sur la terre de France, et d'élever à Napoléon son dernier tombeau (Bruyantes acclamations). Le gouvernement, jaloux d'accomplir un devoir national (voix nombreuses : Oui ! oui !), s'est adressé à l'Angleterre. Il lui a redemandé le précieux dépôt que la fortune a remis dans ses mains. A peine exprimée, la pensée de la France a été accueillie. Voici les paroles de notre magnanime alliée :

« Le gouvernement de Sa Majesté Britannique espère « que la promptitude de la réponse sera considérée en « France comme une preuve de son désir d'effacer jusqu'à « la dernière trace de ces animosités nationales qui, pen- « dant la vie de l'Empereur, armèrent l'une contre l'autre « la France et l'Angleterre. Le gouvernement de Sa Ma- « jesté Britannique aime à croire que, si de pareils senti- « ments existent quelque part, ils seront ensevelis dans la « tombe où les restes de Napoléon vont être déposés. » (Profonde sensation. Bravo ! bravo !)

« L'Angleterre a raison, messieurs; cette noble restitution resserrera encore les liens qui nous unissent; elle achèvera de faire disparaître les traces douloureuses du passé. Le temps est venu où les deux nations ne doivent plus se souvenir que de leur gloire.

« La frégate chargée des restes mortels de Napoléon se présentera au retour à l'embouchure de la Seine; un autre bâtiment les transportera jusqu'à Paris; ils seront déposés aux Invalides. Une cérémonie solennelle, une grande pompe religieuse et militaire inaugurera le tombeau qui doit les garder à jamais.

« Il importe en effet, messieurs, à la majesté d'un tel souvenir, que cette sépulture auguste ne demeure pas exposée sur une place publique, au milieu d'une foule bruyante et distraite. Il convient qu'elle soit placée dans un lieu silencieux et sacré, où puissent la visiter avec recueillement tous ceux qui respectent la gloire et le génie, la grandeur et l'infortune. (Vive et religieuse approbation.)

« Il fut empereur et roi; il fut le souverain légitime de notre pays. (Marques éclatantes d'assentiment.) A ce titre il pourrait être inhumé à Saint-Denis; mais il ne faut pas à Napoléon la sépulture ordinaire des rois: il faut qu'il règne et commande encore dans l'enceinte où vont se reposer les soldats de la patrie et où iront toujours s'inspirer ceux qui seront appelés à la défendre. Son épée sera déposée sur sa tombe.

« L'art élèvera sous le dôme, au milieu du temple consacré par la religion au Dieu des armées, un tombeau digne, s'il se peut, du nom qui doit y être gravé. Ce monument doit avoir une beauté simple, des formes grandes et cet aspect de solidité inébranlable qui semble braver l'action du temps. Il faudrait à Napoléon un monument durable comme sa mémoire. (Très-bien! très-bien!)

« Le crédit que nous venons demander aux chambres a pour objet la translation aux Invalides, la cérémonie funéraire, la construction du tombeau.

« Nous ne doutons pas, messieurs, que la chambre ne s'associe avec une émotion patriotique à la pensée royale que nous venons d'exprimer devant elle. (Oui, oui! bravo!)

« Désormais la France, et la France seule, possédera tout ce qui reste de Napoléon. Son tombeau comme sa renommée n'appartiendra à personne qu'à son pays. La monarchie de 1830 est en effet l'unique et légitime héritière de tous les souvenirs dont la France s'enorgueillit.

« Il lui appartenait sans doute, à cette monarchie qui la première a rallié toutes les forces et concilié tous les vœux de la révolution française, d'élever et d'honorer la statue et la tombe d'un héros populaire, car il y a une chose, une seule, qui ne redoute pas la comparaison avec la gloire, c'est la liberté! » (Bravo! bravo! — Manifestation prolongée d'enthousiasme.)

Projet de loi.

LOUIS-PHILIPPE, roi des Français,

A tous présents et à venir salut :

Nous avons ordonné et ordonnons que le projet de loi dont la teneur suit sera présenté à la chambre des députés par notre ministre secrétaire d'État de l'intérieur, que nous chargeons d'en exposer les motifs et d'en soutenir la discussion :

« Art. 1er. Il est ouvert au ministre de l'intérieur, sur l'exercice de 1840, un crédit spécial de 1 million pour la translation des restes mortels de l'empereur Napoléon à l'église des Invalides et pour la construction de son tombeau.

« 2. Il sera pourvu à la dépense autorisée par la présente loi au moyen des ressources accordées par la loi des finances du 10 août 1839, pour les besoins de l'exercice 1840. »

Au palais des Tuileries, le 12 mai 1840, etc.

III

Détails sur l'expédition du prince de Joinville à Sainte-Hélène, extraits de la relation de M. Emmanuel de Las Cases.

Le gouvernement français ayant décidé que les cendres de l'empereur Napoléon seraient transportées en France, le prince de Joinville se rendit à Sainte-Hélène, accompagné de plusieurs des anciens compagnons d'exil de l'Empereur. M. Emmanuel de Las Cases, qui avait autrefois accompagné Napoléon à Sainte-Hélène, a publié une relation de ce voyage, à laquelle nous empruntons les détails suivants :

1° *Arrivée à Longwood.*

A onze heures le prince commandant descendit à terre avec plusieurs de ses officiers. M. le lieutenant-colonel d'artillerie Trelawney lui présenta les diverses autorités civiles et militaires; ensuite nous partîmes tous pour *Plantation-House*, maison du gouverneur. Nous gravîmes le chemin qui serpente sur les flancs de Ladder-Hill ; nous dépassâmes le fort. Tout ce que nous parcourions était aride, le vent était froid et désagréable, et de temps en temps accompagné de pluie. Cette partie de l'île était toute nouvelle pour moi. J'étais bien allé autrefois à *Plantation-House*, mais par un autre chemin. Après une heure nous arrivâmes, et nous trouvâmes le gouverneur très-souffrant.

Plantation-House serait en tout pays une fort jolie maison de campagne. Elle est bâtie avec des matériaux apportés d'Europe : l'emplacement en a été choisi avec intelligence. L'Empereur y eût été bien, et surtout convenablement; mais c'était la maison habitée par sir Hudson Lowe.... et puis le climat n'était pas destructeur comme à Longwood!.... L'Empereur aurait peut-être pu y vivre longtemps!

Le commandant repartit bientôt. Il désirait se rendre au tombeau de Napoléon, dont nous n'étions guère qu'à deux lieues. A deux heures vingt minutes, nous entrions dans l'enceinte..... la tombe s'offrait à nos yeux..... Là sans doute n'était plus que poussière celui dont la gloire et la puissance avaient étonné le monde!....

Le prince s'était découvert. M. l'abbé Coquereau, agenouillé à l'écart, à gauche de la porte d'entrée, au pied d'un cyprès, récitait une prière. C'était peut-être le premier prêtre catholique qui de ce lieu élevait son âme vers le ciel depuis que Napoléon avait été rendu à la terre..... On voyait étendu sur le sol le tronc d'un des deux saules pleureurs qui existaient lors de l'inhumation; l'autre ombrageait encore le tombeau. Nous étions silencieux..... chacun livré tout entier à ses émotions..... nous contemplions de près ces dalles noires..... rien n'y était écrit..... et nous ne pouvions en détacher nos regards..... Le prince fit lentement le tour de la tombe; il revint cueillir quelques feuilles des plantes bulbeuses que l'on avait fait pousser du côté où reposait la tête. Après avoir ordonné qu'on lui préparât des boutures de saule, il appela M. le commandant Hernoux, son aide de camp, et lui dit de donner au vieux soldat, gardien du tombeau, tout ce qu'il pourrait réunir d'argent. Ce fut une grosse poignée de napoléons, et nous partîmes.

Arrivé sur la hauteur, au lieu de suivre le chemin qui ramène à la ville, le prince prit à gauche. Évidemment, il voulait aussi voir Longwood, cette demeure ou plutôt cet autre tombeau de Napoléon, où, sous les ignobles traitements de sir Hudson Lowe, il avait mis cinq ans et demi à mourir.

Nous avions près de deux milles à parcourir. A mi-chemin nous passâmes devant Hut's-Gate, toute petite maison de trois ou quatre petites chambres. Autrefois le général Bertrand y avait demeuré pendant plusieurs mois avec sa famille, en attendant qu'on lui préparât une habitation auprès de Longwood. Je cheminais avec le commandant Hernoux et lui détaillais tout ce que me retraçaient mes souvenirs. Je lui montrai le précipice qui se trouvait à nôtre gauche, et que nous étions obligés de contourner. C'est un immense évasement de *Rupert's Valley*, qui a plus de mille pieds de profondeur et près d'un quart de lieue de diamètre; on n'y voit presque aucune végétation. La pente est tellement roide, qu'un jour un soldat ivre y étant tombé, il arriva au fond en lambeaux. La forme de ce gouffre, qui est un peu circulaire et en entonnoir, lui a fait donner le nom de Bowl de Punch du Diable (*Devil's Punch Bowl*).

Le commandant mit pied à terre pour mieux examiner. Le général Bertrand et les autres compagnons d'exil lui donnaient des explications et répondaient à ses questions. L'extérieur de l'habitation avait subi de grands changements, et quels changements !.... on voyait partout des étables et des hangars à bestiaux !..... Les officiers anglais qui nous accompagnaient en éprouvaient visiblement de l'embarras, même plus que de l'embarras. Le prince monta quelques marches qui conduisent à la première salle qu'avait habitée Napoléon. Il y entra en se découvrant, ce que firent aussi alors les Anglais qui étaient avec nous. A la vue de ce lieu, nous restâmes saisis d'un triste étonnement, et un profond silence s'établit. Cette salle ne tombait point en ruine, mais il n'y avait que les quatre murs, et tout y attestait l'abandon. Ce qui frappait ce n'était pas la destruction, effet du temps; c'était partout l'empreinte du délaissement le plus complet !....

Mais quand nous entrâmes dans la chambre suivante, celle où Napoléon avait rendu le dernier soupir, celle qui eût dû par une telle mort se trouver comme empreinte d'un caractère religieux et sacré, grand Dieu, quelle profanation !

C'était là que j'avais si souvent vu l'empereur plein de vie, s'entretenant familièrement, discutant des sujets scientifiques et littéraires, ou racontant, avec une gaieté si enjouée et un esprit si fin, des anecdotes de son temps, ou développant avec feu ses hautes conceptions politiques; c'était là qu'il avait lutté contre la mort, que s'était passée son agonie, qu'avait reposé sa tête expirante. Le général Bertrand, M. Marchand, venaient de nous le dire : « Il était couché là..... la tête tournée de ce côté..... » Aujourd'hui, c'est à peine si l'on reconnaît qu'il y a eu là une chambre habitée!.... Un sale moulin à blé occupe les deux tiers de la pièce ; le plafond a été détruit pour lui faire place ; le plancher est à moitié pourri ; les murs nus laissent voir la boue et les cailloux dont ils sont construits ; plus de portes, mais seulement un lambeau de porte ; les fenêtres en partie brisées : ce qui en reste n'offre plus que des morceaux de vitres cassées..... La douleur et l'indigation me saisirent..... ma poitrine se serra..... je ne pus étouffer mes sanglots..... je me hâtai de sortir..... Ce jour-là je n'en vis pas davantage....

2° *Le tombeau.*

Le tombeau de Napoléon est d'une extrême simplicité. A peu près au niveau du sol, trois dalles rapprochées l'une de l'autre et noircies par l'atmosphère forment un carré long d'environ neuf pieds sur six. Ces dalles sont bordées de pierres blanches, autour desquelles est une bande de quelques pouces de terre végétale. C'est là que Mme la comtesse Bertrand et plusieurs serviteurs de l'Empereur avaient planté des pensées et d'autres fleurs. Puis vient une grille très-ordinaire en fer. Elle n'avait pas de portes, et on ne pouvait entrer dans son enceinte qu'en défaisant un des barreaux.

Autrefois, deux saules pleureurs assez grands ombrageaient la tombe. Un seul reste encore ; l'autre est mort. Mais dix-huit petits saules ont été plantés depuis. On dit que c'est par les soins de Mme Dallas, femme du brigadier général Ch. Dallas, dernier gouverneur de l'île. Que grâces lui en soient rendues ! Le gazon est très-touffu. Le tombeau et les saules sont entourés d'un grillage en bois peu élevé, formant une enceinte irrégulière d'environ soixante-dix à quatre-vingts pieds de diamètre. Dans l'intérieur, et touchant presque au grillage, ont été plantés circulairement trente-quatre cyprès.

Tel est le tombeau de Napoléon. On n'y voit ni ornements ni inscriptions ; non que la grandeur de l'homme rendît leur choix ou leur composition difficile, mais c'est qu'alors la haine de ses ennemis le poursuivit jusque dans le cercueil. La seule inscription que sir H. Lowe crut devoir autoriser fut considérée par les Français comme une inconvenance. On ne mit rien. Aujourd'hui, dit-on, le gouvernement anglais se propose de faire élever un cénotaphe.

3° *L'exhumation.*

Mercredi 14. — C'était aujourd'hui, pour ainsi dire, le dernier jour que je passais à Sainte-Hélène. La journée du lendemain devait être consacrée à la cérémonie, et le jour suivant la frégate faisait voile. Dans la journée, je me rendis à Longwood et au tombeau. J'adressai à ces lieux sacrés pour moi des adieux éternels.

Cette nuit était l'époque fixée pour les travaux de l'exhumation des cendres de Napoléon. On supposait qu'ils seraient longs et difficiles. On les commençait la nuit, afin de pouvoir, dans la journée du lendemain, remettre le cercueil entre les mains du prince de Joinville. Le moment du départ était arrivé; plusieurs de nos compagnons nous avaient déjà devancés. A dix heures et demie du soir, nous quittâmes la ville; MM. l'abbé Coquereau, le docteur Guillard, Charner, Guyet, Doret, Marchand, Arthur Bertrand, etc., et moi, nous gravissions lentement les montagnes. Arrivés sur les hauteurs de *Rupert's Valley*, le froid devint assez vif. De temps en temps nous avions à souffrir les effets d'une petite pluie très-fine, ou plutôt d'un brouillard extrêmement intense; la lune se levait voilée, d'épais nuages glissant avec rapidité devant elle, tantôt la cachaient, tantôt la laissaient reparaître. La nature semblait vouloir répandre autour de nous une teinte de religion et de mystère bien en harmonie avec le pieux devoir que nous allions accomplir dans cette triste localité. Bientôt, dans le lointain, au fond de la vallée, à travers l'épaisseur de l'atmosphère, nous crûmes distinguer de la lumière: c'étaient les fanaux qui allaient éclairer les travailleurs. Nous quittâmes alors le grand chemin pour prendre la route qui descend le long des flancs de la montagne. Des postes militaires, commandés par M. le lieutenant Barney, avaient été placés de distance en distance dès le coucher du soleil, nous les traversâmes. A minuit précis nous arrivions au tombeau.

Jeudi 15. — Les commissaires des deux nations introduisirent dans l'enceinte les diverses personnes qui devaient être témoins de ce qui allait se passer.

A minuit un quart les travaux commencèrent. Les ouvriers étaient des soldats anglais. On enleva soigneusement les plantes bulbeuses et les géraniums qui se trouvaient à la tête et au pied de la tombe. On ébranla et on fit tomber successivement la grille latérale de l'ouest et les deux grilles qui se trouvaient aux extrémités. Le plus profond silence régnait. On n'entendait de temps en temps que la voix du capitaine Alexander donnant brièvement ses ordres. Les mouvements de ses hommes, travaillant avec activité à la lueur des fanaux, dans le brouillard, se mouvant au milieu des cyprès et des saules, leur donnaient l'apparence d'ombres qui s'agitaient; le bruit des marteaux retentissant sur les grilles de fer, les cris fréquemment répétés des nombreuses sentinelles placées dans les montagnes environnantes, tout répandait sur cette scène une teinte lugubre.

Les grilles enlevées, le commissaire du roi prit la mesure extérieure du tombeau. On procéda alors à la disjonction des pierres qui le bordaient; elles étaient fortement unies ensemble par des crampons; on les défit avec effort; on enleva ensuite celle des trois dalles noires qui se trouvait aux pieds, puis celle qui se trouvait à la tête, puis celle du milieu; ces pierres ôtées, on vit la terre végétale. Elle était séparée de la surface inférieure des dalles noires par un espace d'environ un pied et demi qui restait vide. On remarquait sur ce sol une grande fissure, et au milieu un affaissement assez considérable, ce qui nous fit penser que nous trouverions le cercueil écrasé et détruit. Cette terre était humide; on en retira jusqu'à la profondeur d'environ cinq pieds. Nous remarquâmes que l'humidité n'augmentait pas.

Le travail continuait toujours dans le même silence. Les hommes se relevaient à de courts intervalles, en sorte que l'activité était extrême. La terre ôtée, on arriva sur un lit de matière très-dure; on pensa d'abord que c'était la dalle que l'on savait recouvrir le tombeau. Les Français qui avaient assisté autrefois à l'inhumation de Napoléon avaient bien vu sceller cette dalle, mais ils n'avaient rien vu de plus; ils ignoraient ce qui s'était passé après. Il existait dans l'île plusieurs personnes témoins de ces derniers travaux, qui même y avaient participé; elles étaient présentes, appelées par M. le capitaine Alexander. Mais dix-neuf ans et demi s'étaient écoulés, et leurs souvenirs se trouvaient évidemment altérés, car elles étaient toutes d'opinions différentes.

Le commissaire français avait entre les mains un extrait d'un rapport du lieutenant général sir Hudson Lowe sur l'inhumation de l'Empereur. Cette pièce disait: « Que, par-dessus la dalle qui couvrait le cercueil, on avait établi deux couches de maçonnerie fortement cimentées et même fortifiées par des crampons. » MM. les commissaires descendirent pour s'assurer si la maçonnerie rencontrée par les ouvriers était bien celle qu'indiquait le rapport. C'était elle; ils la trouvèrent parfaitement intacte, sans la plus légère altération.

En ce moment, M. l'abbé Coquereau alla puiser de l'eau à la source et se rendit dans une des deux tentes voisines, pour préparer l'eau bénite et ce qui était relatif aux cérémonies du culte.

Cependant les ouvriers continuaient toujours en silence; ils reconnaissaient d'assez grands fragments de dalles joints entre eux par des barres de fer, et de forts morceaux de basalte liés par du ciment romain. Le ciment était devenu très-dur; il fallut enlever cette maçonnerie avec la pioche et le ciseau: ce fut un travail considérable qui demanda des heures. Plusieurs fois, le ciseau ayant attaqué des fragments de pierre blanche, on crut être arrivé sur la dalle; on mesura; on était à deux mètres cinq centimètres de profondeur.

On n'avançait plus que très-lentement, on était contrarié. D'après le texte du rapport de sir H. Lowe, le capitaine Alexander pensait qu'on pouvait supposer aux couches de maçonnerie une épaisseur considérable; peut-être quatre pieds. Il aurait fallu employer au moins toute la journée pour la détruire. A cinq heures cinq minutes du matin, M. Alexander fit commencer un fossé latéral à la tombe, avec l'intention de creuser jusqu'au niveau du cercueil, qu'il retirerait ensuite par le côté, en perçant la muraille du caveau.

On travaillait toujours dans un profond silence; le temps était mauvais; nous étions au milieu des nuages, et souvent mouillés par une pluie fine et pénétrante que chassait un vent assez vif. Les ouvriers attaquaient toujours avec vigueur la maçonnerie en ciment romain. A huit heures on découvrit une fente..... A travers on aperçut le cercueil..... Bientôt une autre fente le laissa mieux distinguer encore. Le capitaine Alexander, mû probablement par un sentiment religieux que nous avons toujours vu paraître en lui, les fit couvrir avec des pierres. On s'occupa alors de dresser une chèvre; et chacun de nous, Anglais et Français, alla revêtir son grand uniforme. A neuf heures, on établit autour de la tombe une haie de soldats de milice et de soldats du 91e régiment. La pluie était devenue très-forte. On acheva de dégager au ciseau le ciment qui scellait la grande dalle, et on fit les travaux nécessaires pour y ajuster des crampons. Les personnes qui ne devaient pas assister à l'exhumation, même les ouvriers qui n'étaient pas absolument nécessaires, furent éloignés et durent se tenir en dehors de la haie de soldats. Mr l'abbé Coquereau s'approcha, se plaça sur le bord de la tombe, du côté où reposait la tête; deux enfants de chœur portaient devant lui la croix et l'eau bénite. A neuf heures vingt-six minutes la dalle fut enlevée; d'un mouvement spontané et unanime tous les assistants se découvrirent..... On voyait un cercueil en acajou, isolé de toutes parts, excepté inférieurement. Il reposait sur une autre dalle que portaient huit montants en pierre. Le bois était humide, mais dans un état de conservation parfait. La planche inférieure, qui autrefois avait été extérieurement recouverte de velours, était la seule qui commençât à être un peu altérée. On apercevait encore la blancheur des têtes de vis qui avaient été argentées;

l'argent n'avait pas disparu. On voyait à côté du cercueil les sangles et cordages qui avaient servi à le descendre. La dalle inférieure sur laquelle il reposait était assez humide.

Après que M. l'abbé Coquereau eut fait la levée du corps, M. le docteur Guillard, chirurgien-major de *la Belle-Poule*, versa du chlore, et les commissaires des deux nations descendirent dans le caveau. Ils prirent les mesures du cercueil qui se trouvaient être les suivantes : un mètre quatre-vingt-onze centimètres de long sur soixante-cinq centimètres dans sa plus grande largeur. Puis on procéda à l'extraction du cercueil.

A dix heures vingt-cinq minutes, le corps de Napoléon, rendu à la lumière, se trouva au milieu des vivants. Depuis dix-neuf ans et demi il dormait du sommeil de la mort dans la nuit du tombeau!....

Le cercueil avait imprimé sa forme au fond du caveau, on la voyait très-nettement marquée. Il fut déposé à terre, et le capitaine Alexander commanda douze hommes du 91ᵉ régiment, *sans capote et tête découverte*. Ils le transportèrent dans la tente la plus voisine, où M. l'abbé Coquereau, qui l'avait précédé en habit de chœur, termina les prières.

Cependant le sarcophage d'ébène, fait à Paris, était là; il devait recevoir ce qu'on trouverait dans le tombeau de Sainte-Hélène; mais on ne pouvait ouvrir l'espèce de serruré à secret qui le fermait. M. le commandant Charner, trois autres personnes et M. le capitaine Alexander essayèrent successivement et pendant longtemps, mais sans succès. La contrariété était extrême, car cet incident arrêtait toute la cérémonie. Je l'avais vu ouvrir une fois; j'essayai et je réussis.

On commença alors l'ouverture des anciens cercueils. Le premier, celui qui enveloppait tous les autres, était en acajou, épais de deux centimètres. On scia les deux côtés pour pouvoir faire glisser par la tête le cercueil en plomb qui était dedans. Retiré de son enveloppe, ce cercueil en plomb fut placé à midi un quart dans le sarcophage apporté de France. Puis on attendit Son Excellence le major général Middlemore, gouverneur de l'île ; il était fort souffrant depuis plusieurs jours ; le mauvais état de sa santé lui avait rendu impossible d'assister aux travaux de la nuit. Il arriva à une heure moins un quart, accompagné de son état-major, le lieutenant Barnes, major de place, et le lieutenant Middlemore son fils et aide de camp et secrétaire militaire.

On procéda alors avec recueillement à l'ouverture du cercueil en plomb. Dedans se trouvait un troisième cercueil, en acajou, en parfait état de conservation. Il avait été si peu altéré, malgré le temps, que l'on put retirer plusieurs des vis qui le fermaient, en les dévissant. Celui-ci ouvert, on en vit un quatrième en fer-blanc, bien conservé : on savait que c'était le dernier. Le corps de l'Empereur y avait été déposé, revêtu de son habillement complet de colonel des chasseurs de la garde, si connu en France. Sa tête et sa barbe avaient été rasées, son chapeau placé près des genoux, et les deux vases qui, d'après le procès-verbal, contenaient le cœur et l'estomac, mis un peu au-dessus des pieds, entre les jambes. Les parois intérieures de ce cercueil avaient été entièrement garnies, selon la coutume des Indes, d'une épaisse soie ouatée.

Lorsque la feuille supérieure de fer-blanc fut enlevée, on ne vit d'abord qu'une masse sans forme, et au bout, appuyés sur les talons, les pieds des bottes qui paraissaient d'un blanc mat ; la couture s'était ouverte et avait laissé sortir l'extrémité des pieds ; on en voyait distinctement plusieurs doigts ; ils étaient pareillement d'un blanc mat.

On reconnut bientôt que cette apparence de masse informe venait de ce que le taffetas ouaté attaché aux parois intérieures lors de l'inhumation s'était détaché. Les parties latérales se trouvaient affaissées, et le peu qui en était resté adhérent aux parois présentait l'aspect de végétations blanches floconneuses et frangées. La couche supérieure était tombée sur le corps. Le docteur l'enleva avec un soin religieux, en commençant par les pieds et en la roulant sur elle-même.

On vit alors le corps entier de Napoléon.

Je ne sais si cet effet tient à des parcelles de ouate ou de soie qui se seraient attachées à lui, mais il m'apparut, et plusieurs personnes présentes ont éprouvé la même sensation, comme s'il eût été vu à travers une gaze assez épaisse. Il était étendu exactement dans la même position dans laquelle il avait été placé. Le cuir des bottes autour des pieds ne se reconnaissait plus, mais il s'était maintenu noir sur le reste des jambes. Entre elles étaient les deux vases d'argent qui, selon le procès-verbal, contenaient le cœur et l'estomac. On pouvait observer l'aigle d'argent sur une des couvertures. Le chapeau, placé obliquement sur les cuisses, s'était affaissé; pourtant il était bien conservé. La forme de son habit de chasseur ainsi que les boutons se voyaient parfaitement. La plaque et à côté d'elle les deux décorations, la Légion d'honneur et la Couronne de fer, étaient sur la poitrine, la plaque presque noire, mais les décorations brillant encore. Les épaulettes, petites, étaient à leur place, toutefois portées un peu en avant : l'or en était très-bruni. On distinguait très-bien la couleur rouge du parement du bras gauche, le fond vert du reste de l'habit, et, sortant de dessous l'habit, une partie du grand cordon de la Légion d'honneur. La main droite était serrée contre le corps et presque tout à fait cachée ; la gauche paraissait entièrement. Elle n'était pas d'un blanc mat comme les pieds, elle n'avait pas perdu la forme jolie qu'elle avait pendant la vie. Le docteur la toucha : elle était souple et céda sous son doigt. Le bas du visage avait conservé toute sa régularité. Le haut, particulièrement la place des pommettes, était tuméfié et élargi; le nez seulement présentait de l'altération. Le docteur palpa le visage ; il le trouva dur, ce qui lui fit dire qu'il était momifié. La bouche avait conservé sa forme, les lèvres étaient un peu entr'ouvertes ; entre elles paraissaient trois des dents supérieures, d'une grande blancheur. La barbe un peu repoussée (peut-être une demi-ligne) donnait une teinte bleuâtre prononcée. La tête était très-grosse : on voyait parfaitement sa forme, et elle semblait très-légèrement enduite d'une substance blanchâtre. Le front apparaissait large et élevé. Les sourcils n'étaient pas entièrement tombés. Les paupières étaient fermées : une partie des cils y tenait encore..... C'était bien Napoléon..... Napoléon privé de vie, mais non détruit!.... On eût presque dit qu'il était encore à ce dernier jour de sa carrière de travaux et de périls..... au premier jour de l'éternité !....

A la vue de cette œuvre de la mort, si voisine des apparences de la vie, malgré tant de temps écoulé, nous avions tous été soudainement saisis de sensations impossibles à rendre. Les sentiments produits étaient d'autant plus vifs, que le fait qui les causait était plus inattendu. Qu'eût éprouvé mon père, avec sa chaleur de cœur, s'il eût assisté à ce spectacle? la force lui aurait manqué pour supporter une pareille épreuve. Le général Bertrand regardait avec l'attitude de quelqu'un qui va se précipiter. Plusieurs sanglotaient d'une manière convulsive. D'autres restaient mornes, les yeux tout humides.

Pour moi, qui si souvent avais cherché à imaginer, à me représenter Napoléon mourant, tout ce qui m'entourait, tout ce que je voyais, me paraissait les formes matérielles d'un rêve céleste!.... Les larmes m'empêchèrent d'en voir davantage.

Nous contemplions depuis environ une minute et demie ou deux minutes!.... L'ouverture avait eu lieu afin qu'on pût prendre les précautions sanitaires indispensables pour une longue traversée. Le docteur Guillard déclarait que, vu l'étonnante conservation du corps, son opinion était qu'il fallait tout refermer immédiatement, ce qui fut autorisé. Le docteur, après l'avoir légèrement enduit de créosote, replaça le morceau de soie ouatée dans la même position où il avait été trouvé, et le cercueil fut clos. Il était une heure. On ne put ressouder le fer-blanc ; les ouvriers affirmaient qu'il était trop oxydé, que cela demanderait un travail de plusieurs heures, et le temps ne le permettait pas. Mais on revissa le cercueil en acajou. M. le docteur Guillard fit ressouder devant lui avec le plus grand soin l'ancien cercueil en plomb. On le plaça très-bien assujetti dans le nouveau cercueil en plomb, qui fut fermé d'une immense plaque sur laquelle était écrit en lettres d'or :

NAPOLÉON

EMPEREUR ET ROI

MORT A SAINTE-HÉLÈNE

LE V MAI

MDCCCXXI

Cette plaque fut soudée, toujours avec les mêmes précautions. Le tout se trouva enfermé dans le même sarcophage en ébène venu de France, dont la clef fut remise au commissaire. Sur le couvercle de ce sarcophage était incrusté transversalement en lettres d'or :

NAPOLÉON

M. le capitaine Alexander, en sa qualité d'officier député par Son Excellence le gouverneur de l'île, lut alors et remit au commissaire français une déclaration d'où il résultait : qu'il était dûment constaté que les restes mortels de feu l'empereur Napoléon avaient été déposés et renfermés avec soin dans le présent sarcophage; que lesdits restes mortels allaient être dirigés, sous les ordres personnels de Son Excellence le major général Middlemore, gouverneur de l'île, vers le lieu d'embarquement, où ils seraient remis à la disposition du gouvernement français.

M. le commissaire français accepta le cercueil contenant les restes mortels de l'empereur Napoléon, et déclara qu'il était prêt, ainsi que les personnes qui composaient la mission française, à l'accompagner jusqu'au quai de Jame's Town, où le prince de Joinville, commandant supérieur de l'expédition, devait se trouver pour le recevoir au nom de la France.

C'est vers ce moment qu'arriva le major général Churchill, avec deux officiers, probablement ses aides de camp. Il était en grand deuil, découvert malgré la pluie, et montrant un recueillement touchant.

4° *Le départ.*

Les formalités terminées, il fallut transporter le cercueil sur une espèce de char funèbre que le gouvernement de l'île avait fait préparer. Sa pesanteur était extrême : on l'évaluait à plus de deux milliers [1]. Quarante-trois hommes parvinrent avec peine à le placer. Il fut recouvert du manteau impérial que présenta le commissaire français, et à trois heures trente-cinq minutes on se mit en mouvement sous le commandement de Son Excellence le gouverneur de Sainte-Hélène. Le capitaine Alexander continuait à tout surveiller avec ce soin, cette précision, cette activité calme et ce sentiment des convenances qu'il avait montrés pendant toute la nuit précédente. Il y avait environ quatre milles à faire pour se rendre à la ville ; il fallut gravir la pente rapide, d'environ neuf cents à mille pas, ouverte sur le flanc de la montagne, et qui va joindre la grande route : on le fit à force de bras plutôt qu'à l'aide des chevaux. Les troupes nous attendaient sur la hauteur : de là le cortége s'avança dans l'ordre qu'il devait conserver.

Deux cent vingt miliciens, appelés *volontaires*, ouvraient la marche sous les ordres du lieutenant-colonel Seale ; après eux venaient cent quarante soldats du 91e régiment sous les ordres du capitaine Blackwell ; c'était réellement tout ce dont on avait pu disposer ; puis la musique des volontaires ; ensuite M. l'abbé Coquereau, précédé de deux enfants de chœur, l'un portant la croix, l'autre l'eau bénite. Venait alors le char funèbre. Il était à quatre roues, traîné par quatre chevaux ; la configuration des routes eût rendu dangereux d'en avoir un plus grand nombre ; ils étaient entièrement caparaçonnés de drap noir, et chacun tenu à la main par un homme en grand deuil. Le cercueil avait été couvert d'une espèce de baldaquin sur lequel s'étendait le manteau impérial apporté de France. C'était un immense carré de velours violet, traversé d'une large croix tissue en argent et

1. Le poids réel est de douze cents kilogrammes.

parsemé d'abeilles d'or. Ce fond était entouré d'une large bordure de broderie d'or, où l'on voyait des N et l'aigle impériale surmontée de la couronne; le tout s'encadrait dans une magnifique hermine. Les glands étaient tenus par MM. Bertrand, Emmanuel de Las Cases, Gourgaud et Marchand. Le comte de Las Cases ne s'y trouvait pas : sa mauvaise santé l'avait retenu en France. Immédiatement après se tenaient les fidèles serviteurs de l'Empereur : MM. Saint-Denis, Noverraz, Pierron et Archambault. Le long du char étaient deux files d'artilleurs; derrière marchaient environ quarante miliciens ou artilleurs pour le retenir dans les pentes qu'il avait à descendre. Le brave lieutenant-colonel Trelawney avait voulu les commander en personne : il était avec eux, à pied, dirigeant tous leurs mouvements.

Venaient alors M. le commissaire français ayant à ses côtés MM. les capitaines Guyet et Charner, M. Arthur Bertrand, MM. le capitaine Doret et le docteur Guillard; puis les autorités civiles, militaires et maritimes de l'île; par suite d'un sentiment dont nous appréciâmes toute la délicatesse, elles avaient voulu que les Français occupassent le premier rang auprès du cercueil de Napoléon; c'étaient Son Excellence le major général Middlemore, gouverneur de l'île, ayant à sa droite Son Honneur W. Wilde, esquire, chef de la justice, et l'honorable lieutenant-colonel Hodson, membre du conseil, et à sa gauche le major général Churchill et ses officiers, puis derrière lui les principaux habitants de l'île en grand deuil. Le cortége était fermé par une compagnie d'artillerie royale et un détachement de *volontaires* que suivait une nombreuse population. Un certain nombre de miliciens, armés seulement de leur baïonnette, selon la coutume anglaise, se mettaient en haie pour le passage du char, et, dès qu'il était passé, profitaient des sentiers et des chemins détournés pour courir et venir se remettre en haie; ils répétèrent cette manœuvre jusqu'à la ville.

Là nous trouvâmes rangés en haie, depuis l'entrée jusqu'à la porte près de la mer, le détachement de miliciens qui ouvrait la marche. Tous avaient le bout du canon de fusil appuyé sur le pied gauche, les deux mains jointes sur la base de la crosse, l'arme présentant la platine, la tête appuyée sur les mains. Le temps, pluvieux jusque-là, s'était amélioré. Le cortége défilait lentement. Les boutiques avaient été fermées. Les fenêtres et les balcons étaient garnis de personnes habillées de la manière la plus élégante; le fort et la frégate ne cessaient de tirer de minute en minute depuis le départ; les pavillons flottaient à mi-mât; tout donnait à cette marche l'apparence de la douleur religieuse que nous portions dans nos cœurs.

La population intérieure de l'île nous avait escortés ou suivis depuis *Alarm-House;* les divers chemins qui serpentent sur les deux montagnes presque à pic qui forment *Jame's Valley* en étaient couverts; on la voyait disparaître et reparaître avec rapidité dans les sinuosités de la montagne, suivant les mouvements du cortége. A la porte de la ville commençait une haie de soldats du 91e régiment, l'arme placée comme celle des miliciens. Elle s'étendait jusqu'au débarcadère.

C'est là que le commandant de la frégate *la Belle-Poule*, le prince de Joinville, attendait sous le pavillon national la dépouille mortelle du héros; c'était dans ses mains que l'Angleterre devait remettre à la France ces saintes et nationales reliques.

Le prince venait de débarquer à la tête des états-majors réunis de sa frégate, de la corvette *la Favorite* et du brick *l'Oreste*. Ces états-majors s'étaient formés en double haie. Dès que le char apparut, chacun se découvrit et les hommes de tous les canots mâtèrent leurs avirons. En même temps, dans le lointain on vit les trois bâtiments de guerre français hisser leurs couleurs, redresser leurs vergues, qui depuis huit heures du matin étaient en pantenne, et se pavoiser comme par enchantement. La musique fit entendre des marches funèbres.

Arrivé au débarcadère à cinq heures et demie, le cortége s'arrêta. M. l'abbé Coquereau présenta l'aspersoir au prince; puis Son Excellence le major général Middlemore, gouverneur de l'île, qui, malgré son état de souffrance, avait absolument voulu suivre à pied le char funèbre, s'avança vers le prince commandant, et lui dit qu'il avait été chargé par son gouvernement de lui remettre les cendres de l'empereur Napoléon; qu'il avait pris toutes les mesures nécessaires à cet effet, et qu'il espérait que le prince partirait satisfait. Le prince répondit qu'il recevait au nom de la France les restes mortels de l'empereur Napoléon; qu'il était très-satisfait des mesures qui avaient été prises, et qu'il en remerciait les autorités anglaises.

Cependant la chaloupe a reçu le cercueil. Elle s'est enfoncée sous son noble poids. Les cendres de Napoléon sont entre nos mains, en France, au milieu des Français!.... Le prince commande en personne. Près de lui, à sa droite, est M. le commissaire français; à sa gauche, M. le commandant Hernoux, son aide de camp, le maître d'équipage Le Magnent tient la barre, le commandant Guyet est sur l'avant. M. l'abbé Coquereau et les compagnons d'exil ont repris leur place auprès du cercueil. Le pavillon en soie aux trois couleurs, figurant le pavillon impérial, est hissé. Aussitôt de la frégate, de la corvette et du brick part à un très-court intervalle une triple salve en feu de file de toute l'artillerie. Vingt et un coups de canon retentissent au même instant dans les forts. L'Angleterre et la France s'unissaient pour saluer ensemble l'Empereur et Roi.

La pluie avait déjà cessé depuis quelque temps, et le soleil semblait lutter contre les nuages. Il m'apparut brillant en ce moment et darda ses derniers rayons sur cette pompe funèbre, ou plutôt sur cette marche triomphale. C'était au soleil couchant que la mort avait soustrait Napoléon à son martyre; c'était au soleil couchant que la France le recevait dans ses bras.

Deux canots de la *Favorite*, marchant de front, précèdent la chaloupe. Deux canots de la *Belle-Poule* sont à chacun de ses flancs. Deux canots de l'*Oreste* la suivent, tous les hommes tête nue et crêpe au bras. Leur attitude, leur front levé, montre combien ils sont glorieux et fiers du devoir qu'ils remplissent. La musique est dans le lointain faisant entendre des sons funèbres.

La chaloupe s'avance avec une lenteur majestueuse. Un profond silence, témoignage de respect, ne cesse de régner. On entend de loin en loin un seul bruit d'avirons qui communiquent un faible mouvement à ce nouveau cortége.

On arrive à bord de la frégate. Une partie de l'équipage était montée debout sur les vergues. Soixante hommes commandés par le capitaine Penanros étaient sous les armes à bâbord. Les trois états-majors formaient la haie, le sabre à la main. Lorsque le cercueil passa, on battit aux champs, et la musique se fit entendre. Une chapelle ornée de trophées avait été préparée sur le pont. Le cercueil y fut déposé à six heures trente-huit minutes. Circonstance singulière! c'était le 15 octobre 1815 que Napoléon captif, avait mouillé en rade de Sainte-Hélène pour commencer sa lente agonie; c'était le 15 octobre, à vingt-cinq ans de distance, qu'il rentrait en rade de Sainte-Hélène pour être reporté en triomphe dans sa patrie.

Il faisait presque nuit; on essaya inutilement d'allumer les nombreuses bougies préparées. Des fanaux furent rangés autour du catafalque. Chacun reprit sa place, et M. l'abbé Coquereau fit encore entendre de nouvelles prières. Après l'absoute, quatre factionnaires furent placés autour du cercueil.

Ces dispositions terminées, le prince dit : « Messieurs, tout est fini; à demain. » Mais telle était l'impression produite sur les matelots, sur ces hommes habituellement si remuants et si distraits, que près de cinq minutes s'étaient déjà écoulées, et tous étaient encore à leur place, immobiles et regardant.

CHRONOLOGIE

POUR SERVIR AUX SOUVENIRS DE NAPOLÉON PREMIER

Famille Bonaparte.

Charles Bonaparte, père de l'Empereur, mort à Montpellier, en 1785.

Madame mère (Lætitia Ramolino), sœur de mère du cardinal Fesch, mère de l'Empereur, morte à Rome, en 1836.

Leurs enfants.

1° *Joseph*, roi de Naples, 1806-1808; d'Espagne, 1808-1813; connu depuis la Restauration sous le nom de comte de Survilliers, mort en 1844.

2° NAPOLÉON.

3° *Élisa*, princesse Bacciocchi, grande-duchesse de Toscane, morte à Trieste, en 1820.

4° *Lucien*, prince de Canino, mort à Viterbe en 1840.—Le prince de Canino est père du prince de Canino actuel (autrefois prince de Musignano) et des princes Louis-Lucien, Pierre-Napoléon et Antoine Bonaparte.

5° *Louis*, roi de Hollande, 1806-1810, mari de la reine Hortense, fille de l'impératrice Joséphine, connu depuis la Restauration sous le nom de comte de Saint-Leu, mort à Florence en 1846. — Le roi Louis est le père de l'empereur Napoléon III. La reine Hortense, mère de l'Empereur, est morte à Arenemberg, en Suisse, en 1837.

6° *Pauline*, duchesse de Guastalla, mariée au général Leclerc, et ensuite au prince Borghèse, morte en 1825.

7° *Caroline*, reine de Naples, connue depuis sous le nom de comtesse de Lipona, morte en 1839. — La reine Caroline est la mère du prince Lucien Murat.

8° *Jérôme*, roi de Westphalie, de 1807 à 1813, connu ensuite sous le nom de prince de Montfort, maréchal de France en 1849, prince impérial. — Le prince Jérôme est père de la princesse Mathilde, et du prince Jérôme Napoléon, prince impérial.

L'Impératrice Joséphine.

Joséphine Tascher de la Pagerie, née à la Martinique en 1763, veuve du général vicomte de Beauharnais, mariée au général Bonaparte en 1796, divorcée en 1809, morte à la Malmaison le 29 mai 1814.

L'Impératrice Marie-Louise.

Marie-Louise, archiduchesse d'Autriche, née à Vienne en 1791, mariée en 1810, morte à Parme en 1847.

Enfants de Joséphine adoptés par Napoléon.

Hortense de Beauharnais (la reine Hortense).

Eugène de Beauharnais (le prince Eugène), né en 1781, vice-roi d'Italie en 1805, mort à Munich en 1824.

Fille adoptive de Joséphine et de Napoléon.

Stéphanie de Beauharnais, née à Paris en 1789, aujourd'hui grande-duchesse douairière de Bade.

Fils de Napoléon et de Marie-Louise.

Le roi de Rome, proclamé empereur en 1815 sous le nom de Napoléon II, connu à la cour d'Autriche sous le nom de duc de Reichstadt, mort à Vienne en 1832.

Enfance et jeunesse de Napoléon.

Naissance de Napoléon à Ajaccio, le 15 août 1769.

Entrée de Napoléon à l'école de Brienne en 1779.

Élève d'artillerie et lieutenant en second dans le régiment de la Fère en 1787.

Napoléon Bonaparte, lieutenant colonel d'artillerie, est nommé commandant des gardes nationales de la Corse, et dispute cette île aux Anglais contre Paoli, en 1793.

Siége de Toulon, 1793.

Bonaparte, général, 1794.

Bonaparte est envoyé comme général d'artillerie à l'armée d'Italie sous les ordres de Kellerman, 1794.

Placé dans l'infanterie, et désigné pour servir en Vendée, il refuse, et est employé au comité des opérations militaires, à Paris, 1795.

Nommé commandant en second de l'armée de l'intérieur, sous Barras (13 vendémiaire); élevé le 14 vendémiaire au grade de général de division, 1795.

Général en chef de l'armée d'Italie, 1796.

Montenotte, 11 avril 1796.

Arcole, 15, 16, 17 novembre 1796.

Rivoli, 14 janvier 1797.

Préliminaires de Leoben, 18 avril 1797.

Traité de Campo-Formio, le 17 octobre 1797.

Campagne d'Égypte : — départ, le 19 mai 1798.

Malte, 12 juin 1798.

Arrivée en Égypte, 1er juillet 1798.

Les Pyramides, 21 juillet 1798.

Aboukir, 1er août 1798.

Le Caire, septembre 1798.

Saint-Jean-d'Acre, 16 avril 1799.

Retour en France : départ, 22 août 1799 ; débarquement, 8 octobre 1799.

18 brumaire (9 novembre 1799).

Bonaparte, premier consul.

Consulat provisoire, 11 novembre 1799.

Création de la caisse d'amortissement, 27 novembre 1799.

Consulat définitif, 24 décembre 1799.

Promulgation de la constitution consulaire (constitution de l'an VIII), le 24 décembre 1799.

Division de la France en préfectures et sous-préfectures, 17 février 1800.

Restauration du culte, 29 juin 1801. — Concordat, 15 juillet 1801.

Seconde campagne d'Italie, 1800.

Marengo, 14 juin 1800.

Bonaparte, président de la république italienne, 26 janvier 1802.

Rappel des émigrés, 26 avril 1802.

Légion d'honneur, 19 mai 1802.

Constitution de l'an XI (Bonaparte consul à vie), 2 août 1802.

Publication du Code civil, 15 mars 1803.

Napoléon, empereur.

Plébiscite constitutif de l'Empire, 18 mai 1804.

Création des dix-huit premiers maréchaux, 19 mai 1804.

Couronnement, 2 décembre 1804.

Royaume d'Italie, 18 mars 1805.

Suppression du calendrier républicain, 9 septembre 1805.

Austerlitz, 2 décembre 1805.

Paix de Presbourg, 24 décembre 1805.

Le Panthéon rendu au culte, 20 février 1806.

Code de procédure civile, 17 avril 1806.

Création de l'Université, 6 mai 1806.

Iéna, 14 octobre 1806.

Suppression du Tribunat, institution de la Cour des comptes, 1807.

Eylau, 7 et 8 février 1807.

Friedland, 14 juin 1807.

Paix de Tilsitt, 8 juillet 1807.

Code de commerce, 20 septembre 1807.

Maison impériale de Saint-Denis, 15 décembre 1805.

Création de la nouvelle noblesse, 1er mars 1808.

Université : règlement constitutif, 17 mars 1808.

Code criminel, 27 novembre 1808.

Code pénal, 22 février 1810.

Création d'un ministère du commerce, 22 juillet 1811.

Guerre d'Espagne (de 1808 à 1813).

Eckmuhl, 22 avril 1809.

Essling, 22 mai 1809.

Wagram, 5 et 6 juillet 1809.

Smolensk, 17 août 1812.

Moscou, 14 septembre 1812.

Décret constitutif de la Comédie française, connu sous le nom de décret de Moscou, 15 octobre 1812.

La Moscowa, 7 septembre 1812.

Passage de la Bérésina, 26, 27 et 28 novembre 1812.

Lutzen, 2 mai 1813.

Bautzen, 19 mai 1813.

Dresde, 26 et 27 août 1813.

Leipsick, 18 et 19 octobre 1813.

Champaubert, 10 février 1814.

Montmirail, 11 février 1814.

Capitulation de Paris, 31 mars 1814.

Abdication de Fontainebleau, 14 avril 1814.

Adieux de Fontainebleau, 20 avril 1814.

Départ pour l'île d'Elbe, 20 avril 1814.

Retour de l'île d'Elbe : — Départ, 26 février 1815.

Débarquement à Cannes, 1er mars 1815.

Arrivée à Grenoble, 8 mars 1815.

Arrivée à Lyon, 10 mars 1815.

Arrivée à Paris, 20 mars 1815.

Le Champ de Mai, 1er mai 1815.

Victoire de Ligny, le 16 juin 1815.

Waterloo, 18 juin 1815.

Abdication, 22 juin 1815.

Captivité de Napoléon le Grand.

Occupation de Paris par les troupes alliées, le 15 juillet 1815.

Le même jour, l'empereur Napoléon se rend à bord du *Bellérophon.*

Départ pour Sainte-Hélène, le vendredi 4 août 1815.

Débarquement à Sainte-Hélène, le lundi 16 octobre 1815.

Séjour aux Briars (établissement provisoire), du 17 octobre au 10 décembre 1815.

Installation à Longwood, le 10 décembre 1815.

Arrivée d'Hudson Lowe, 14 avril 1816.

Convention des souverains, 2 août 1815.

Arrivée des commissaires des puissances, 17 juin 1816.

Départ du comte de Las Cases et de son fils, 30 décembre 1816

Mort de Napoléon, 5 mai 1821.

Séance de la chambre des députés où fut proposée la loi pour ramener en France les cendres de Napoléon, 12 mai 1840.

Débarquement du prince de Joinville à Sainte-Hélène, 9 octobre 1840.

Cérémonie triomphale aux Invalides, 15 décembre 1840.

FIN.

TABLE DES MATIÈRES

PREMIÈRE PARTIE

LE DÉPART

DEUXIÈME PARTIE

SOUVENIRS DE L'ENFANCE ET DE LA JEUNESSE

TROISIÈME PARTIE

SOUVENIRS DES CHAMPS DE BATAILLE

QUATRIÈME PARTIE

SOUVENIRS DE LA FAMILLE

CINQUIÈME PARTIE

SOUVENIRS DES GRANDES SCÈNES POLITIQUES

SIXIÈME PARTIE

LE CONSEIL D'ÉTAT, LES MINISTRES, FORME DU GOUVERNEMENT IMPÉRIAL

SEPTIÈME PARTIE

SOUVENIRS DE LA COUR IMPÉRIALE

HUITIÈME PARTIE

LE MARTYRE.

APPENDICE

FIN DE LA TABLE DES MATIÈRES.

Paris. — Imprimerie de P.-A. Bourdier et Ce, 6, rue des Poitevins.

LIBRAIRIE DE L. HACHETTE ET Cie

Boulevard Saint-Germain, 77, à Paris.

NOUVELLE PUBLICATION

BIBLIOTHÈQUE
DES MERVEILLES

DIRIGÉE

PAR M. ÉDOUARD CHARTON

ENVIRON 100 VOLUMES

Illustrés de nombreuses gravures.

Prix de chaque volume broché : 2 francs.

La reliure en percaline se paye en sus, avec tranches jaspées, 75 cent.; avec tranches dorées, 1 fr.

Nous appelons « merveilles » ce qu'il y a de plus admirable dans la nature, dans les sciences, dans l'industrie, dans les arts, dans l'histoire, dans l'homme, dans tout ce qui est digne de notre intérêt en dehors de nous et en nous-même.

Depuis les métamorphoses de la petite graine en fleur ou de la chenille en papillon jusqu'aux évolutions sublimes des astres, combien de beautés à contempler, à admirer, à essayer de comprendre dans l'immense panorama de la nature!

Depuis les premières observations de quelques hommes de génie dans l'antiquité, les Aristote et les Archimède, jusqu'aux prodigieuses découvertes, nées hier sous nos yeux et l'honneur de notre siècle, applications de la vapeur, de l'électricité, ou de la chimie, que d'admirables éclairs de l'intelligence humaine, que de conquêtes glorieuses sur l'ignorance primitive de notre espèce! Qui pourrait, sans être ému, sans être pénétré de respect et saisi d'admiration, entrer dans ce cercle des sciences qui va s'élargissant sans cesse, et, de siècle en siècle, tend de tous les points de sa circonférence vers l'infini!

Dans l'industrie, comment ne pas admirer tant de nombreux témoignages de la puissance humaine en lutte avec la nature, soit qu'on la suive cherchant l'or, le fer, la houille dans les entrailles de la terre, soit qu'on la contemple à l'œuvre dans ces fournaises éblouissantes, dans ces ruches laborieuses, usines et fabriques, où, nuit et jour, des essaims d'hommes font subir à la matière les transformations nécessaires à l'accroissement de notre bien-être, de nos forces, et au perfectionnement de nos moyens d'action.

Et quelles merveilles que ces chefs-d'œuvre des arts, peinture, sculpture, architecture, musique, ou poésie, dont les inspirations variées sont pour nous

BIBLIOTHÈQUE DES MERVEILLES

OUVRAGES DÉJA PUBLIÉS:

Les Merveilles célestes, par M. Camille FLAMMARION, auteur de la *Pluralité des mondes ;*

Les Métamorphoses des insectes, par M. GIRARD, vice-président de la Société d'entomologie;

Les Merveilles du monde invisible, par M. W. DE FONVIELLE.

Les Merveilles de l'atmosphère (*les météores*), par MM. ZURCHER et MARGOLLÉ ;

Les Merveilles de l'architecture, par M. André LEFEBVRE;

Les Merveilles de l'art naval, par M. RENARD, bibliothécaire du Dépôt des cartes et plans du ministère de la marine.

OUVRAGES QUI PARAÎTRONT PROCHAINEMENT :

Les Éruptions volcaniques et les tremblements de terre, par MM. ZURCHER et MARGOLLÉ;

Ascensions célèbres aux plus hautes montagnes du globe, par les mêmes;

Les Merveilles de la chaleur, par M. le professeur CAZIN ;

Les Merveilles des plages de la France, par M. A. LANDRIN ;

Les Merveilles de l'aérostation, par M. Camille FLAMMARION ;

Les Éclairs et le tonnerre, par M. W. DE FONVIELLE;

Les Merveilles de la verrerie, par M. SAUZAY, conservateur du musée Sauvageot, au Louvre;

Les Merveilles souterraines, par M. A. BADIN;

Les Merveilles de la végétation, par M. F. MARION;

Les Merveilles de l'optique, par le même;

Les Merveilles de la céramique (première partie : *Orient*), par M. A. JACQUEMART, auteur de l'histoire de la *Porcelaine*;

Les Merveilles des ruines et des tombeaux, par M. Michel MASSON;

Les Merveilles du corps humain, par M. le docteur LE PILEUR.

Les Merveilles de la vie des plantes, par M. BOCQUILLON, professeur de botanique au lycée Napoléon;

Les Merveilles de l'intelligence des animaux, par M. Ernest MENAULT;

Les Merveilles de l'hydraulique, par M. DE BIZE;

Les Merveilles de l'électricité, par M. BAILLE;

Les Merveilles des fleuves et des ruisseaux, par M. MILLET.

11553 — Imprimerie générale de Ch. Lahure, rue de Fleurus, 9, à Paris.

Imprimerie générale de Ch. Lahure, rue de Fleurus, 9, à Paris.

www.ingramcontent.com/pod-product-compliance
Ingram Content Group UK Ltd.
Pitfield, Milton Keynes, MK11 3LW, UK
UKHW020426200726
13857UKWH00002B/302